순결이
국가경쟁력이다

순결이 국가경쟁력이다

초판 1쇄 발행 2017년 5월 1일

지 은 이   문상희
발 행 인   권선복
편   집   권보송
디 자 인   김소영
전 자 책   천훈민
발 행 처   행복한에너지
출판등록   제315-2011-000035호
주   소   (07679) 서울특별시 강서구 화곡로 232
전   화   0505-666-5555
팩   스   0303-0799-1560
홈페이지   www.happybook.or.kr
이 메 일   ksbdata@daum.net

값 15,000원
ISBN 979-11-86673-81-2 (03190)

행복한에너지는 독자 여러분의 아이디어와 원고 투고를 기다립니다. 책으로 만들기를 원하는
콘텐츠가 있으신 분은 이메일이나 홈페이지를 통해 간단한 기획서와 기획의도, 연락처 등을
보내주십시오. 행복한에너지의 문은 언제나 활짝 열려 있습니다.

참 사랑을　　사랑하다

21세기, 다시 이야기하는 순결

순결이
국가경쟁력이다

문상희 지음

행복한에너지

'나는 당신만의 오직 한 사람'일 때
가장 행복하다

    이 책에는 필자의 소박하고 생경한 소망이 디자인되어 있다. 그것은 '누구나 기쁘고 만족한 삶, 행복–평화의 삶'을 현실화하는 것이다. 우리가 가장 행복할 수 있는 때는 상대와 내밀한 진리의 관계를 통해 인생의 의미를 체휼할 때이다. 자신이 원하는 것을 성취할 때의 기쁨은 순간적이지만 내적 진리의 상대관계에 의한 억누를 수 없는 충동적 기쁨과 만족의 성숙도는 한층 높은 차원에서 디자인된다. 상대와 최상의 관계는 서로의 마음과 마음에 참사랑의 불이 켜질 때 가능하다. 그 불이 켜진다는 것은 자신의 마음의 코드가 상대의 마음과 진정으로 소통된다는 의미다.

    그러나 평소에 우애를 나누며 잘 지내던 형제의 관계일지라도 부모가 많은 유산을 남기고 사망했을 때 더 큰 몫을 갖기 위해 형제의 패러다임의 코드가 깨어지는 경우를 흔히 경험한다. 특히 재물, 애정, 권력 등의 관계로 연결되면, 사람 마음의 정상적 코드가 깨어져 어떤 일도 저지를 수도 있다. 일류대학 법대를 졸업한 한 수재가 자기의 결혼에 반대한다는 이유로 상대의 어머니를 살해하고 자신도 음주운전 중에 사망한 경우도 있다. 자신의 아버지를 살해한 교수도 있으며, 자신의 부인을 살해한 의사도 있다. 이처럼 자신과 상대와의 코드의 소통이 극단화되는 경우도 흔히 있을 수 있다.

마음의 코드 연결은 상대에 대한 믿음을 갖게 하는 미덕들을 인지할 때 가능하다. 사람의 마음은 가장 소중한 덕목들을 생래적으로 갖고 있다. 우리는 그 덕목을 일깨우기만 하면 그 덕목들에 의해 지속적인 소통이 가능하다.

상대와의 소통으로 인한 기쁘고 만족스러운 마음은 다양한 덕목을 지속적으로 일깨울 수 있는 내외적 진리의 에너지를 발산한다. 그 에너지에 의해 자신의 인격이 성장하면서 상대와 지속적 소통관계가 유지된다. 그런 덕목을 품수한 인격은 다양한 차원의 향기를 진동하거나 다양한 차원의 문화를 발현하여 우주적 가치의 이미지로 드러난다. 자신의 지정의知情意의 인격의 빛과 향기는 다양한 차원의 심정문화(정치, 경제, 교육, 예술, 스포츠, 과학, 종교, 윤리 등)를 발현하고 나아가 우주적 가치의 이미지로 드러난다. 그 원동력은 다름 아닌 참사랑권이다.

특히 성행동이 수반된 사랑으로서 '나는 당신만의 오직 한 사람'의 사랑을 할 때 다양한 덕목의 열매들이 주렁주렁 열리게 된다. 아기로 태어났을 때 아이에게 '그 아이만의 단 한 사람'의 사랑은 어머니나

아버지가 될 것이다. 아이가 가장 안정된 정서를 키우는 중요한 조건은 단 한 사람과 끊임없는 친밀감을 느낄 때이다. 부모의 애틋한 사랑의 보호와 돌봄을 받으며 성장할 때 아이의 마음 안에 가득 차있는 덕목을 일깨울 수 있다. 그렇게 성장한 자녀는 부모에 대해 감사함, 신뢰감, 존중감, 예절 등의 덕목에서 출발함으로써 다른 부모들에게도 자신의 부모에게 덕목을 보여준 것처럼 행동할 수 있다.

부모를 향한 덕목과 더불어 자기 스스로 지켜야 할 덕목을 동시에 일깨워야 한다. 자존감, 책임감, 자기 절제, 근면, 청결, 성실, 정직, 용기, 지혜, 인내, 순결, 정의 등의 덕목을 꽃피우면서 자신이 주체, 혹은 대상으로서 형제와 동료, 친구들을 향한 덕목, 배려, 관용, 존중, 의리, 용서, 우애 등등의 덕목을 아울러 일깨움으로써 인격의 향기를 내뿜게 될 것이다. 그러한 덕목은 윗사람들과 동료, 형제들에 대한 주체적 입장에서 혹은 대상적 입장에서 참된 사랑을 주고받을 수 있는 사랑의 에너지를 내뿜는 인격자로 성장하게 돕는다.

미덕을 일깨우며 성장한 자녀는 사춘기를 지나고 성인이 되면서 사랑을 받는 대상입장이 아니라 자신이 사랑의 주체가 되어 사랑할 수 있는 사람, '내가 당신만의 오직 한 사람'의 사랑으로서 어머니가 아닌 제3의 상대를 찾게 된다. 제3의 사람, 그는 자신과 한 몸을 이룰 수 있는 사랑하는 사람, 즉 성행동을 수반할 수 있는 한 사람이다. 그런 사람을 만나서 혼인하여 부부가 됨으로써 '나는 당신만의 오직 한 사람'의 성행동을 수반한 사랑을 나누게 된다. 그는 자기 안에서 발산하던 향기로운 덕목의 에너지에 의해 새롭게 만난 배우자와 사랑의 열매로 새롭게 태어난 자녀를 비롯한 가족공동체에게 자연스럽게 사랑의 향기를 풍겨낼 수 있게 된다.

그 사랑의 에너지는 상대를 위한 행동 지향적이고 무조건적이며, 지속적으로 샘솟는 에너지이므로 가족공동체를 넘어 사회공동체, 나아가 온 우주를 품을 수 있는 사랑 나눔의 인격체가 될 수 있다. '나는 당신만의 오직 한 사람'의 사랑 나눔은 인간의 행복모델의 성, 절대 성(순결한 삶)의 사랑의 실체이기 때문이다.

『The Language of God』의 저자, 콜린즈Francis Sellers Collins는 2015년에 저술한 책에서 'DNA는 하나님의 설계도이며, DNA에 영성이 전제되고 있다'는 내용을 발표하였다. 6개국 2천여 명의 과학자들과 10년 동안 게놈 지도를 완성한 결과 과학자들은 DNA 31억 개의 복잡한 체계 속 정교하고 완벽한 질서를 보았으며, 그 질서를 해독하는 데 꼬박 31년이 걸렸다는 내용을 보고하였다. 게놈 지도는 분명하고 정교한 인간의 인체 설계도가 있으며, 설계도대로 삶을 살 때 최고로 행복한 삶을 살 수 있다는 것을 유추할 수 있게 한다. 모든 창조물이 설계도대로 사용되어질 때 그 만족도를 높일 수 있는 것처럼, 인간의 설계도에 따른 삶은 최고 행복한 삶이 될 수 있다.

인간의 인체지도인 DNA에 정교한 설계도가 있다는 것으로 당연히 DNA 속에 깃들어 있는 영성에도 설계도가 있다는 것을 알 수 있다. 인간의 영성의 설계도란 '마땅히 해야 할 것과 해서는 안 될 것'이 보편적 가치법칙으로서 설계되어 있다. 보편적 가치법칙이란 규범을 말하며, 규범의 열매들이 약 56개의 덕목이 있다.

그 차원의 덕목 가운데 가장 중요한 핵심가치의 덕목이 절대 성(순결)과 사랑이다. 절대 성 의미는 '나는 당신만의 오직 한 사람'이라는 뜻이다. 절대 성의 삶이란 DNA와 영성의 설계도에 따른 삶이며, '개개인이 당신만의 오직 한 사람'의 사랑을 경험하는 삶이 최고의 만족한 삶이라는 것을 시사한다.

이 세상에는 오직 한 사람의 영원한 성과 사랑의 만남이 있는 반면에 순간적인 성적 만남도 있다. 여러 사람들과 손쉽게 성적으로 만나게 될 경우 그 만남은 무의미하고 무가치하다. 그 이유는 남녀 관계에서 가장 의미 있는 만남은 성행동을 수반한 사랑의 만남인데 그 의미와 가치를 스스로 쉽게 무너뜨리기 때문이다. 마치 돼지에게 다이아몬드를 주는 것과 다름없다. 돼지는 그 보석의 가치를 모른 채 단지 돌로 생각하기 때문이다.

성행동을 수반한 사랑의 만남은 성의 줄을 당겨보면 금방 알 수 있다. 성의 줄에는 사랑·생명·혈통·양심이라는 가장 소중한 보물이 줄줄이 매달려 있다. 가볍게 만나는 성적 만남은 자기가 좋아하는 성적 쾌락에만 관심이 있고, 사랑·생명·혈통·양심 등에는 관심을 두지 않는다.

사랑하는 것과 좋아하는 것은 다르다. 사랑의 덕목은 공익성의 성격을 지니고 있기 때문에 사랑하는 사람과 그 주변 사람에게 해악을 끼치는 행동을 할 수가 없다. 좋아한다는 것은 나의 일방향적인 것이므로 상대방에 대해 반드시 책임질 필요가 없으며, 이익을 주는 행동을 해야 할 의무도 없다. 누군가를 좋아하는 것은 싫증이 나면 떠나면 그만이기 때문이다.

그러나 사랑하는 사람은 상대가 행복하길 바라기 때문에 어떤 희생적 행동도 불사한다. 그리고 상대가 행복하도록 책임지려고 한다. 사랑은 상대를 위해서 생명까지도 던질 수 있는 힘이 있기 때문이다. 그래서 생명까지 던질 수 있는 성행동을 수반한 최고의 만족스러운 사랑은 단 한 사람의 만남 외에는 생각할 수 없다.

생명이란 성장을 향한 무한한 소망, 기대감, 꿈과 이상이 주어진다. 그러나 가볍게 성적으로 만나는 것은 쾌락을 위한 만남이기 때문에 책임감도 없고, 낙태도 쉽게 생각한다. 생명의 탄생은 혈통을 통해 새로운 가족관계를 형성한다. 그러나 쾌락만을 위한 혼전동거, 동성애, 성 매매, 스와핑 등을 즐기는 성적 만남은 혈통과는 아무런 상관이 없다. 이들에게는 혈통은 무가치하고 무의미할 뿐이다. 그래서 가볍게 성적으로 만나는 사람들은 혈연관계라는 소중한 보물들을 놓쳐버리게 된다. 그들은 피임을 염두에 두고 있으므로 거기에는 '섹스=예스Yes, 생명=노No'라고 하는 생명 거부의 마음이 숨어 있다.

그렇지만 사랑·생명·혈통(가족관계)이 전제된 성적 만남은 삶의 의미를 영원한 가치로서 격양시켜준다. 사랑·생명·혈통은 영원성을 지니고 있기 때문이다. 이렇듯 단 한 사람의 만남을 추구하는 사람은 영원한 생명의 가치와 의미를 추구하는 사람으로 볼 수 있다.

이처럼 인생에서 단 한 사람이 주는 의미는 대단히 값지고 소중하다. 서로에게 단 한 사람의 의미를 지닌 만남은 이 세상에 무엇보다 값진 만남이 될 수 있다. 이 세상에 유일한 만남만큼 귀한 만남이 어디에 있겠는가. 유일한 만남을 준비하기 위해 알지 못하는 미래의 상대에게 고귀한 순결을 선물하려는 태도는 자신의 가치를 가장 고귀하게 높이게 된다.

누구나 상대에게 자신이 단 한 사람의 의미와 가치 있는 사람이 될 수 있는 덕목을 지니고 있다. 다 성장한 후 늦게라도 스스로 잠자고 있던 덕목들을 일깨우기만 하면 모두가 기쁨과 만족의 삶을 살 수 있다. 그래서 상대방의 마음에 영원히 기억될 수 있는 가치 있는 만남을 위해 자신에게 잠자고 있는 미덕들을 일깨워야 한다. 남녀의 첫 만남에서 가장 귀중한 선물은 미덕들 가운데 순결한 첫사랑을 선물하는 것이다.

스코틀랜드 왕립대학교 에든버러 병원의 데이비드 윅스David Wiks 박사가 10년에 걸쳐 3,500명을 대상으로 조사·연구한 결과에 따르면 성행동이 난잡한 사람일수록 행복한 결혼생활이 어려운 반면, 한 명의 배우자와 안정된 결혼생활을 하는 사람은 가장 큰 행복감을 느꼈다. 그것은 과거에 문란한 성 생활을 해온 사람은 배우자를 볼 때마다 죄의식과 불안감, 자책감에 종종 시달리기 때문이다.

최고로 만족스럽고 행복한 삶은 공익성을 가진 사랑의 만남, 즉 단 한 사람의 만남을 준비하는 것이다. 현재 그런 만남을 만나지 못했다면 자신의 옆자리를 지키고 있는 사람과 다시 시작해 보자. 그리고 자신의 마음 안에 잠자고 있는 미덕들을 일깨우면 자연스럽게 상대의 마음 안에 잠자고 있는 미덕들도 깨어나기 시작한다. 왜냐하면 인간은 누구나 생래적으로 그런 미덕들을 열매 맺도록 설계되어 있으며 그런 인격의 향기를 뿜어낼 수 있도록 기능하고 있기 때문이다.

이제 자신의 마음 안에 잠자고 있는 소중한 덕목의 보물들을 찾아내야 한다. 모든 인간은 무한한 가능성을 지닌 존재이기 때문에 현재 아무리 자신의 모습이 망가졌어도 마음을 새롭게 다지면 아름다운 향기를 뿜어내는 절대 성(나는 당신만의 오직 한 사람의 사랑)의 인격체가 될 수 있다.

이 책에서 설명하는 '내가 당신만의 오직 한 사람'의 삶이 가장 행복한 이유는 모든 사람이 보편적 원칙에 따라 그렇게 살도록 설계되어 있기 때문이다. 이 책은 다양한 사람들이 그 설계도를 무시하고 자기 식대로 살고 싶어서 살면 살수록 고통과 아픔, 슬픔, 외로움으로 불행해진다는 것을 알려주고 있다. 이 책은 인간이 생래적으로 그렇게 구조되어 설계되어 있는 이유와 준거기준, 그리고 덕목을 일깨우는 삶의 방법과 안내에 대한 내용들, 즉 보편적 법칙들을 소개하고 있다. 필자는 이 책의 내용들이 독자들의 깊은 깨달음과 이해에 도움이 되는 길잡이가 되길 간절히 바라면서 독자들의 행복한 삶을 기원한다. 필자의 부족함으로 독자의 마음을 채우지 못한 부분은 너그럽게 이해하길 바라는 마음으로 서문을 대신하고자 한다.

문상희

3 올바른 성 문화 정착을 위해

Chapter 1

인간과 성
그리고 사랑

'나는 당신만의 오직 한 사람'의 사랑을 이루기 위한
대표적 핵심가치로서 가장 빛나고 향기를 내뿜는 덕목이 순결과 사랑이다.

순결 리더십이란?

우리 사회에서 순결의 의미는 개개인의 시각에 따라 그 해석이 다양하다. 순결의 사전적 의미는 첫째, 순수하고 깨끗한 상태에 있는 것, 둘째는 여자가 성적性的인 경험을 하지 않고 처녀의 몸을 지키고 있는 상태, 마지막으로 남자나 여자가 문란하거나 부도덕한 성관계를 맺지 않아 정신적·육체적으로 깨끗한 상태에 있는 것을 의미한다. 이러한 사전적 순결 이해는 일반 대중들이 생각하는 순결이다.

조선시대의 순결관을 지닌 사람은 가부장적 순결관을 가지고 여성에게만 순결과 정절을 강조한다. 그런 남성을 대하는 여성은 순결을 자신을 속박하는 굴레로 이해하고 있다. 그래서 그 여성은 순결용어 자체를 거부한다. 종교적 순결은 "너희 몸이 그리스도의 지체인 줄 알지 못하느냐. 내가 그리스도의 지체를 가지고 창기의 지체를 만들겠느냐. 결코 그럴 수 없느니라(…) 음행을 피하라, 음행하는 자는 자기 몸에게 죄를 범하느니라."(고전 6:15~18)는 성서구절에 의하여 순결을 말하므로 남녀가 함께 순결하기를 권한다.

한편 전혀 다른 순결의 이해가 있다. "섹스를 함께한 상대의 숫자가 많다고 해서 '문란하다'거나 '순결하지 않다'고 하는 것은 모순이다."라고 주장하면서 "매번 사랑이 찾아올 때마다 우리는 순결할 수 있다. 몸과 마음을 정갈히 하고 사랑을 맞이하는 것, 이것이 바로 순결한 것."이라고 말하여 일부 청소년들은 프리섹스를 하면서 모두가 순결하다고 주장한다.

순결한 삶의 조건

필자가 말하는 순결은 '나는 당신만의 오직 한 사람'의 사랑의 실현을 의미한다. 다시 말하면 이런 사랑을 이루기 위해서 누구나 이루어야 할 미덕이 순결이다. 순결의 미덕은 설계도의 보편적 법칙에 따라 삶을 살아가는 것을 의미한다. 보편적 법칙들은 규범으로 이해할 수 있으며, 그 규범의 실천엔 수많은 덕목들의 열매가 열릴 수 있다. 보편적 법칙들은 상하관계의 덕목들, 너와 나와의 횡적 관계의 덕목들, 독자적으로 이루어야 하는 덕목들이 있다. 그 덕목들을 열거하면 다음과 같다.

감사, 겸손, 사랑, 효성, 순결, 청결, 근면, 성실, 신뢰, 절제, 봉사, 인내, 예의, 정직, 화합, 협동, 정의, 용기, 우애, 책임, 존중, 인정, 용서, 관용, 사려, 공정, 자립, 양보, 희생, 극기, 의리, 자조, 헌신, 진실, 친절, 자율, 자존감, 결의, 자애, 배려, 충직, 열정, 지혜, 동정, 창의, 소신, 기지, 확신, 신용, 이해, 포용, 지속성, 도움, 끈기, 유연성, 정돈 등이다.

이러한 덕목들 가운데 '나는 당신만의 오직 한 사람'의 사랑을 이루기 위한 대표적 핵심가치로서 가장 빛나고 향기를 내뿜는 덕목이 순결과 사랑이다.

순결은 남녀 간에 서로 책임지고 존중하는 마음을 바탕으로 남녀의 성적 평등화를 실현하며, 맹목적이거나 금욕적인 순결이 아니라 진정으로 내가 사랑하는 단 한 사람을 만날 때까지 내 안에 잠자고 있는 미덕들을 개발하여 인격을 성숙시키고, 자신의 미래를 준비하며, 기다리면서 참된 사랑의 실현을 위한 분명한 목적을 지닌 것을 말한다.

남녀가 순결한 삶을 살면서 서로 사랑하여 결혼에 골인한 부부의 첫날밤은 첫 키스, 첫 관계를 맺음으로써 일생일대의 가장 큰 환희를 맛보는 축제의 날이 된다. 수많은 유혹을 물리치고 자신의 배우자에게 줄 가장 큰 결혼 선물, 즉 자신의 인격을 갖춘 순결한 몸과 마음을 배우자에게 선물하는 것은 일생에 한 번밖에 없는 아름다운 추억을 만들게 된다. 이러한 추억은 부부가 평생을 살아가면서 두고두고 기억하면서 재충전할 수 있는 보물의 시간이 될 수 있다.

우리 사회 대중문화의 흐름 속에는 결혼 이후에도 수많은 유혹이 끊이질 않는다. 순결한 삶으로 만난 부부는 서로에게 신뢰감을 안고 출발하므로 어떤 오해의 소지가 있더라도 서로를 이해하고 사랑을 돈독히 쌓아갈 수 있는 토대가 마련되어 있다. 그래서 행복한 가정을 지속적으로 유지할 가능성이 크다.

순결의 실행은 아무나 가능한 것이 아니다. 순결한 삶은 누군가 다른 사람이 강요하지 않는 자기 자신에 대한 스스로의 리더십이기 때문이다. 순결은 자기 자신에게 스스로 부과하는 덕목이므로 분명한 자기 삶의 목적의식과 자존감 그리고 정체성이 분명한 사람이 순결한 삶을 살 수 있다. 순결한 삶은 자신 스스로의 훈련을 쌓는 노력이 필요하다. 순결은 자아인식, 양심훈련, 자기통제력, 책임의식, 존중의식 등 미덕들의 역량 강화가 뒷받침되어야 가능하다.

자아인식이란 책임을 다른 사람이나 외부의 어떤 조건, 환경의 탓으로 돌리지 않고 자신이 선택하고 자신이 결정하고 자신이 책임지는 삶을 말한다. 내가 누구인가? 내 자신이 어디에서 왔는가? 무엇을 위해 사는가? 어디로 갈 것인가? 어떻게 살 것인가? 등 자신의 정체성을 명확하게 아는 것이다.

자아인식의 실행은 자신의 생득적인 유전인자가 어떠하든지, 어떤 환경에서 성장했든지, 어떤 교육을 받았든 못 받았든지, 어떤 지위가 있든 없든지 인간은 자유의지가 있으므로 자신의 미래를 선택하는 것이다. 아무리 나쁜 상황에 처해 있더라도 새로운 선택을 해서 새로운 대응책을 마련하면 새로운 미래가 펼쳐질 것이다. 그러나 좋은 위치와 좋은 환경에 있더라도 자만하고 미래지향적 선택을 하지 않으면 결국 실패자가 될 것이다.

자아인식은 순결한 삶을 스스로 선택하고 결정하고 책임짐으로써 자신의 운명을 행복한 창조적인 삶으로 바꿀 수 있다. 자아인식은 자신이 순결을 잃었던 경험이 있더라도 자신은 누구의 희생자도 아니며 어떤 상황이나 어떤 타성에 젖었더라도 새롭게 거듭날 수 있다는 자아의식으로 출발하는 자세와 태도를 갖는 것이다. 그러므로 누구나 제2의 순결한 삶을 살 수 있다.

순결한 삶과 양심훈련

양심은 선악을 판단하는 생득적 능력이다. 양심은 인간의 내면적인 법정의식으로서 우주의 보편적 법칙에 따라 살도록 선한 삶의 방향을 알리는 '내 안에 있는 법정의 판사'로서 삶의 나침반 역할을 한다. 순결의 자유로움과 행복을 누리려면 양심에 대해 훈련해야 한다. 자신의 양심에 비추어 자신의 언행이 하늘을 우러러 한 점 부끄러움 없는 행위로 책임질 수 있어야 한다. 양심은 법적인 지성의 판단이 아니라 내 안의 도덕적 판단이다. 양심은 인간이 선한 방향으로 행동하도록 지속적으로 내적인 가르침을 준다. 그러나 보편적 법칙의 기준이 아니라 자기중심의 시각이 되면 양심이 방향을 잃게 되어 방어적으로 합리화하기 때문에 양심의 기능이 온전하도록 꾸준히 훈련해야 한다.

양심의 작용은 다음과 같다. 첫째, 행위 전에 경고를 하고 둘째, 행위의 진행 중에 원고와 변호사가 등장하여 가책을 느끼고 변명하려 한다. 셋째, 행위 후에 재판관이 나타나서 후회를 하든지 평안함을 느끼든지 하도록 한다. 예를 들면, 인간이 아무도 모르게 자신만이 알고 있는 속임을 하였을 때, 양심이 먼저 '하지 말라'고 경고한다. 양심의 경고를 받았음에도 불구하고 속인 행동에 대해 가책을 느끼거나 변명한다. 마지막 단계에서 자신의 행동에 의해 피해를 입은 상대가 아파하는 것을 보고 자기 안에서 죄책감으로 후회하며 고통을 당하게 된다. 그래서 평화롭고 행복한 삶을 살려면 양심 훈련을 해야 한다. 다시 잘못을 뉘우치고 새로운 삶으로 방향을 전환시키는 양심의 작용은 실패를 거듭하더라도 포기하지 않는 훈련으로 가능하다.

자기 통제력이란 양심작용에 의해 영성과 분별력을 가지고 악하고 거짓되고 옳지 않은 행위를 스스로 금하면서 자신의 삶에 긍정적인 영향을 주는 태도이다. 자기 통제력이 약한 사람은 외부 통제력에 의해 행동한다. 즉 유행, 문화의 흐름에 따라, 대중들이 하는 대로, 자신의 판단 여부와 상관없이 따라 행동하는 사람은 자기 통제력이 약한 사람이다. 자기 통제력이 강한 사람은 외부 누구의 눈치를 살피지 않고 자신의 내부의 원칙의 목소리를 들으며 소신을 가지고 행동하는 것이다.

자기 통제력의 첫 단계는 자신의 신체적 통제력이다. 일찍 자고 일찍 일어나기, 적당히 먹기, 적당히 운동하기, 필요한 경우 피곤해도 해야 할 일을 하기, 끊어야 할 것은 끊기, 통제하기, 할 일을 뒤로 미루지 않기, 인내력을 발휘하기, 자존심을 내세우지 않기 등이다. 식욕, 수면욕과 성 욕구를 통제하지 못하는 사람이 그 다음 단계인 분노, 질투, 시기, 교만, 미움과 같은 감정들을 극복할 수 있을까? 많은 사람들이 사랑과 화합, 평화를 열망하지만 그것을 이루지 못하는 이유는 가장 기본적인 요소인 신체적으로 절제해야 할 것을 통제하지 못하기 때문이다. 기본적인 것부터 통제하는 힘을 길러야 다음 단계로 넘어갈 수 있다.

자기 통제력 강화는 균형감각과 자제심, 중용감각으로 절대적 기준을 잃지 않고 균형 잡힌 자세로 칭찬과 비난을 받아들이는 태도에 있다. 칭찬을 들어도 우쭐하지 않고, 비난을 받아도 과잉반응이 없다. 그리고 어떠한 유혹에도 흔들림이 없다. 유혹의 그늘에 실패가 보이고 극기 저 너머에 성공이 보이기 때문이다. 통제력 강화를 위해 중장기 계획을 세우고 그것을 이루기 위해 자신에게 맞는 몇 가지 세부적인 구체적 목표를 세워서 그 목표에 꾸준히 헌신해야 한다.

순결 리더십의 경쟁력

책임이란 어떤 사람이 자유의지로 결정함으로써 그 사람의 행위 결과가 그 사람에게 돌려지는 것을 말한다. 즉 사람이 자신의 행위에 관하여 자타의 평가를 받고 그것에 의하여 자책이든, 남으로부터의 비난이든 여러 가지 형태의 도덕적 혹은 법률적인 제재를 받아들여야 하는 경우이다. 책임에는 자신 스스로와 타자에 대해서 책임을 지닌다는 쌍무적 요구 관계가 포함된다.

책임성에는 개체의 인격으로서 질서유지 가능의 조건이 들어있다. 책임의 현실성은 인간의 자유행동의 결과에 대하여 묻게 되는 것이므로 "무엇에 대해 자유인가?"는 "무엇에 대해 책임적인가?"가 가능해진다. 책임 없이 자유는 존재하지 않는다. 타자에 대한 책임지는 자유에서 비로소 자신에 대해서도 자유일 수 있다.

자신의 행동에 대해 자신이 스스로 책임질 뿐만 아니라 타인에게 준 손해에 대해 법률에 따라 배상한다든지 범죄 때문에 형벌을 받아야 하는 처지가 책임져야 하는 입장이다. 또한 업무상 그 임무를 게을리하거나 잘못된 결과를 초래하였을 때 도덕적 책임과 법률적 책임을 져야 한다.

　책임적 역량강화는 우주의 보편적 법칙의 기준에 따라 자신의 삶을 고양시키고 품위를 지키며, 꿈을 실현시키고, 긍정적이고 낙관적인 에너지를 불어넣어 더욱 책임성을 강화하는 순기능적 기능을 더한다. 법칙을 어기고 방종으로 나가면 나갈수록 갈등과 불안, 초조, 고통이 따르는 결과를 초래한다. 따라서 책임성 있는 삶은 순결한 삶의 긍정의 힘을 강화시키는 경쟁력이 있다.

　존중이란 상대의 인격이나 사상, 행동 등을 높이 사며, 온전히 받아들이는 것이다. 나와 차이가 있음을 인정하고 다르다는 그 자체로 놓아두는 것이다. 존중은 상대방의 인격을 모독하지 않는 것이며 상대의 이야기를 무시하지 말고 귀 기울이고 의견을 최대한 수렴하는 것이다. 존중은 서로의 관계를 돈독하게 만드는 것이다.

　내가 상대를 변화시키려 하지 말아야 한다. 존중에는 상대에 대한 신뢰와 배려가 담겨있다. 존중은 인간 관계와 공동체 생활의 기초이다. 개인과 가정, 공동체조직의 성장에 큰 영향을 미치고 구성원들이 그 조직에 몰입하는 바탕이 되는 것이 존중이다. 왜냐면 자신이 존중하지 않는 사람에게나 조직에는 헌신하지 않기 때문이다.

　사람은 존중 받을 때 상대에게 성실하고, 조직의 목표 달성을 위해 더욱 몰입하고 성실하게 일한다. 존중하는 태도를 기르기 위해서는 존중 받는다는 느낌을 주는 요소들, 즉 인정, 기대, 배려, 신뢰, 파트너십의 역량 강화가 함께 작용해야 한다. 그러므로 그러한 요소들의 역량 강화가 함께 이루어져야 한다. 타자를 존중하고 자신이 존중 받는 개인이 경쟁력이 있다는 연구보고가 많이 있다.

　공동체 리더십 가운데 가장 큰 영향력을 발휘하는 리더십은 자신이 덕목들의 실체가 되어 스스로 솔선수범하는 리더십이다. 공동체의 강한 조직력은 개개인에게서 흘러나온다. 순결에 필요한 덕목들을 갖춘 남녀 개개인들은 공동체에서 솔선수범하는 주인의식을 지니고 상사와 부하직원들에게 자연스러운 리더십을 발휘하게 된다. 그리고 그럴 때 그 공동체는 살아 숨 쉬며 발전하는 조직이 될 수 있다. 솔선수범하는 개개인들이 모인 공동체는 그 어떤 다른 조직보다 구성원들이 서로 굳건한 안정감과 신뢰감의 터전 위에서 전문성과 창의력, 그리고 창조적 능력을 발휘할 수 있게 될 것이다.

남성과 여성의 결합은?

러셀 스태나드는 그의 저서 『21세기의 신과 과학 그리고 인간』에서 엘빙Elving Anderson과 폴Paul Davies 등 유명한 물리학자들이 현대 물리학의 정밀한 연구결과가 종교적 사고와 조화를 이룰 뿐만 아니라, 전지전능하고 창조목적을 지닌 하나님이 우주 전체를 운행하고 있다는 사실을 객관적으로 보여주고 있다는 것을 저술하고 있다. 그는 "오늘날 대부분의 과학자들은 세계를 깊이 들여다볼수록 심오한 단순성과 복잡성이 교차하는 복잡한 법칙을 발견하는데, 이런 깊은 관조가 유한한 정신을 통해 무한한 존재(하나님)에 대한 사랑과 존경을 표명하는 유일한 방법이라고 생각한다."라고 진술하고 있다.

필자 역시 우주의 보편적 법칙을 통하여 인간의 존재양상의 법칙을 이해할 수 있으므로 더 나아가서 인간의 존재양상을 보편적 법칙의 시각에서 보며 설계자의 무한한 창조성과 인격성을 경험한 토대 위에서 인간 삶의 보편적 법칙을 설명할 수 있다.

남성과 여성의 조화체의 존재양상은 가정에서 부부 실체의 조화성·원만성·원활성을 의미한다. 현실적 인간은 타락에 의해 양성·음성 실체의 조화성·원만성이 분절·굴절되어 나타난다. 설계도에 의하면 남편과 아내의 사랑은 각각 설계자, 하나님의 참사랑을 중심하고 3점 트리오의 관계로서 현실화되도록 구성되어 있다. 하나님의 참사랑이 부부에게 현현되며, 본성적 가정의 사랑 역시 그 조화성과 균형성이 구체적으로 현시하게 된다.

대부분의 인간은 대체로 자기중심적인 인생 패턴을 유지하고 있으며, 부부 관계와 가족 관계의 불일치의 경향이 나타난다. 설계자인 하나님 존재와 사랑을 배제한 부부 관계는 다만 수평적인 관계로서 안정성·조화성·균형성을 담보하기 어렵다.

하나님의 참사랑이 임재臨在할 때, 비로소 트리오의 유기적 관계로서 안정성·조화성·균형성이 가능하다. 이러한 트리오 관계에서 부부의 사랑, 생명, 혈통, 양심의 작용이 통합되어 사랑하는 가족관계가 형성되며, 서로 만족스러운 소통이 이루어져 전통적 계대가 이어져 간다.

이상적 부부 관계

혼전婚前 성행동과 혼외婚外 성행동은 본성적 성이 아닌, 쾌락적 성을 탐닉하는 경향성으로 나타난 것이다. 성적 쾌락성은 일시적인 충동성·가변성·자기중심성으로 나타나기 때문에 결국에는 퇴락되어 깨어질 수밖에 없다. 쾌락적 탐닉적인 성을 중심 삼고 남녀가 좋아하기 시작하면 상대의 성은 자신의 성적 욕구를 합리적으로 충족하기 위한 물질적·도구적 수단에 불과하게 된다.

부부의 도구적·수단적 성 관계는 자신의 성적 욕구의 대용물로서 그 효용성이 떨어지면 성 자체를 무시·파기하게 된다. 이것은 처음에는 서로 사랑한다는 미명 아래 상대적 관계를 맺지만, 엄밀히 말해 진정한 사랑의 관계로 현실화될 수 없다. 이것은 상대의 외모, 성격, 취향, 사회적 배경 등이 동기가 되어 서로가 만나 오직 성적 욕구를 합리적으로 충족하는 쾌락적·도구적·수단적 대용물에 지나지 않는다.

상대에게 일시적 만족과 쾌락을 주는 즐거움과 매력은 시간이 흐름에 따라 변할 수 있으며, 자기의 성격, 직업, 분위기, 상황 등에 따라 그 매력적 효용성은 점점 감소되게 마련이다. 일시적으로 선호하는 상대의 심적 성향의 변덕성이 자주 나타나는 것은 자신의 이기적·쾌락적 성욕의 추구 때문이다.

자기중심적 쾌락적 성욕 추구는 상대의 일시적 분위기, 현실적 정서, 주관적 판단에 따라 그 즐거움과 매력의 척도에 대한 대상 역시 항상 달라질 수밖에 없다. 따라서 그들은 성적 쾌락의 대상을 항상 유동적으로 교체하려고 노력한다.

자기중심의 성적 쾌락을 시도하는 사람은 성적 대상을 자주 교체하게 마련이다. 자기중심적·관행적 쾌락은 역설적 성격을 지니고 있어 그런 성적 쾌락성에 탐닉하면 할수록 더욱 새롭고 강한 쾌락을 계속 추구하게 된다. 그런 성적 도착증은 정신적 연령이 성장함에 따라 예외 없이 반감적인 퇴행성 성향으로 나타나 결국 자신의 파트너에게 권태감을 느끼게 되고, 나아가 새로운 파트너로 눈길을 돌리면서 색다른 대상을 습관적으로 모색하게 된다.

　부부 관계의 경우, 자기중심의 성적 쾌락적 탐닉에 몰입하게 되면
상대를 오직 쾌락 추구의 도구적 수단으로 여기면서 서로 항상 유동
적으로 색다른 성적 대상을 다양한 차원에서 습관적으로 모색하게
된다. 그런 성적 욕구를 추구하게 되면 소위 스와핑Swapping의 비윤
리적 성관계의 현상에 이르게 된다. 남녀 관계에서 스킨십, 키스 등
성적 체험이 오직 자기중심의 쾌락적 탐닉에 빠지게 되면, 대부분의
남녀관계는 분명히 파멸됨을 예상해야 한다. 그리고 거기서 야기되
는 고통과 갈등도 자신이 스스로 감내해야만 한다.

　부부 관계에서 성적 쾌락은 하나님이 인간에게 부여한 특권으로
서 부부의 사랑을 성숙시키는 촉진제 역할을 한다. 그러나 하나님의
실재와 참사랑이 전제되지 않은 채 오직 육체적·이기적 성적 관계
에서는 그 어떤 성적·쾌락적 기교를 긍정적으로 발양할지라도 그런
상태에서 절대 성의 신비성을 체화體化하기가 거의 어렵다.

　왜냐하면 부부 관계에서 최고의 성적 쾌락적 만족을 위한 성감대
의 극대성은 서로가 자신의 생심과 육심이 통일된 상태에서 참사랑
과 참생명, 참혈통의 정체성을 현실적으로 교통하는 절대적인 공감
대에서 드러나기 때문이다.

　부부 사랑에서 조화성·안정성·건강성을 담보한 가운데 사랑, 생
명, 혈통, 양심이 통합된 고차원의 인격적 성의 패턴을 실체화할 때
비로소 가장 만족스러운 신비한 절대 성의 성감대를 느낄 수 있다.
남녀 성의 고차원적 성감을 경험한 행복한 지도자가 사랑하는 배우

자, 자녀, 부모 관계에서 만족감을 갖게 될 것이다. 이런 지도자는 더 나아가 사회공동체에서 자신이 가지고 있는 잠재적 능력을 자유롭게 펼칠 수 있을 것이다.

보편상(普遍相)을 토대로 개별적 특성을 지닌 인간

인간은 '개성체'이다. 인간의 개성체는 용모, 성격, 행위, 창작 등의 특징으로 나타난다. 모든 인간은 카인의 후예로서 하나님 속성을 구체적으로 닮지 못하게 되어 원래 설계도의 개성체 모습을 충분히 발양하지 못하고 있다. 인간은 하나님의 속성인 성상·형상의 통일성, 양성·음성의 조화성에서 멀어지면 멀어질수록 그 본연의 개성체의 모습이 나타나기 어렵다. 창조 본연의 개성체, 곧 자신의 외모, 성격, 행위 그리고 고유한 창조성 등이 구체적으로 발양하기가 매우 어려운 환경에 직면해 있다.

창조 본연의 인간은 하나님의 원개별상을 닮은 개성체로서 소천주小天宙, 천주의 총합실체상으로 지음 받았다. 이런 맥락에서 볼 때 인간은 누구나 과거·현재·미래를 통해 유일무이한 존재로 태어난 역사적 존재다. 한 생명체가 탄생하기까지 부모의 헌신적인 사랑과 보살핌뿐만 아니라 조상으로부터 면면히 내려오는 사랑이 있었기 때문에 오늘의 내 자신이 존재하게 된 것이다.

우리 조상들은 우리의 머리카락 한 올까지도 부모가 물려주신 사랑의 유산이라고 생각하여 소중히 여겼다身體髮膚 受之父母 不敢毀傷. 이처럼 인간은 소중하고 귀중한 유일무이한 존재다. 인간의 보편적 가치가 고귀하다면, 자신의 생명 자체와 관련된 보편적 성 역시 귀하고 소중하게 인식해야 할 것이다.

　순결의 진정한 의미는 자신의 성적 경험의 자제성은 물론, 자신과 타인의 신체적·정신적 사랑을 귀하고 소중하게 지키면서 절대 성의 보편적·본질적 패러다임을 따르는 성 태도를 갖는 것이다.

　프리섹스의 성행동은 자신과 타인의 성을 무시하는 무책임적·일탈적 성 태도에 지나지 않는다. 그것은 상대의 인격을 존중하고 사랑하고자 하는 심적 태도가 거의 홀시된 것이라고 규정할 수 있다. 인간 본연의 개성체적 성 태도는 자신과 타인의 육체적 성을 항상 어디서나 성스럽게 보호하는 가운데 인격적 사랑을 존중하는 것이다. 건강한 개성체의 자존감은 내가 소중한 만큼 상대방의 개성체도 소중하다는 것을 인지하는 태도를 갖는 것이다. 이런 자존감을 가진 개성체로서 지도자는 자연스럽게 많은 사람들에게 존중받는 지도자가 되게 마련이다.

인간은 하나님의 신성이 구현된 심정적 존재

　심정을 풀어보면 '사랑을 통해 기쁨을 추구하는 정적인 충동Impulse', 곧 '사랑의 정적 충동'과 '기쁨의 정적 충동'을 뜻한다. 인간이 누군가를 사랑하고 싶고 누군가에게 사랑받고 싶은 충동은 자신이 살아가는 삶의 출발점Starting point이다. 또한 인간이 기쁘고자 하는 충동은 자신이 살아가는 삶의 귀결점Final point이다. 정적 충동이란 억제할 수 없이 무조건으로 솟아오르는 생래적 충동으로서 사랑의 충동과 기쁨의 충동은 인과론因果論적으로 연결되어 있다. 인간관계에서 너와 나의 관계의 작용, 인간 자신의 신체와 인격의 성장과 발전, 그리고 성숙 등은 서로 떼려야 뗄 수 없는 유기적 관계로서 나타난다.

심정은 사랑의 원천으로서 하나님과 인간의 정체성의 본질이다. 심정은 하나님의 완전한 사랑의 바탕이며 모든 창조도 이상도 심정에서 우러나는 것이다. 심정에 모든 인간의 완성·완전·완결 등이 내포되어 있으므로 심정을 떠나서는 인간의 완성·완전·완결이 존재할 수 없다.

본연의 인간 모습은 참된 사랑의 생활, 바로 남을 위해 사는 삶이자 이타적利他的, 위타적爲他的, 애타적愛他的인 희생·봉사의 헌신적 생활을 추구하며 실현할 때, 비로소 절대적이며, 유일하고, 불변하며, 영원한 행복과 평화를 누릴 수 있도록 설계되어 있다. 이렇게 본연적 인간의 참된 행복과 참된 평화를 누리는 패러다임은 생래적으로 프로그래밍 되어 있다.

인간은 하나님 신격神格의 완전성을 본질적으로 닮도록 창조되었다. 예수는 성경 마태복음 5장 48절에서 "하나님의 온전한 것 같이 너희도 온전하라."고 강조했다. 이 가르침은 하나님 신격의 완전성을 구체적으로 닮으라는 것을 시사한다.

인간의 인격 성장 성숙과 하나님의 심정(사랑)은 필연적 유대관계로서 선재되어 있다. 인간이 인격자가 되기 위해서는 하나님의 심정을 체화하지 않으면 거의 불가능하다. 심정은 하나님 신격의 핵심이다. 따라서 인간도 성장 기간을 통해 하나님을 온전하게 닮음으로써 하나님의 심정을 상속받도록 부여받았다.

오늘의 인간은 하나님의 이런 속성을 완전히 닮지 못한 채 타락함으로서 본연의 인간성이 상실되어 참사랑을 통한 참기쁨을 누리는 생활 패러다임의 의식구조가 깨어져 있다. 그 결과 인간이 재력·권력·지위·학식 등에 의한 이기적 욕망에 따른 기쁨만을 추구하며, 실현하는 비원리적 생활 패러다임이 드러나게 되었다.

오늘의 인간 존재양상은 참사랑이 거의 배제된 채 오직 자신의 기쁨과 쾌락만을 추구하고 실현하는 상태로 퇴락되었다. 인간이 이런 비원리적 존재양상을 지니고 살아가기 때문에 인간사회의 전 영역에는 끊임없는 긴장·갈등·대립·충돌·분열·투쟁 등 심각한 혼란상, 곧 정치·경제·교육·문화 등의 총체적 위기가 글로벌 차원에서 만연될 수밖에 없다.

하나님 사랑의 충동과 기쁨의 충동은 인간의 그것과 비교할 수 없을 만큼 억제하기 어려운 충동이다. 여기서 특히 주목할 것은 하나님의 기쁨의 충동은 사랑의 충동에서 일어나는 결과적 충동이라는 점이다.

사랑의 충동은 1차적·직접적·원인적 충동이며, 기쁨의 충동은 2차적·간접적·결과적 충동이다. 따라서 사랑 자체는 기쁨을 누리기 위한 수단과 도구가 아니라 무조건인 충동이다. 기쁨의 충동은 사랑의 충동의 필연적 결과물이다. 사랑의 충동과 기쁨의 충동은 표리관계로서 본연의 인간생활에는 사랑의 충동 없이 기쁨의 충동이 있을 수 없으며, 기쁨의 충동 없이 사랑의 충동이 있을 수 없다.

현실적 인간 삶의 패러다임은 대체로 물질적 욕구와 이기적인 사랑에 집착된 채 성적 쾌락을 중심한 프리섹스 유령에 끌려가는 노예 상태로 살아가는 실정이지만 그런 자신의 모습을 당연시하며 살아간다. 그러나 하나님의 사랑의 체화體化 없이는 하나님의 자녀로서 하나님의 심정을 상속받을 수 없다.

참사랑의 충동과 참기쁨의 충동은 반드시 주체와 대상이 하나 되어 조화를 이루는 수수授受 관계에서 나타난다. 참사랑의 충동은 주체가 대상을 사랑하는 원동력이기도 하지만, 대상이 사랑받기를 모색하는 충동이기도 하다. 참사랑의 원동력은 서로 주고받을 때 더욱 증가되는 원리이기 때문이다.

하나님은 인간의 창조주로서 인간의 주체자이며, 그 대상인 인간과 더불어 주체와 대상의 관계성을 통해 참사랑과 참기쁨을 실제로 느낄 수 있다. 따라서 인간 개개인은 창조된 하나님의 실체대상이며 하나님의 신성神性이 구현된 존재다.

인간의 성적 본질적 태도도 이런 차원에서 견지되어야 한다. 하나님의 형상을 그대로 닮아 지음 받은 인간 역시 참사랑을 통해 참기쁨을 추구하는 억누를 수 없는 정적 충동을 가진 심정적 존재임은 당연한 것이다. 이러한 정적 충동은 사랑하고 사랑받는 관계성을 모색하고, 상호교류하면서 참기쁨을 누리도록 자극한다. 이런 맥락에서 하나님의 인간 및 우주만물의 창조는 결코 우발적인 것이 아니라 분명한 합목적성과 방향성을 띤 절대적·필연적인 것이다.

인간은 하나님의 직접적 사랑의 대상으로, 우주만물은 하나님의 간접적 사랑의 대상으로 창조되었다. 우주만물이 하나님의 간접적 대상이라 함은 우주만물은 인간의 사랑의 대상임을 의미한다. 그리고 창조목적의 동기動機로 볼 때 인간과 우주만물은 하나님 사랑의 대상이지만 결과結果로 볼 때 인간과 우주만물은 하나님에게 기쁨의 대상이다.

이런 맥락으로 볼 때, 인간이 자연환경을 사랑의 차원에서 관리해야 한다는 결론에 이른다. 그러나 오늘의 인간은 자연을 사랑하는 차원이 아니라 자신의 삶의 필요조건만으로 다루었으므로 환경파괴에 이르게 되었다. 미래의 진정한 지도자상은 사람뿐만 아니라 자연환경까지도 사랑의 대상으로 대할 때 진정한 기쁨의 삶을 살 수 있게 될 것이다.

인간은 생래적으로 진·미·선 가치 추구

인간은 태어날 때부터 진·미·선의 가치를 추구·실현하는 속성을 생래적으로 지니고 있다. 일반적으로 인간과 동물의 차이성을 규정할 때, 인간만 언어를 가지고 있다는 것을 강조하지만, 인간의 영원성과 직접 관련되는 영성을 특히 성찰해야 한다. 동물에는 영성이 없다.

동물과 달리 인간은 생심生心과 육심肉心의 이중적 존재이다. 생심의 기능은 참사랑을 중심한 진·미·선의 가치생활을 추구, 실현한다. 참사랑은 생명의 원천인 동시에 진·미·선의 기반이 되며 심정문화 정착의 원동력이 된다. 인간의 가치생활에는 인간 자신이 스스로 가치를 추구·실현하면서 기뻐하는 측면도 있으며, 타자의 가치를 추구·실현하여 기쁘게 하는 측면도 있는데, 전자보다 후자가 더 본질적이다.

인간의 가치생활이란 '위하여 사는 참사랑의 생활', 곧 가족 관계를 위하고 더 큰 사회 공동체를 위한 생활이다. 그것은 궁극적으로 인간의 몸과 마음의 설계도를 만든 설계자와 소통하는 삶이다. 육심의 기능은 성Sexuality을 중심한 의·식·주의 생활, 곧 물질적 생활을 추구·실현하는 것이다. 육심은 생심을 따르는 것이 원래 설계도의 마음이다.

육심이 생심을 따른다는 의미는 진·미·선 가치를 추구·실현하는 것을 제1차적으로 생활하고, 물질적 가치를 추구·실현하는 생활을 제2차적으로 생활한다는 것이다. 성을 중심한 의·식·주의 물질적 가치를 추구하고 실현하는 것은 정신적 가치의 목적을 실현하기 위한 수단이라는 것이다. 육심이 생심을 따르고 생심의 기능이 실천화되면 영성과 육신은 서로 공명共鳴하게 된다. 이런 상태에서 심정문화를 창조·육성·발전시킬 수 있는 문화인으로서 자격을 갖추게 되는 리더가 되는 것이다.

오늘의 인간은 그 조상으로부터 본성뿐만 아니라 죄의 근성까지 계승받은 후손이기 때문에 육심과 생심의 기능이 전복되어 있다. 대부분의 인간은 의·식·주의 물질적 생활을 인간 삶의 목적으로 삼고, 진·미·선의 정신적 가치의 생활은 의·식·주의 생활을 위한 수단으로 삼고 있다. 참사랑을 중심한 진·미·선의 가치를 추구·실현하는 1차적 목적적 행위 자체가 재물·지위·권력·명예 등을 얻기 위한 수단이 되었다. 대부분의 경우 일상생활에서 정신적 가치를 전혀 추구·실현하지 않는 것은 아니지만, 정신적 가치생활은 자신의 이기적, 물질적 생활을 위한 수단으로 삼고 있다.

오늘날까지 대부분의 종교적 가르침은 먼저 자기 자신과의 갈등·싸움을 극복하라고 교시한다. 예컨대 공자는 '극기복례克己復禮'를 강조했고, 예수는 "자신의 십자가를 지고 나를 따르라." 그리고 "인간은 떡만으로 사는 것이 아니라 하나님의 말씀으로 산다."고 설파하였다. 현실적 인간은 이것을 이루지 못함으로써 일상생활에서 수많은 고통과 불행이 야기된다.

프리섹스의 의식구조는 성적 욕구를 추구·실현하는 육신이 주체가 되고, 진·미·선·사랑의 가치를 추구·실현하는 영성이 대상의 입장으로 전도된 것이다. 그것은 육신이 원하는 대로 영성이 끌려가는 패턴으로 나타난 상태다. 프리섹스의 의식구조는 자신의 성적 쾌락에 매료되어 그것이 인생의 전부Everything라고 규정한 환각 상태다. 그것은 일상적 생활에서 담배에 매료되어 흡연금지를 무척 싫어하는 모습과 유사하다. 프리섹스의 중독은 알코올·마약·도박 등의 중독과 유사하다. 프리섹스주의자들은 자신의 일상생활을 통해 스스로 참담한 모습을 항상 후회하지만, 그 소굴에서 벗어나지 못하는 이유는 일종의 마약·도박의 중독과 유사하기 때문이다. 그럼에도 불구하고 인간은 생래적으로 갖고 태어난 영성의 속성을 자신의 노력으로 키워나간다면 그 중독에서 벗어날 가능성이 크다. 자신의 삶은 자신이 선택하여 만들어 가기 때문이다.

질서와 창조적 인간

삼라만상의 인간을 포함한 자연환경의 모든 존재는 하나님의 로고스에 의해 창조되었기에 로고스에 따라 운행하고 있으며, 로고스에 의해 유지되고 있다. 특히 인간은 로고스 모델에 따라서 계대繼代를 계승하면서 규범적 생활을 유지하도록 설계되어 있다.

로고스의 의미는 이성과 법칙의 통일체로서 '이법理法'이라고도 부른다. 따라서 로고스적 존재와 이법적 존재는 서로 같은 의미로 이해할 수 있다. 이성과 법칙은 각각 자유성과 필연성, 목적성과 기계성을 지니고 있으므로 인간이 로고스적 존재란 자유성과 필연성, 목적성과 기계성을 통일적으로 지니고 있는 존재임을 의미한다.

인간은 생래적으로 규범적 존재

인간은 자유의지에 따라 행동하는 이성적 존재인 동시에 보편적 가치법칙(규범)에 따라 생활하는 규범적 존재다. 로고스에 따른 규범들의 열매가 곧 우리가 아름답게 실현하고자 노력하는 미덕들이다. 미덕들은 상하관계의 미덕, 너와 나와의 횡적관계의 미덕, 독자적으로 이루어야 하는 미덕들이 있다. 그 미덕들은 다음과 같다.

감사, 겸손, 사랑, 효성, 순결, 청결, 근면, 성실, 신뢰, 절제, 봉사, 인내, 예의, 정직, 화합, 협동, 정의, 용기, 우애, 책임, 존중, 인정, 용서, 관용, 사려, 공정, 자립, 양보, 희생, 극기, 의리, 자조, 헌신, 진실, 친절, 자율, 자존감, 결의, 자애, 배려, 충직, 열정, 지혜, 동정, 창의, 소신, 기지, 확신, 신용, 이해, 포용, 지속성, 도움, 끈기, 유연성, 정돈 등이다. 인간은 생래적으로 이러한 미덕들을 내면에 갖고 태어난다. 그러나 후천적으로 일깨우지 않으면 미덕들이 모두 잠자고 있다. 우리 모두는 이 미덕들을 일깨우는 노력을 하면 로고스의 실체가 되며, 미덕들의 실체가 될 수 있다.

자유는 인간의 본성이다. 인간이 법칙(규범)에 따르는 것을 일종의 속박으로 알고 거부하는 사고방식이 인간 사회에 만연해 있다. 그러나 참 자유는 보편적 법칙을 따르고 지키는 데 있다. 법칙을 무시한 자유의 행위는 방종放縱에 이른다. 그러한 행동은 스스로 파멸될 수밖에 없다.

예컨대 기차는 레일에서 그 속도를 조절할 수 있으며 전진이나 후진할 수도 있다. 그러나 기차는 레일의 궤도를 벗어나면 운행될 수 없을 것이다. 기차는 레일의 궤도에서 자유로울 수 있지만, 그것을 벗어나면 기차의 운행은 어렵게 된다.

이처럼 인간도 보편적 규범에 따른 라이프 사이클을 견지할 때 참 자유를 누릴 수 있다. 공자는 『논어論語』에서 "70이 되니 마음이 원하는 대로 행하더라도 법도를 벗어나는 일이 없었다."라고 설파했는데 이것은 공자가 70세가 되어서 비로소 자유의지와 법칙이 통일된 로고스적 존재가 될 수 있었음을 교시한 것이다.

  인간은 태어날 때부터 로고스적 존재이므로 법칙·규칙의 준수는 자연스러운 것이며, 필연적이다. 인간이 지켜야 할 법칙이란 우주 만물에 작용하고 있는 보편적 자연법칙, 곧 수수작용의 법칙을 말한다. 가정은 우주의 질서체계의 축소체다. 우주에 종적·횡적 질서가 있는 것과 같이 가정 모델에서도 종적·횡적 질서가 구체적으로 나타나 있다.

  종적 질서와 횡적 질서에 대응하는 가치관이 종적 규범(종적 가치관)과 횡적 규범(횡적 가치관)이다. 가정 모델에서 종적 가치관이란 부모와 자녀 사이의 윤리이며, 횡적 가치관이란 형제자매 관계 그리고 부부 관계의 윤리다. 그리고 개인의 개성체로서 지켜야 할 가치관이 개인적 도덕이다. 이것은 개성체로서 인격을 완성하고 유지하기 위한 도덕을 말한다. 도덕과 윤리의 실천으로 얻어진 열매들이 바로 위에서 열거한 미덕들이다.

  이런 맥락에서 인간의 절대 성의 본질도 우주의 보편적 질서에서 도출된 것이다. 프리섹스의 행동은 이런 우주의 보편적 질서에서 전적으로 일탈된 것이라고 볼 수 있다. 가정 규범의 본질은 사회나 국가에 그대로 확대 적용된다. 가정은 사회의 기본단위이기 때문이다. 세포가 인체를 구성하는 기본단위인 것과 같은 맥락이다.

가정 규범은 사회나 국가가 지켜야 할 규범의 근본모델이 된다. 그러나 인간은 타락으로 말미암아 로고스적 존재가 되지 못함으로써 사회와 국가에서도 여러 차원의 혼란상태가 나타난 것이다. 인간이 로고스적 존재로 본성을 회복할 때, 비로소 가정과 국가가 본연의 질서를 갖춘 모델, 곧 '하나님 아래 한 가족One Family Under God'이 형성될 수 있다.

오늘의 인간은 로고스(규범)를 여러 차원에서 상실한 채 생활 패러다임을 유지하고 있다. 인간은 보편적 질서를 배제한 채 자신의 자유를 함부로 남용하는 경우가 허다하다. 그럼에도 불구하고 인간은 이런 보편적 질서에서 자신이 거의 일탈하여 있다는 사실과 그 이유 자체를 인식하지 못하고 있다. 현실적 인간은 성적 욕구에 대한 자유성, 책임성, 윤리성 등을 몰각한 채 성적 문란, 다양한 방종을 일삼고 있어 안타깝다.

지도자로서 성공적인 삶을 살려면 보편적인 규범적 본성의 태도를 회복해야 한다. 인간은 태어날 때부터 규범적 존재로 살아가도록 구조되었으므로 그렇게 살아야 만족하고 기쁘기 때문이다. 인간이 고통스러운 삶을 살아가는 것은 자신의 구조와 맞지 않게 살아가고 있기 때문이라는 것을 되도록 빨리 깨달아 자신 안에서 잠자고 있는 미덕들을 일깨울 때 행복한 삶을 앞당길 수 있을 것이다.

인간은 창조적 존재

인간은 하나님의 창조성을 이어받은 것을 드러내어 오늘날까지 과학·철학 등 학문세계, 미술·음악 등 예술세계, 곧 문화세계를 발전시켜 왔다. 하나님의 창조성은 심정을 기반으로 한 창조능력이다. 우주만물 창조에서처럼 인간도 어떤 것을 만들 때 먼저 목적을 세우고 설계나 구상을 한 후에 실제적 창조 작업이 이루어진다.

하나님이 인간에게 창조성을 부여하신 것은 인간으로 하여금 심정을 중심한 사랑으로써 만물을 직접 주관하도록 하기 위함이었다. 주관이란 물적 대상(자연만물, 재화 등)과 인적 대상을 다루거나 다스리는 것을 의미하며, 특히 만물 주관은 물질을 다루는 것, 곧 물질의 취급·관리·처리·보존 등을 의미한다. 산업 활동(1차 산업, 2차 산업, 3차 산업)을 위시한 경제 활동, 정치 활동 그리고 과학, 예술 등 물질을 취급하는 모든 활동이 이러한 만물 주관의 범주에 포함된다.

본연의 주관이란 하나님의 사랑을 지니고 이런 주관 활동을 발양하는 것이다. 인간이 하나님의 창조성을 완전히 계승했더라면 이런 활동은 하나님의 심정(사랑)을 중심하고 발양되었을 것이다. 하나님은 인간을 창조하시고 만물을 다스리라(창1:28), 곧 주관하라고 하셨다. 인간이 하나님의 말씀대로 만물을 주관하려면 만물을 직접 주관할 수 있는 주관주로서 자격을 갖추지 않으면 안 된다.

하나님이 인간을 비롯한 우주를 주관하실 수 있는 대주관주의 자격으로서 창조성을 갖추고 계신 것처럼, 현실적 인간도 만물을 여러 차원에서 주관할 수 있는 주관주의 자격으로서 하나님의 창조성을 지녀야 한다. 그래서 하나님은 인간에게 창조성을 전수하기 위해 성장기간을 설정한 것이다.

인간이 성장기간에 책임분담을 완수하면서 인격적으로 완성될 때, 비로소 하나님의 창조성을 온전히 전수할 수 있으며, 만물의 주관 자격을 획득하게 되는 것이다. 인간은 대체로 자기가 만든 것(자기 것)만을 다루게 되어 있으며, 타인이 만든 것(타인 것)을 함부로 다룰 수 없다.

　인간은 만물 창조가 끝난 뒤에 지음 받았기 때문에 인간 자신이 만들지 않은 만물을 직접 주관할 수 없다. 그러나 인간은 하나님의 자녀로 지음 받았다. 하나님과 인간은 원래부터 부모와 자녀의 관계로 설정되어 있었다. 자녀는 성장한 후 부모(하나님)의 권한을 상속받을 수 있는 것이다. 하나님은 아담·해와에게 주관권을 상속받을 수 있는 조건을 세우도록 명령하셨다. 그 조건은 인간이 성장기간에 자신의 책임분담을 완수하는 것, 곧 자기 자신을 스스로 완성하는 것이다. 그렇게 함으로써 인간(자녀)도 하나님의 우주창조 위업에 가담한 것과 동일한 가치를 지니게 된다. 인간은 만물을 총합한 실체상으로서 소천주이기 때문에 인간 하나하나의 가치는 천주적 가치와 맞먹는다. 인간이 자신의 책임분담으로 자기를 완성시킨다면 그 위업은 천주를 완성시킨 것(창조한 것)과 동일한 가치를 지닌 것이 된다. 이것이 바로 하나님이 아담·해와에게 책임분담을 스스로 완수하게 하신 것이다.

　하나님은 아담·해와도 하나님의 창조위업에 가담했다는 조건을 세우기 위해 책임분담의 완수, 곧 자기 자신을 스스로 완성토록 하신 것이다. 이런 이유 때문에 하나님은 아담·해와에게 성장기간 동안에 선악과를 결코 따먹지 말라는 계명을 주신 이후, 그들의 행위에 대해 일절 간섭하지 않으셨다.

만일 간섭하게 되면 하나님 자신이 인간 책임분담을 무시하는 입장이 될 것이며, 미완성한 아담·해와로 하여금 만물을 직접 주관하게 하는 모순을 초래하게 될 것이다. 결국 아담·해와는 성장기간에 그 계명을 지키지 못함으로써 하나님의 창조성을 온전히 계승하지 못하고 동시에 만물 주관자격도 획득할 수 없게 되었다.

그 결과 인간은 영성이 아닌 자기중심적인 이성에 의한 창조성을 발양하게 되었던 것이다. 개인 레벨의 창조성을 발휘할 경우 자기 이익을 먼저 생각하게 되었고, 가정 레벨의 창조성을 발휘할 경우 자기 가정의 이익만을, 그리고 국가 레벨의 경우 자기 국가의 이익을 우선적으로 다루게 되었다.

이리하여 대부분의 인간은 자기중심적 창조활동을 발양하게 되었다. 그리고 인간은 자신의 이기적 목적에 따라 자연의 개발에 치중하고 자연의 보존을 경시하는 사고방식을 계속 지니게 되었다. 그 결과 자연파괴나 공해, 살상 병기의 개발 등 여러 가지 차원의 문제가 야기되었다.

이러한 문제들을 해결하기 위해 인간은 심정(사랑)을 중심한 본연의 창조성을 발양하지 않으면 안 된다는 논리가 자연히 도출된다. 심정이 창조성의 기반이 된다는 것은 사랑을 중심한 올바른 가치관에 따라 창조활동이 이루어져야 함을 의미한다. 따라서 과학자는 과학자이기 이전에 먼저 가치관을 확립한 인간, 곧 인격자, 윤리인이 돼야 한다. 바로 윤리가 자연과학의 기반이 돼야 한다.

그런데 근대 이후, 과학자들은 자연에 대한 객관적인 사실만을 탐구하면서 가치관을 배제하는 경향이 적지 않았다. 그 결과 오늘날과 같은 혼란상태가 야기된 것이다. 따라서 이러한 문제를 해결하기 위해서는 과학자들이 가치관을 다루면서 참다운 창조성을 회복할 수 있어야 한다. 다시 말해 자연을 사랑하고 인간의 가치를 재검토하고, 인간 상호 간의 사랑 그리고 사랑의 근본인 하나님을 발견함으로써 과학자가 참된 창조성을 지닐 수 있어야 한다는 것이다.

여기서 하나님의 창조성과 관련하여, 특히 인간의 생명 창조성에 대해 일언하지 않을 수 없다. 인간의 생명 창조성은 하나님의 다양한 차원의 창조성 중에 특별히 인간에게 부여된 것이다. 그것은 빅뱅 이론에 의하면 하나님의 우주만물의 창조의 최종적 단계에서 이루어졌다고 한다. 초기 빅뱅 이후, 약 132억 년에 이르러 지구상에 무수한 생명체(캄브리아기)가 나타났으며, 여기서 제1차 오도비스기 말에서 제5차 백악기 말Tertiary까지 5단계 생명체 대량멸종을 거친 이후, 약 138억 년에 이르러서야 비로소 인간 생명체Homo Sapiens, Homo Spiritus가 나타났다고 한다.

그것은 하나님의 가치적 차원에서 성찰할 때 우주만물 자체의 창조와 거의 동일한 가치를 지니고 있다. 인간의 자녀와 자손의 계대현상은 오직 인간의 특별한 창조성에 의해서만 계승된다. 그것은 하나님과 인간의 관계는 부모와 자녀의 관계이기 때문이다. 이처럼 소중하고 존귀한 생명의 계대현상은 인간의 성, 생식기 자체에 의해 현실화되고 있다. 현실적 인간은 그 사실 자체를 거의 인식하지 못한 채 그것을 함부로 경시하고 무시하는 성향이 있다. 최근 무분별한 성관계를 통해 원치 않은 임신이 될 때, 대부분의 사람은 일말의 죄의식도 느끼지 않고 생명 자체를 낙태하는 경우가 적지 않게 나타난다.

특히 인간의 자녀 잉태는 태아에서부터 정성스럽게 교육을 실시한 후 출산해야 한다. 한편 현실적 인간의 이기적 창조성에 의한 자연 생태 생명체에 대한 무분별한 살생도 특별한 시각에서 경계해야 한다. 성숙된 인격자는 자신의 생명이 소중한 것처럼 타인의 생명뿐 아니라 새로이 잉태되는 생명체를 귀하게 존중할 수 있어야 한다.

인간은 격위적 존재

인간은 원존재의 주체와 대상의 관계성을 닮아서 주체격위와 대상격위를 지니게 되어 있다. 인간은 먼저 대상격위에서 주체격위로 서게 된다. 인간은 부모 앞에 대상으로서 출생하며, 성장한 후 부모가 되어 자녀를 낳게 되면 자녀에 대해 주체격위에 서게 된다. 그리고 사회생활에서 인간은 일반적으로 하위에 있는 대상의 직급에서 출발하여 점차 상위에 있는 주체의 직급으로 상승한다. 이처럼 인간은 먼저 대상격위에서 점차적으로 주체격위로 옮아가게 된다.

대상격위는 주체의 주관을 받는 격위格位, 곧 주체에게 기쁨을 돌려주는 위치(입장)에 선다는 것을 의미한다. 인간은 하나님의 기쁨의 대상으로 지음 받았다. 따라서 인간은 하나님의 대상격위에 서서 무엇보다도 하나님을 기쁘게 해드려야 한다. 이것이 인생의 제1차적 조건이다. 그리고 인간은 사회생활에서 하나님의 대신 위치에 있는 여러 차원의 주체에 대해 대상격위에 서야 한다.

하나님의 대신 위치에 있는 주체란 예컨대 다음과 같다. 국민(백성)에 대한 대통령이나 국왕, 자녀에 대한 부모, 제자에 대한 스승, 부하에 대한 상관 그리고 개인에 대한 전체 등이 그것이다. 이것을 바꾸어 말하면 인간이 하나님의 대상인 것처럼, 국민은 대통령이나 국왕의 대상이며, 자녀는 부모의 대상이며, 제자는 스승의 대상이며, 부하는 상관의 대상이며, 개인은 전체의 대상이다.

인간은 여러 차원의 주체들과 연관을 맺으면서 살아가게 되는데 대상격위에 있는 인간은 주체의 주관을 받는 입장이기 때문에 주체에 대한 일정한 심적 태도가 요구된다. 이것이 대상의식이다. 먼저 하나님에 대한 인간의 대상의식은 하나님을 모시는 마음, 곧 시봉심侍奉心 혹은 충성심忠誠心이며, 국가에 대한 국민의 대상의식도 충성심이다. 자녀의 부모에 대한 대상의식은 효성심이며, 스승에 대한 제자의 대상의식은 존경심 혹은 복종심이다. 그리고 상관에 대한 부하의 대상의식은 복종심이며, 전체에 대한 개인의 대상의식은 봉사심이다. 따라서 주체에 대한 대상의 공통적 대상의식은 온유와 겸손, 그리고 위하고자 하는 마음爲他心, 利他心, An attitude of living for the others, 곧 윤도倫道다.

그런데 인류역사를 살펴볼 때 대부분의 독재자는 대중의 대상의식을 오용하여 마치 자신이 참주체인 것처럼 행동하여 국민의 존경이나 지지를 받아 왔다. 히틀러, 스탈린, 마오쩌둥, 차우셰스쿠 등이 그 대표적인 인물이다. 그러나 거짓 주체가 비록 일시적으로 대중의 지지를 받는다 할지라도 결국 그 권위를 잃어버리게 된다. 그것은 역사가 증명하는 사실이다. 인간은 하나님의 자녀로 창조되었기 때문에 하나님을 시봉하고 충성하여 하나님을 기쁘게 해드리려는 대상의식을 의식적·무의식적·생래적으로 마음속 깊이 간직하고 있다.

이런 대상의식은 하나님의 뜻을 위해서라면 목숨까지 바치고자 하는 의식을 유발하게 된다. 종교인의 순교정신이 바로 그 실례다. 위대한 지도자의 추종자 중에는 자신의 지도자를 위해 생명까지 기꺼이 바치는 경우가 있음을 흔히 경험하는데, 이것은 참주체(하나님 대신 입장)에 대한 대상의식이 크게 발로된 경우다.

일반대중은 누가 참주체인가를 잘 인지하지 못하는 경우가 흔히 있다. 그래서 일반대중은 독재자 등 거짓주체를 참주체로 착각하고 그를 맹목적으로 추종함으로써 인류사회에 해악을 끼치는 일에 협력하는 결과를 초래하는 경우가 비일비재했다. 참주체를 찾는다는 것은 대단히 어려운 일이지만 그것은 절대 필요한 것이다. 대상의식은 윤리의 본질적 요소다. 오늘날 대상의식이 거의 마비됨으로써 주체의 권위가 무시당하고 주체와 대상의 질서가 사라져서 사회는 일대 혼란 상태에 빠지고 윤리 부재의 상태가 되어 있다. 그러므로 사회윤리의 확립을 위해 확고한 대상의식을 앞세우는 의식개혁이 무엇보다도 필요하다.

주체격위는 대상을 주관하는 위치다. 인간이 성장하여 완성하면 만물에 대해 주체의 위치, 만물을 주관하는 위치, 곧 주체격위에 위치하게 된다. 주체격위는 인간과 인간의 관계에서 주체의 위치를 말한다. 인간생활에서 주체의 예는 다음과 같다. 가정에서 부모는 자녀에 대해 주체이며, 학교에서 교사는 학생에 대해 주체다. 사회에서 상사는 부하에 대해 주체이며, 국가에서 정부는 국민에 대해 주체다. 그리고 전체는 개인에 대해 주체다.

사회윤리 확립 위해 확고한 주체의식과 대상의식 필요

주체가 대상을 주관할 때 일정한 심적 태도가 주체의식이다. 그것은 첫째, 주체는 대상을 사랑해야 한다. 일반적으로 상관이 부하에게 명령하거나 대상을 지배하는 것이 주체의식이라고 생각하기 쉽지만 사실은 그렇지 않다. 참주관은 주체가 대상을 능동적으로 사랑하는 것이다. 사랑은 행복과 이상, 기쁨과 생명의 원천이 되기 때문에 주체가 대상을 능동적으로 사랑할 때 대상은 주체에게 충성하고 복종하게 된다. 따라서 하나님이 대상인 인간을 사랑하시는 것처럼 주체격위에 있는 주체는 대상격위에서 모든 대상을 진심으로 사랑해야 한다.

둘째, 주체는 대상에 대해 부단한 관심을 가져야 한다. 그동안 인간 소외문제가 사회적으로 심각하게 제기되어 왔는데 그것은 여러 차원으로 주체의 위치에 있는 사람이 말단의 대상 위치에 있는 사람에게 관심을 갖지 않는 것에 기인한 것이다. 대상에게 관심을 갖지 않는 것은 주체가 대상에 대해 책임을 지지 않는 것을 의미한다. 그렇게 되면 대상은 주체에게 불신을 품게 되고 주체를 따르지 않게 된다. 주체는 대상에 대한 무관심(망각지대)을 지니면 안 된다.

셋째, 주체는 적당한 통솔력과 권위를 지녀야 한다. 주체가 사랑으로써 부하를 주관(통솔)할 때 일정한 권위가 없이 동정심만 베푼다면 부하는 주체를 따르려는 의욕이 저하되고 윤리의식이 해이해질 수 있다. 따라서 주체는 적절한 통솔력과 권위를 지니면서 대상을 사랑하는 것이 필요하다.

사랑에는 봄날과 같은 따뜻한 사랑도 있지만 겨울의 차가움과 같은 엄격한 사랑도 필요한 것이다. 이런 권위를 갖춘 엄격한 사랑은 주체에 대한 신뢰도와 소속감을 제고시키며 상관에의 복종심과 성취감을 앙양시킨다. 여기의 '권위를 갖춘 엄격한 사랑'이란 '사랑을 내포한 엄격한 명령'을 의미한다.

주체에게 과다한 권위의식은 금물이다. 주체의 권위가 지나치게 작용하면 대상은 위축되어 창조성을 제대로 발휘하기 어렵게 된다. 예를 들어, 상사가 어떤 사명의 책임을 놓고 부하를 질책할지라도 부하는 그 질책을 감사하게 느끼면서 상사에 순응하도록 해야 한다. 이것이 참다운 권위이며 사랑을 내포한 권위다.

하나님의 경우에도 그러하다. 하나님은 사랑의 하나님인 동시에 권위의 하나님이시다. 예컨대 하나님은 아브라함이 비둘기와 양과 암소의 헌제에 실패하였을 때 그의 자녀인 이삭을 제물로 바치도록 명령하셨다. 아브라함이 그 명령에 순종하여 이삭을 헌제로 바치고자 했을 때 하나님은 "이제야 네가 하나님을 경외하는 줄을 내가 아노라"고 하셨다. 이것은 '이때까지 너는 내가 두려운 권위의 하나님인 것을 모르고 있었기 때문에 그것을 깨우치기 위해 네 아들을 제물로 바치도록 한 것이다'라는 의미가 내포된 것이다. 이처럼 하나님은 인간이 자신을 사랑의 하나님이라고 보고 안이하게 생각하거나 함부로 대하는 것을 결코 원치 않으며 도리어 두렵게 여기는 것을 원한다는 의미다. 하나님은 권위의 하나님임을 입증한 사례다.

마지막으로 만물에 대한 인간의 수체격위에 대해 언급하고자 한다. 이미 말한 바와 같이 사랑은 심정을 터로 하고 이루어지기 때문에 하나님의 심정을 상속받고 완성한 인간은 심정을 중심한 하나님의 창조성을 능동적으로 발양하여 만물을 주관하게 된다. 다시 말해 인간은 하나님의 사랑(참사랑)을 지니고 만물을 직접 주관하게 된다. 그때 비로소 인간은 참된 의미에서 만물의 주체격위에 위치하는 것이다.

가정에서 가족 상호 간 각 위치에서 올바른 주체격위와 대상격위 곧 연체의식의 확립은 절대 필요하다. 본연의 인간은 가정의 6방향 (상·하, 선·후, 우·좌)의 각 격위에서 자신의 의무와 권리를 발양하도록 설계되어 있다. 그러나 현실적 인간은 자신의 부모, 부부, 형제자매 사이에 올바른 주체격위와 대상격위의 연체의식을 제대로 확립하지 못한 채 서로 갈등하고 대립하고 투쟁하면서 가족관계의 질서가 붕괴된 채 생활하고 있다.

오늘날 민주주의 사회에서 드러나는 살인·강도·테러·파괴·마약중독·부정부패·이혼율 증대·자살률 증가·가정의 붕괴·성도덕의 퇴폐·성범죄의 만연 등등은 주체격위와 대상격위에 대한 보편적 연체의식이 총체적으로 마비된 가치관의 붕괴현상의 결과라고 규정할수 있다.

특히 '성적 자기결정권'도 그중 하나라고 규정한다. 민주사회에서 성적 자기결정권을 설정한 것은 방종적 폭력적 광기, 패권주의가 확실히 작용한 것으로 보인다. 오늘날 민주사회에서 자유의 미명 아래 자행恣行되는 질서 파괴행동의 혼란상은 심각한 사회문제로 대두되고 있다. 이 문제가 해결되기 위해 '자유'와 '방종'의 진정한 의미가 밝혀져야 한다. 프리섹스, 특히 성적 자기결정권을 이데올로기화하지 말아야 한다.

생식기 예찬

　성의 요소와 그 작용의 올바른 이해는 오늘 우리 사회의 다양한 성 문제들을 근본적으로 해결할 수 있는 열쇠가 되며, 인간의 성을 통한 최고의 기쁨과 행복을 누릴 수 있는 열쇠가 된다.

　인간의 성은 '마음, 몸, 관계, 법칙'의 4가지 요소로 구성되어 있다. 네 가지 요소들은 각기 '사랑, 생명, 혈통, 양심'의 4대 작용으로 나타나게 된다. 네 가지 성의 요소들 가운데 '마음'의 작용은 지·정·의, 사랑이 있으나 대표적 작용은 '사랑'이며, '몸'의 작용의 대표적 작용은 생리, 생식 작용의 '생명'이다. '관계'의 작용이란 남녀가 부부의 인연을 맺게 되면 생식작용을 통하여 자손이 탄생되어 '혈통'을 존속하게 되어 종족보존이 가능한 것이다.

　'법칙'의 작용은 마음의 나침반으로서의 '양심'이 이성에 의해 법칙에 따르도록 안내하면서 성행동의 기준이 되고, 올바른 성행동을 해야 하는 이유를 말하고 성윤리대로 성행위를 할 수 있는 방법을 알려 주는 작용을 하게 된다.

성의 요소와 작용에 대한 이해

인간의 성의 네 가지 구성요소들은 각기 고유의 기능을 동시에 하여 서로 균형을 이루고 조화와 통합을 이루면서 '사랑, 생명, 혈통, 양심'의 작용으로 나타나게 된다. 인간은 부모의 사랑의 열매로서 태어난 생명을 지닌 자녀로서 혈통적으로 연결되어 가족의 관계, 더 나아가서 친족 관계, 종족 관계, 인류 관계를 형성하여 인류역사를 이루게 된다. 이러한 관계는 보편적 법칙에 따라서 양심작용을 하게 된다. 이러한 네 가지 작용이 서로서로 균형과 조화 그리고 통합을 이루어 인간은 건강한 성의식과 성태도가 수립되며, 그에 따라서 성행위, 성관계를 갖게 되는 것이다.

건강하고 이상적이며 모델적인 성은 '마음, 몸, 관계, 법칙'의 네 가지 요소들이 '사랑, 생명, 혈통, 양심'의 작용에 따라 성의식, 성태도가 수립되어 성행위, 성관계를 갖는 것을 말한다. 따라서 인간이 이상적인 성을 이루게 되면 최고의 기쁨과 행복을 누리게 되는 것이다. 이러한 성을 절대 성(나는 당신만의 단 한 사람)이라고 말한다.

기존의 성교육자들이나 성윤리학자들은 성의 구성요소를 '사랑, 생명, 쾌락'의 3대 요소로 보고 있다. 그러므로 '사랑, 생명, 쾌락'의 3대 요소를 모두 충족시키는 성이 이상적 성, 모델성이라고 말하고 있다.

기존의 성윤리학자들이 성의 구성요소로 말하고 있는 '사랑과 생명'은 성의 구성요소가 아니라 마음과 몸의 작용으로 설명되어져야 한다. 사랑은 마음의 대표적 작용이요, 생명은 몸의 대표적 작용이다. 그리고 쾌락은 성행위나 성관계를 통하여 결과적으로 느끼는 정서적 즐거움이나 희열의 표현이지 성의 구성요소나 성적 작용에 속하는 것이 아니다.

성행위나 성관계는 쾌락을 동반하는 전형적인 경험이다. 성적 쾌락은 쾌락을 추구하면 할수록 쾌락의 만족에서 멀어지는 역설적 성격을 지니고 있다. 쾌락의 이런 현상을 쾌락주의의 역설Paradox of hedonism이라고 한다. 성적인 쾌락에 탐닉하면 할수록 더욱 강렬한 쾌감을 원하게 되어 원하는 만큼 만족에서 멀어지게 된다.

쾌락적 감성은 순간적인 것이기 때문에 성행위를 쾌락에 한정시키면 시킬수록 더 큰 공허감과 불쾌감으로 바뀔 가능성이 크게 된다. 그래서 더 크고 색다른 쾌감을 찾기 위해서 다른 이성이나 동성에게 관심을 돌릴 수 있게 된다.

쾌락을 추구하는 삶은 자신의 쾌락에 초점이 맞추어져서 상대를 자신에게 쾌감을 주는 성적 도구로 여길 가능성이 크기 때문에 혼전 순결이나 결혼 후 정절의 미덕을 구현하기가 어려워진다. 쾌락 추구의 성행위나 성관계는 순간의 쾌감을 위하여 영원한 사랑을 놓칠 수 있는 가능성이 커지게 된다.

기존의 성교육자들이 성의 요소를 '사랑, 생명, 쾌락'으로 규정한 것은 작용을 요소로 잘못 이해하는 것일 뿐만 아니라 세 가지 작용으로 한정시켰다는 점에서 인간의 성의 작용을 축소시켰다는 한계가 있다. 또한 성의 요소에서 양심의 작용이 따라야 할 보편적 법칙을 간과하고 있다.

절대 성(나는 당신만의 단 한 사람)을 이룰 때 누릴 수 있는 기쁨과 행복

성윤리의 기준, 이유, 안내, 방법을 말해주는 핵심적이고 중요한 보편적 법칙을 놓쳐서는 안 된다. 인간의 성은 하나님의 속성을 닮았기 때문에 규범적 존재로서 자기 스스로 선의 정당성을 확인하며 살아가고 있기 때문에 자신의 어떤 생각이나 행위, 혹은 관계가 옳은 것인지 나쁜 것인지, 거짓된 것인지, 참된 것인지 스스로 판단하는 장치(양심작용)를 각자가 자기 자신 안에 두고 삶의 나침반 역할과 더불어 살아가고 있다.

자신이 잘못을 저지르고 자신을 아무리 정당화, 합리화하려고 노력해도 양심은 자신의 행위가 올바른 것인지 그 반대인 것인지를 알고 있다. 양심은 하나님보다 앞서 있고, 스승보다 앞서 있고, 부모보다 앞서 있기 때문이다.

가장 안전하고, 편안하고 신뢰감이 형성되는 아름다운 인격적 성행위와 성관계는 성의 4대 구성요소에 따른 네 가지의 작용, 사랑, 생명, 혈통, 양심작용이 균형, 조화, 통합을 이루는 이상적인 성, 절대 성으로부터 가능한 것이다. 이러한 절대 성을 이룰 때 최고의 기쁨과 행복을 누릴 수 있게 된다.

만일 4대 성의 구성요소와 작용을 벗어난 성의식과 성태도를 가지고 성행위, 성관계를 갖게 된다면 자연적으로 성 문제가 발생하며 그러한 문제가 발생하는 곳에서는 심리적, 신체적, 정서적, 사회적 고통과 갈등으로 슬픔과 불행의 삶을 살아가게 되는 것이다.

현대를 살아가는 우리는 다원화 시대에서 살아가고 있으나 성의 구성요소와 작용을 바르게 이해하고 그에 따른 성의 작용의 원칙과 기준에 따라야 다양한 성 문제를 근본적으로 예방하고 치유하며 가장 기쁘고 행복한 성을 누릴 수 있다. 성의 구성요소는 성행위와 성관계의 옳고 그름의 판단 기준을 말해주며, 올바른 성의식으로 안내하며, 올바른 성의식을 가져야 하는 이유와 방법을 알려 주고 있기 때문이다.

우리 사회에서 일반적으로 또는 교육적으로 거론되는 성 담론들은 인간의 생식기의 깊은 가치와 의미를 외면하고 있다. 인간의 생물학적 성, 사회학적 성, 전인격적 성에 대한 성 담론들은 성을 보는 시각에 있어 인본주의 철학에서 유래되는 성 이야기나 주장들이 대부분이다.

생물학적 성 이야기들은 신체의 생리, 생식작용에 관한 것들이다. 인간 신체변화에 대한 1차성징과 2차 성징의 특징에 따른 신체발달에 대한 이야기들이며 임신·출산·양육으로 이어지는 성행위, 성관계에 어떻게 대처하는가에 대한 방안으로서 피임교육으로 그 대안을 제시하고 있다.

사회학적 성 담론에서는 남녀의 성역할에 초점이 맞추어져서 남녀의 성역할에 있어 양성성의 방향으로 성역할 변화를 모색하고 있다. 양성성을 강조하는 입장은 현대사회가 남성적인 특성과 여성적인 특성이 모두 요구되므로 역사적, 사회적으로 고정화된 성역할을 강조하기보다는 각 개인에게 잠재되어 있는 양성성을 키워주는 사회적 노력이 필요하다고 주장한다. 능력과 성공을 중시하는 양성성은 그 문제점들을 안은 채 시대적으로 요구되는 인간상으로 추구되고 있다.

전인격적 성에 대한 주장들은 인간의 성은 생물학적, 사회, 문화적 성을 모두 포함하는 전인격적 성으로서 인간 개개인은 성의 주체자로서 성적자기결정권이 있으며, 서로 동의하고 책임을 지는 태도를 갖는 한 자유로운 성을 누릴 수 있다는 논리를 전개한다.

이와 같은 성담론들의 주장들은 겉으로 보기에 성도덕적으로나 성윤리적으로 아무런 문제가 없어 보인다. 그러나 우리 사회의 기성세대들과 청소년들의 성적 제반 문제들, 즉 프리섹스, 스와핑, 10대들의 낙태, 미혼모, 혼전동거, 동성애 등의 성행동들이 기존 성도덕주의자들이 주장하는 성윤리 안에서 성의 자율적, 주체적, 책임적성 태도에서 일어난 '성의 자기결정권'의 결과적 양상들이라는 것을 간과해서는 안 된다.

기존의 성윤리학자들의 주장은 '책임과 존중'이 있는 성은 도덕적인 성으로 구분한다. 동성애든, 혼전동거이든 서로 동의하고, 성의자기결정권을 가지고 책임지며 상대를 존중하면 올바른 건전한 성이라고 보고 있다.

그러나 기존의 성윤리는 책임과 존중의 객관적이고 당위적인 기준과 범위를 명확하게 제시하지 못하고 있다. 그러므로 자신이 주관적으로 판단하여 옳다고 생각하면 서로 동의하에 성의 주체자로서자신의 결정으로 다양한 성행위와 성관계가 가능한 것이다.

생식기는 인체를 대표하는 기관
기존의 성윤리의 주장으로부터 초래되는 제반 성 문제들은 인간의 '생식기의 가치와 의미'를 정확하게 모르는데서 비롯된 결과이다. 대부분의 성교육자들은 인간의 생식기가 인체의 다른 기관과 마찬가지의 동등한 가치를 가진 또 하나의 다른 인체의 기관으로 이해하고 있다.

그들은 생식기가 인체를 대표하는 기관이며, 신체의 모든 기관들은 생식기의 존재목적을 이루도록 돕는 보조기관이라는 것을 간과하고 있다. 생식기가 인체의 대표적 기관이라는 것은 사랑을 직접 나눌 수 있으며, 생명을 탄생시킬 수 있는 기관은 오직 생식기뿐이기 때문이다. 뇌가 호르몬 작용과 지·정·의 조절과 균형을 이루고 성 욕구를 관장하지만 그 기능은 사랑을 할 수 있도록 돕는 역할이다. 특히 생식기는 인간을 창조하는 기관이므로 인체를 대표하는 기관이라고 말할 수 있다.

그런 의미에서 인간의 생식기는 지극히 거룩한 지성소이다. 지성소의 가치와 의미는 구약섭리의 중심나라인 이스라엘 백성들이 하나님과의 관계를 맺고 하나님을 섬기는 핵심적 의식의 장소인 데에서 유래한다.

이스라엘 백성들은 하나님을 섬기는 데 있어서, 세 개의 계층으로 나누어진다. 한 계층은 회중이며 회막 밖에서 제사를 드리고, 또 한 계층은 제사장으로서 성소 안에서 섬긴다. 지성소는 오로지 대제사장만이 들어가 하나님을 섬길 수 있는 거룩한 장소이다. 그러나 신약에서 성전의 의미는 예수님 자신을 말하는 것이다. 또한 하나님을 섬기고 모시는 모든 성도들은 성전이 되는 것이다. 우리의 몸이 하나님의 거룩한 집이다.

성전은 사람을 상징하는 것이요, 지성소는 사랑의 집을 상징하는 것이다. 사랑할 수 있는 집을 말하는 것이다. 지성소는 하나님만이 사랑의 주관권을 가질 수 있기 때문에 하나님과의 관계를 맺을 수 있는 장소이다. 남녀가 모든 사람의 축복 아래 결혼을 하여 첫날밤에 서로 사랑하여 일심, 일체가 될 때, 하나님이 사랑의 주관권을 가지고 인간과 부자관계의 사랑을 이루게 된다. 신성한 지성소, 생식기를 통하여 하나님과 부부가 일체를 이루게 되는 것이다.

지성소는 하늘과 통할 수 있는 자리이며, 인간이 하나님을 만나서 직접적 관계를 맺을 수 있는 곳이다. 그러한 가치와 의미를 지닌 곳이 성전聖殿이라고 할 수 있는 인체의 가장 중앙에 위치한 생식기이다. 생식기는 남자와 여자를 표상하며, 몸을 대표하는 기관이다. 생식기는 사랑, 생명, 혈통, 양심작용의 기관이기 때문이다. 인간의 타락으로 생식기의 가치가 부끄럽고, 추하고, 천한 곳으로 추락한 것이다.

인간의 생식기는 하나님을 닮은 새로운 성전, 생명을 탄생시키는 하나님의 거룩한 창조의 작업이 이루어지는 곳이다. 생식기를 통하여 하나님의 실체를 확장시키는 곳이며, 부모의 실체를 확장시키는 곳이다. 또한 생식기를 통하여 부부의 쾌락이 촉진제가 되어 부부 사랑이 성숙되어지는 곳이다. 생식기를 통하여 가족이 형성되고, 친족관계가 이어지며 종족, 민족, 국가, 세계가 이루어지는 것이다. 따라서 인류역사가 존속되는 것이다. 생식기는 이러한 거룩한 가치와 의미를 지닌 성전 된 우리 몸의 지성소이다.

생식기는 천국과 지옥 그리고 삶과 죽음의 갈림길에 놓여 있다. 생식기를 잘못 사용하여 일생을 고통과 갈등의 신음에서 벗어나지 못하는 사람들이 많다. 에이즈와 다양한 성병에 전염되었거나, 불륜 관계 때문에 배우자에게 들킬까봐 전전긍긍하며 살아가거나, 결혼 전에 학생의 신분으로 아이를 낳아 학업을 중단하여 자아성취를 포기하거나, 혹은 성폭행을 당하여 상처받아 일생동안 고통 속에서 정상적인 삶을 영위하기 어려운 처지에 놓여있는 사람들이 늘어가고 있다.

절대 성이란 우리 몸의 지성소, 생식기의 거룩한 가치와 의미를 깨달아 혼전에 몸과 마음을 순결하게 지키고, 결혼 후에 오로지 배우자하고 인격적인 사랑 관계로서 생식기를 사용하는 것을 말한다. 자신과 배우자, 둘만의 인격적인 사랑 관계로서 그 누구에게도 사랑 관계를 양보할 수 없는 성이다. 따라서 부부의 사랑은 절대 사랑, 유일한 사랑, 불변의 사랑, 영원한 사랑으로 이어지는 것이다. 우리는 지극히 거룩한 지성소, 생식기를 절대 성으로 사용하여 자유와 평화, 그리고 행복을 누려야 하겠다.

단 한 번의 실수로 일생을 포기하는 경우가 있는데 그것은 잘못 생각하는 것이다. 자신이 아무리 망가진 상태라도 자신은 하나님이 실체로 확장된 존재로서 하나님을 닮은 성전이 될 가치를 지니고 태어났으므로 언제라도 우리의 가치를 바로 깨닫고 새로운 제2의 순결한 삶을 살아갈 수 있다. 우리 모두는 하나님의 실체성전 될 자격을 하나님으로부터 부여받았기 때문에 우리 안에 잠자고 있는 미덕들을 깨우기만 하면 된다. 따라서 우리 모두는 누구든지 절대 성의 행복을 누릴 자격이 있다.

생식기의 주인은 배우자

기존의 성교육에서 잘못 인식하고 교육하는 내용들 중의 하나가 나의 몸에 대한 올바른 주인의식 교육이 이루어지고 있지 않다는 것이다. 한국여성민우회에서 1997년에 시작하여 현재에 이르기까지 성폭력 예방을 위한 캠페인의 핵심주제는 '내 몸의 주인은 나'이다. 이 캠페인의 목적은 청소년들과 젊은이들이 성폭력 위기 상황에 대처할 수 있는 힘을 기르고 자신의 몸과 자신의 삶을 더욱 사랑하고 소중하게 여기면서 자기 자신의 욕구나 선택만큼 다른 사람의 그것도 존중할 줄 아는 성숙함을 배울 수 있도록 하는데 있다고 말한다. '내 몸의 주인은 나'라는 주장은 나의 몸을 내가 주체적이고 자율적으로 관리할 수 있는 동시에 남의 몸도 소중하게 존중하는 것을 기대하고 있다. 그러나 나의 몸의 주인이 나이기 때문에 나의 몸을 순결하게 관리하든지 그 반대이든지, 또는 사랑하는 사람과 혼전 성관계를 하든지 안 하든지, 돈이 필요할 때 돈을 받고 성을 팔든지 말든지, 이혼을 하든지 안 하든지, 동성애 혹은 스와핑을 하든지 말든지, 다양한 성적 경험을 하든지 안 하든지, 당사자가 주체가 되어 자신의 뜻대로 주관적 해석에 의해 상대와 동의를 거쳐서 선택한 성행위를 하게 된다. 기존의 성윤리에서 성행위의 객관적 판단의 기준이 모호하기 때문이다.

성의 결정의 기준은 당사자의 마음에 달려있기 때문에 자신의 판단이 옳다거나 필요하다고 생각하면 상대에게서 동의를 얻어낸다.

양방 간에 동의가 이루어질 때 다양한 성행위나 성관계가 이루어지는 것이다. 청소년 성 매매의 경우 "왜 이런 행동을 하였느냐?"라고 질문을 할 때, "내 마음이야. 그냥 했어."라고 그들의 행위에 대해서 쉽고 간단하게 대답하는 것을 볼 수 있다.

기존 성교육의 문제는 '나의 몸의 주인은 나' 자신이기 때문에 자신이 성의 결정자라는 것에 초점이 주어져 있으므로 어떠한 성행위도 가능하게 된다는 것이다. 내 몸의 주인은 나이기 때문에 내 몸을 내가 지킨다는 입장에서 깨끗하고 순결하게 지키면 다행인데 그 반대로 나의 뜻대로 쉽게 돈을 벌기 위해 몸을 판다든가 육체적 쾌락을 즐기기 위해 프리섹스에 빠질 가능성을 간과할 수 없게 된다. 더욱 위험한 것은 자신의 몸을 자기 것으로 여겨서 자살기도에 이르는 청소년들이 늘어나고 있다는 것이다.

주인이란 의미는 대상에 대한 책임과 봉사, 그리고 희생의 의미를 지닌 참사랑의 주체의 입장에 있다는 것을 말한다. 인간은 누구나 원인적 존재가 아니며 결과적 존재이다. 인간 자신이 스스로 계획을 세워서 자신이 어느 나라, 어느 시대, 어떤 부모에게서 남자 혹은 여자로 태어나려는 계획을 세워서 태어난 사람은 아무도 없다. 자신이 스스로 계획을 세워서 태어나지 않는 한 자신의 몸의 주인이 자신이 될 수 없는 것이다.

나의 몸의 제1주인은 설계자, 근원자, 하나님이다. 우리 모두는 부모가 낳아 주셨으며, 부모는 부모의 부모가 낳아주셨으며, 계속 거슬러 올라가게 되면 최초의 인간 조상이 있게 되는데 그 조상을 하나님이 창조하신 것이다. 인간 스스로 자신이 태어나게 할 수 없기 때문이다. 우리 몸의 주인은 나를 태어나게 한 주체자가 따로 있다는 사실을 부정할 수 없다.

인간은 하나님의 사랑이 동기가 되어 그의 설계에 의해 피조 되었다. 인간의 세포는 평균적으로 약 60조 개에 이른다. 그 세포 하나의 모습엔 거대한 성곽과 같은 구체적인 설계도가 있다. 유전인자 DNA를 구성하며, 출구·입구가 있으며 생산라인과 소각장도 있으며 분자 간에 긴밀한 네트워크가 형성되어 있다. 한 치의 오차도 없이 유지·존속·성장·발전·자정운동이 되도록 계획되어진 설계도이다.

사랑완성은 상대를 통해 가능

설계도가 있다는 것은 설계자가 있다는 것을 의미한다. 인간의 설계자는 원인자, 하나님이다. 하나님은 인간에 대해 책임을 지시며, 사랑의 주체자로서 인간의 주인이다. 하나님과 인간의 관계는 주체와 대상 관계로서 부자 관계에 있다. 그러므로 참사랑을 중심하고 인간은 하나님과 함께 동참권, 동거권, 동등권이 있으며, 상속권을 하나님으로부터 부여 받을 수 있는 사랑의 평등, 만족의 평등한 관계에 있다.

나의 몸의 제2의 주인은 부모이다. 우리는 부모의 사랑이 동기가 되어 태어난 사랑의 열매이다. 나 자신을 형성한 부모님의 정자와 난자를 통한 나의 신체의 유전적 요인은 100퍼센트 부모의 것이다. 나의 뼈, 살, 피의 모든 요소가 100퍼센트 부모로부터 출발되어 형성되었으므로 나의 모든 것이 내 것이라고 주장할 아무 근거가 없다. 갓 태어난 자녀가 스스로 아무 것도 못할 때 부모는 자녀를 먹이고, 입히고, 똥오줌 가려주고, 사랑으로 아기를 양육하고 교육하게 된다.

나의 존재는 탄생으로부터 혼자 독립적으로 존재할 때까지 전적으로 부모에게 의존하도록 구조되어 있다. 부모는 자녀에게 사랑으로 책임지면서 희생과 봉사를 끝없이 퍼붓는다. 부모는 자녀의 주인이다. 그러나 참사랑을 중심하고 부모와 자녀관계는 동참권, 동거권, 동등권, 상속권이 있는 사랑과 만족의 평등관계이다.

나의 몸은 제3의 주인으로 배우자를 모시고 있다. 남자 여자는 각기 사랑의 완성을 위한 반쪽으로 존재한다. 남자와 여자가 합하여 사랑을 완성해야 반쪽이 온쪽 될 수 있다. 사랑 완성이란 상대가 없으면 불가능하기 때문에 남자 혹은 여자 혼자 사랑을 완성할 수 없다. 사랑을 완성한 인간이 되려면 남녀가 부부로서 가정을 이룬 후에야 비로소 사랑 완성이 가능하다. 전통적인 가족형태에서 부부란 가족을 형성하는 가장 기초적인 관계요, 가족단위의 출발점이다.

부부로서 남편의 상대는 아내이며 아내의 상대는 남편이다. 남편을 남편 되도록 하는 존재는 아내이며, 아내를 아내 되도록 하는 존재는 남편이다. 즉 남편은 아내의 사랑을 완성하게 해주고 아내는 남편의 사랑을 완성하게 해준다. 부부는 서로 상대의 사랑 완성을 위한 책임을 가지고 있다. 그러므로 남편의 주인은 아내이며, 아내의 주인은 남편이다. 부부의 주인은 서로 엇바꿔 있다. 부부 관계 역시 동참권, 동거권, 동등권, 상속권을 가진 사랑과 만족감에서 평등한 관계이다.

부부 관계에서 남편과 아내의 두 몸을 한 몸으로 묶어 주는 인체의 대표적 기관은 생식기이다. 사랑으로 두 마음이 친밀감으로 합해졌어도 실체 몸이 하나로 합일되게 하는 것은 생식기이다. 생식기는 인체를 대표하여 부부의 두 몸을 하나로 묶는 유일한 기관이다.

생식기를 사용하려면 상대의 동의를 얻어야 한다. 남편은 아내의 동의를, 아내는 남편의 동의를 얻어야 생식기를 사용할 수 있다. 부부가 서로 생식기 사용의 허락을 받아야 하기 때문에 생식기의 주인은 배우자이다. 즉 생식기의 주인은 엇바꿔 있다.

자신의 몸의 주인을 바로 깨닫고 자신의 혈통적 배경을 인식함으로써 부모와 연결된 자신의 몸의 소중함을 깨닫게 될 때, 비로소 하나님과 부모님에게 감사하는 마음을 가질 수 있으며, 다른 사람의 몸도 소중하다는 것을 알고 남의 몸을 존중하는 마음을 갖게 된다.

하나님과 부모에게 감사하는 마음을 가진 사람은 결코 남에게 해를 끼칠 수 없다. 성폭력으로 남을 해친다면 하나님과 부모님께서 고통스러워하신다는 사실을 알고 있으므로 나의 몸과 남의 몸을 함부로 다룰 수 없게 된다. 성폭력 예방은 물론, 다양한 성 문제 해결 방안은 '생식기의 주인은 배우자'라는 사실을 확실히 깨닫게 될 때 가능한 것이다.

생식기의 목적

인간의 성을 대표하는 신체기관의 대표적 기관은 생식기이다. 모든 존재는 그 존재목적을 가지고 있다. 존재세계의 모든 존재는 그 존재의 구조와 작용을 보면 그 목적을 알 수 있다. 예를 들어 인체의 눈의 구조와 작용을 보면 눈의 목적은 모든 사물을 보는 것에 있듯이 생식기의 구조와 작용을 이해하면 생식기의 목적을 알 수 있는 것이다.

생식기生殖器의 용어를 풀어 보면 '생명을 담는 그릇'이라고 이해하게 된다. 이는 생식기가 생물학적으로 단순히 남녀를 결정짓는 곳이라는 것 이상의 중요한 의미를 지니고 있다. 생식기는 생명과 혈통에 직결되며, 사랑과 양심의 작용을 기반으로 성 욕구의 표현인 성행위가 이루어진다는 것에 의미가 있다.

생식기는 몸의 중앙 부위에 위치하여 남녀의 사랑의 가교 역할을 수행하고 있으면서 생명을 탄생시켜서 가족관계의 혈통을 형성하게 하는 소중하고 신성한 기관이다. 그뿐만 아니라 성 욕구의 표출에 대한 성행위나 성관계와 관련되므로 양심작용과 관련된 성의 윤리적 문제가 따르는 중요한 기관이다.

성 기관의 첫 번째 존재 목적은 자녀 출산

생식기의 구조를 보면 남자와 여자의 상보성과 생식기의 존재목적을 확실히 알 수 있다. 남녀의 생식기는 자녀의 출산을 위해 필요한 기관으로 구성되어 있다. 생식기는 내생식기와 외생식기로 구분할 수 있다. 남자의 생식기, 음경은 성적 자극을 받게 되면 혈액이 들어가 크고 단단하게 변하는데 이를 발기라고 한다.

음경이 발기되는 이유는 발기되어야 여성의 질 속으로 삽입하기가 쉽기 때문이며 음경이 밖으로 나와 있는 이유는 남자가 사정을 통해 정자를 여자의 생식기 내에 깊숙이 투여하기 위해서이다. 정자는 낮은 온도에서 보다 건강하기 때문에 체온보다 낮게 하기 위해서 정자를 보관하는 음낭이 밖으로 나와 있는 것이다.

남자와 달리 여자의 생식기관이 내부에 있는 까닭은 여성이 임신하기 위해서 정자를 잘 받아들일 수 있기 위함이며, 정자와 난자가 자궁에서 수정하고 착상하기 쉽도록 만들어졌다. 또한 난자와 자궁은 따뜻해야 좋기 때문에 내부에 자리 잡고 있는 것이다.

생식기의 제1차 성징은 갓 태어났을 때 남자와 여자의 성을 구분할 수 있는 것을 말한다. 성장하여 사춘기가 될 때 제2차 성징이 나타나는데 이러한 생리적 변화를 나타나게 하는 성호르몬 분비의 기능이 생식기에서 이루어진다. 제2차 성징을 통하여 남자와 여자의 생리현상과 생식 현상이 아주 다르게 나타난다는 것을 알 수 있다.

남자는 남자다운 신체적 모습으로 바뀌게 되며, 여자는 여자다운 신체적 모습으로 성장하게 된다. 제2차 성징이 나타나는 것은 성인이 되어가고 있다는 징후이며, 생식작용과 생리작용의 성숙에 의해 자녀의 잉태가 가능한 것이다. 이러한 생식기관의 구조와 작용을 보아 생식기의 첫 번째 존재목적은 자녀를 출산하는 것에 있음을 알 수 있다.

자녀 출산의 일은 곧 성윤리와 직결된다. 자녀의 출산이란 부모의 자신의 확장이며 제2의 자아가 탄생되는 것이다. 자녀의 탄생이란 부부의 사랑의 열매이며 윤리적 성행위와 성관계의 결과이다. 부부의 사랑과 윤리적 성행위의 결과는 임신·출산·양육으로 이어지게 되며, 부부夫婦는 '자녀의 부모父母'라는 위치와 자격이 주어진다.

그러므로 부부의 성행위와 성관계는 부모 될 가능성의 준비와 양육의 조건을 갖추어야 할 책임이 있는 것이다. 성 기관의 존재목적은 자녀 출산을 위한 부모의 역할과 책임, 즉 양육의 책임을 다할 때 그 목적이 실현되는 것이다. 만일 성행위 결과 임신이 되더라도 출산에 대해 책임지고자 하는 자세와 부모로서의 역할 책임을 인수할 준비가 없다면 임신은 출산으로 이어지지 못하고 낙태로 종결지어질 가능성이 크게 된다. 혹은 출산으로 이어진다 하더라도 양육의 조건이 미비하여 정상적인 부모로서의 양육이 불가능하다면 그 아이의 생존이 위태롭거나 아이의 인생의 미래가 불투명하여 어두운 일생을 살아가게 하는 불행을 만들게 된다.

그러므로 다양한 성행위나 성관계는 출산에 대한 윤리적 책임이 수반되는 행위이므로 성적 활동에 대한 규범으로 규제할 수 있어야 하며, 보편적으로 수용할 수 있는 성윤리의 기준이 제시되어야 한다. 성윤리의 기준으로서 출산에 대한 책임을 수반하는 행위는 절대 성(내가 당신만의 단 한 사람의 사랑)의 기준이 된다.

절대 성을 지켜나가는 사람은 삶의 자리에서 참사랑을 실천하면서 생활할 수 있으며, 절대 성의 원칙 안에서 태어난 자녀는 하나님을 닮은 자녀가 될 수 있는 것이다. 생식기의 존재목적 가운데 첫 번째의 목적은 이처럼 출산으로서 절대 성을 실현하는 기준이 된다. 무책임한 낙태를 예방하기 위해서뿐만 아니라 의도적 무자녀 가족을 방지하기 위해서 그리고 독신가족을 선호하는 이기적 삶을 예방하기 위하여 출산의 당위적 책임과 신성한 권한이 있으며 양육에 대한 의무와 권한이 있다는 것을 확실히 이해해야 한다.

출산이란 의미는 새 생명을 창조한다는 하나님의 창조의 과업에 동참하여 인간이 새로운 창조자가 된다는 의미 있는 행위이며, 하나님의 실체를 확장시키는 과업이며, 새로운 생명을 양육하면서 하나님의 4대 사랑(자녀사랑, 형제자매사랑, 부부 사랑, 부모사랑)을 경험하면서 완성시키는 거룩한 과업이라는 것을 아무리 강조해도 부족한 것이다.

성 기관의 두 번째 존재 목적은 부부 사랑

남녀의 생식기는 함께 보았을 때 그 존재의 구조와 작용에 있어서 그 목적이 부부의 사랑을 키워 나가기 위해 존재한다는 것을 쉽게 알 수 있다. 남자의 생식기는 남편 자신을 위한 것이 아니라 아내와 함께 성행위나 성관계를 통하여 사랑을 성숙시키기 위해서이고, 아내의 생식기 또한 남편의 생식기와 사랑의 조화를 이루어 사랑을 완성하여 온전히 하나 되기 위한 것이다. 남녀의 생식기가 다른 구조를 가지고 있는 목적은 서로를 차별해서 공격하거나 싸우기 위해서가 아니라 서로 협조적이며 상호의존적으로 조화롭고 통일된 사랑의 상호작용을 이루어 사랑 완성을 위해서이다.

부부의 성행위는 부부 성관계의 쾌락을 즐기도록 창조주가 특별한 선물로 인간에게 주신 것이다. 동물은 발정기 때만 교미를 할 수 있어서 자동적으로 성 욕구를 조절하지만 인간은 언제라도 부부간에 사랑과 성을 즐기도록 구조되어 있다.

부부의 성행위에서 상대를 기쁘게 하고, 하나님을 기쁘게 하기 위해서 존재하는 자연세계의 사랑하는 다양한 방법을 배우는 것은 사랑의 행위를 아름다운 예술적 행위로 승화시키는 행위가 된다. 새끼를 낳는 포유류 동물이나 참새, 비둘기, 타조 등 조류, 도마뱀이나 뱀 등 파충류, 개구리와 같은 양서류, 아가미를 가지고 있는 어류는 물론 천둥과 번개를 통해 다양한 사랑의 방법을 연구하고 배우는 것은 부부간의 새로운 사랑의 맛을 키워나가는 아름다운 예술적인 길이 된다.

부부생활에 있어서 성행위나 성관계는 아름다운 사랑을 예술적 행위로 승화시키는 목적이 있다. 그것은 부부간의 신뢰감을 토대로 하여 친밀감을 돈독히 하고 사랑을 키워가는 촉진제 역할로서 기대할 수 있는 것이다. 더 나아가 인간은 하나님이 부여하신 본연의 혈통을 유지·보호하고 양심작용에 따라 도덕적, 윤리적 성을 지킬 책임을 가지고 있다. 부부 사랑에서 최고의 기쁨과 행복을 느낄 수 있어야 하나님의 혈통을 보호하고 본연의 양심을 지킬 수 있다는 점을 잊어서는 안 될 것이다.

예술적이고 아름다운 사랑을 키워가는 성은 하나님을 닮은 성이며 인격을 구현할 수 있는 절대 성이 된다. 개개인은 개성진리체로서 각기 가장 소중한 가치를 지니고 있으므로 사랑이란 타 인격의 가치를 존중하고 인정하는 데서 출발함으로써 아름다운 사랑의 성이 될 수 있다.

아름다운 사랑의 성이 되려면 상대를 위한 헌신과 희생이 필요하다. 참사랑은 인격 존중을 넘어 헌신과 희생을 요구하기 때문이다. 자기 헌신과 희생이 동반되지 않는 한 서로 인격을 존중하는 성관계라 하더라도 그것은 상호존중의 성적 거래나 계약적 성행위에 머무를 수 있다. 사랑이 있는 성은 상호존중의 의무를 기초로 서로의 헌신과 희생에 의해서 일체감을 느끼며 사랑이 완성될 수 있는 것이다.

아름다운 사랑을 위한 첫 번째 헌신과 희생 조건은 순결을 지키는 것이다. 혼전순결을 지킨다는 의미는 미래의 배우자를 위해서 어떤 다양한 쾌락적 유혹에도 넘어가지 않고 인내하며 자신의 성 욕구를 극복했다는 것으로서 상대를 향한 헌신과 봉사의 표출이며, 그러한 헌신적 표현은 상대에게 절대 신뢰감을 주게 되는 것이다. 혼전순결로써 출발한 부부는 결혼 후의 부부 사랑을 아름다운 예술적 사랑으로 키워 나갈 수 있는 가장 소중한 토대를 갖는다. 부부의 사랑하는 관계는 서로 돈독한 신뢰감에서 자연스럽게 정절을 지켜나가게 된다.

부부 성관계에서 상대를 사랑하기 위한 윤리적 조건은 상대방을 나와 마찬가지의 인격으로 존중하여 서로 정절을 지키는 것이다. 상대도 나와 마찬가지의 개성진리체로서 하나님이 확대된 신성한 인격체임을 인정하여 절대, 유일, 불변, 영원한 배우자로서 정절의 토대 위에서 사랑이 시작되는 것이다. 이러한 의미에서 '성 기관의 주인은 배우자'가 되는 것이다.

결혼 후 첫날밤에 순결한 남자와 여자가 만나서 사랑하는 행위는 무형의 하나님이 사랑하는 남자와 여자의 체를 쓰고 함께 사랑하는 행위이므로 인간이 하나님의 실체가 되는 순간이므로 지극히 거룩하고 신성한 성행위이며 성관계가 되는 것이다. 그러므로 성장하는 자녀들에게 삶의 목표를 안내해 주어야 한다. 즉 "고귀한 순결을 지켜서 첫날밤에 부부가 화합할 때 나를 통해서 하나님이 체를 쓰게 하겠다."라는 목표를 자녀에게 알려 주어야 한다.

이러한 삶의 목표로 볼 때, '내가 당신만의 단 한 사람의 사랑'이 되려면 혼전순결과 결혼 후에 정절을 지키는 것은 지극히 당연하며, 자연스러운 성 태도이다. 부부 관계에서 하나님과 상대의 생각, 의지, 욕구, 감정을 무시하고 외도를 한다는 것은 있을 수 없는 것이다. 부부의 결합은 사랑의 결합이며, 쌍의 결합이며, 생식기의 결합체로서 하나님과 부부와 일심·일체·일념·일핵·일화의 관계가 되어 사랑완성을 하게 되기 때문이다.

성 기관의 세 번째 존재 목적은 가계의 혈통 보존

성 기관의 또 다른 목적은 가계의 혈통을 보존하는 것이다. 혈통

보존은 성 기관의 네 가지 작용 중에서 생명의 작용과 직접적으로 연결되어 있다. 성 기관의 생명의 작용이 신체적 성장 변화와 임신·출산에 초점이 맞추어진다면, 성 기관의 혈통의 작용은 출산 후 양육과 넓게 확대된 종적, 횡적의 인간관계에 초점이 주어지게 된다.

성 기관의 구조와 기능은 출산을 통하여 부모, 자녀, 형제자매의 가족을 형성하며 더 나아가서 친족과 나라가 형성되며, 세계로 확장되어 세대가 보존되고 아울러 역사가 존속되는 혈연관계를 결속시키는 작용이 있다. 핵가족시대에서 일반적으로 우리는 혈통적 인연에 대하여 말할 때, 부모, 형제, 자매관계로서 거의 한정짓고 직접적인 양육에 책임을 지게 된다.

그러나 혈통적 작용에 대한 설명은 혈통으로 맺어진 직접적인 가족관계 뿐만 아니라 친족, 종족, 국가, 세계, 천주까지 확대하여 하나의 혈연 관계로 이해하게 된다. 그러므로 혈통보존 작용의 이해는 성 기관의 존재목적이 가까운 친족과 종족의 보존뿐만 아니라 인류 전체 역사를 존속시키는 것에 있다는 것을 알 수 있다.

만일 여자나 남자, 하나의 성만 있다면 혈통이 이어지지 않으므로 한 세대에서 끝나게 되어 변화·발전이 없어서 인류역사의 존속을 기대할 수 없을 것이다. 즉 생식기의 구조가 두 가지의 성, 남자와 여자의 다른 성의 구조로 구성되어 있는 것은 서로 다른 인간의 성이 조화를 이루어 협력해서 인류 전체가 연체관계로서 공존·공생하기 위한 것이라는 것을 알 수 있다.

생식기가 두 성으로 나뉘어 각기 다른 구조로 존재한다는 것은 하나님을 닮아서 양, 음의 실체관계로 존재하는 것이다. 부부간의 성

결합은 양성간의 유전자 결합을 통하여 유전적 다양한 개성을 창조함으로써 변화 · 발전하는 다양한 환경의 유전자적 합성을 증대시키고 자손의 생존 가능성을 높이는 기능을 한다고 종교교육학자인 윌슨Willson이 진술하고 있다.

생식기의 작용은 성관계를 통하여 유전적 다양성을 창조함으로써 가족의 특성과 다른 종족을 보존하고 인류의 존속을 가능하게 한다. 성 기관의 작용은 성행위의 과정을 거쳐서 새로운 생명이 탄생한다는 결과를 낳고 있다. 인위적인 통제가 없이 일정한 조건이 맞는다면 성행위의 과정은 새로운 생명의 탄생으로 결과가 나타난다. 따라서 모든 성행위는 그것의 자연적 결과로서 새 생명을 탄생시킬 수 있는 잠재적 가능성을 지니고 있다. 생식기의 새 생명 탄생을 목적으로 하는 구조와 작용은 하나님이 그의 창조성을 인간에게 상속한 위대한 창조적 가치를 인간이 실현한다는 의미이다.

하나님이 인간을 그의 자녀로 창조하여 하나님 자신을 인간에게 확장시켰기 때문에 인간은 자신의 자녀를 탄생시킴으로써 자신이 자녀를 통하여 확장되었을 뿐만 아니라 하나님을 확장시킨 결과를 낳게 되는 것이다. 그런 의미에서 온 인류는 하나님 아래 하나의 형제자매요, 한 가족이요, 한 핏줄이라는 결론에 이르게 된다.

혈통은 생명보다 귀하고 사랑보다도 소중한 것이다. 혈통과 연결이 되면 하나님께서 이상하신 이상인간, 인격완성도 가능하고, 이상가정도 생겨나는 것이며, 더 나아가서는 하나님의 조국, 이상국가도 출현하기 때문이다.

혈통을 통해서 인간 자신이 영원히 남는다. 개인의 DNA 유전인자가 그의 자녀에게 유전되어 대를 이어나가면서 그의 후손들을 통하여 그 자신이 지상에서 영원히 살게 되는 것이다. 이런 의미에서 볼 때 영인체뿐만 아니라 육신도 지상에서 영원히 산다고 볼 수 있는 것이다.

혈통은 강줄기와 마찬가지로 점점 흘러가면서 대양을 향해 들어간다. 큰 강이 되어서 바다로 흘러간다. 혈통은 종적인 것으로서 대를 이어 영원히 상속되는 것이다. 그렇기 때문에 조상보다 후손이 더 훌륭해야 그 혈통이 영원히 뻗어나가는 것이다. 그런 의미에서 부부간에 사랑의 급을 높여서 좋은 후손을 탄생시켜야 한다. 이것이 우리들의 가장 위대한 창조과업이다.

혈통은 영원히 하나님으로부터 계속되지만, 사랑과 생명은 두 사람 관계에서 끝나게 된다. 혈통에는 어머니와 아버지의 사랑과 생명, 혈통이 연결되고 결국에는 하나님이 임재하여 살게 되는 것이다. 순수한 혈통의 가정 기반 위에 하나님이 내려와서 영원히 임재하는 것이다.

아담과 해와의 타락 이래 역사를 두고 하나님의 가슴에 가장 아픈 한으로 남아 내려온 것은 하늘의 혈통권을 잃어버리고, 형제권과 소유권마저 잃어버린 사건이다. 생명과도 바꿀 수 없는 이 핏줄을 잃어버렸다.

우리 모두는 타락으로 인하여 더럽혀진 혈통을 청산하고 창조 본연의 선한 혈통으로 복귀하지 않으면 안 된다. 그러기 위해서는 사탄 혈통의 거짓된 사랑으로 더럽혀진 과거의 모든 사랑을 부정하고 새로이 하나님의 사랑을 중심삼고 참된 부모의 사랑을 재현시킬 수 있는 실체를 갖추어야 한다.

그런 점에서 절대적인 순결의 혈통을 상속하기 위해서 자기 몸을 지켜야 된다. 일신을 지키는 것이 일족을 지키는 것이다. 절대순결의 혈통이 사랑과 생명보다 귀한 것이다. 절대 성은 하늘이 인간에게 부여하신 최고의 축복이다. 절대 성을 중심삼은 가정이라는 테두리 속에서라야 조부모, 부모, 자녀, 손자, 손녀 이렇게 3대권을 포함한 인간 본연의 삶의 이상적 모델 성관계가 창출되는 것이다.

이러한 의미에서 생식기의 가치가 얼마나 신성하고 고귀한 것인가를 알게 된다. 그러한 가치가 있는 만큼 인간이 성 욕구의 쾌락을 즐기기 위한 성적 방종을 행하는 도덕적 위기를 극복해야 한다. 우리 모두에게 성 기관의 가치와 존재목적을 깨달아 그것을 온 인류에게 전수해야 할 과제가 주어진다.

성 기관의 네 번째 존재 목적은 올바른 양심작용 실현

성 기관의 네 번째 목적은 올바른 양심작용을 이루는 것이다. 존재세계의 모든 존재는 그 구조가 존재 목적에 맞는 구조로 구성되어 있을 뿐만 아니라 그 존재 목적을 실현하는 고유의 존재방식을 가지고 있다. 마찬가지로 생식기의 구조와 작용은 그 생식기의 존재 목적을 이루기 위한 존재방식이 있다.

예를 들어 마이크의 구조나 작용은 음성을 크게 확대하여 큰 소리를 만들어서 대중이 들을 수 있게 하는 목적이 있다. 마이크는 그 목적을 이루기 위한 정해진 사용 방식이 있다. 마이크는 사람의 음성을 확대하는 목적으로 사용해야지 다른 용도로 사용하면 고장이 나게 된다. 인간이 마이크를 만든 목적에 맞는 방식으로 사용해야 하는 것이다. 마찬가지로 생식기의 구조나 작용은 앞에서 소개한대로 자녀를 출산하거나, 부부의 사랑을 키워가는 목적이 있다. 또한 성기관의 작용은 가족과 종족, 그리고 인류를 존속하게 하는 혈통보존의 목적이 있다.

생식기의 사용은 목적을 위해 사용해야 하는 적합한 방식이 있다. 적합한 생식기의 사용 방식이란 혼전순결, 혼후 정절을 토대로 성의 네 가지 작용을 구현하는 것을 위해 사용하는 것을 의미한다.

모든 존재의 존재방식은 자연법칙과 가치법칙을 벗어나서 존재, 작용, 번식, 발전하는 경우가 그 어느 곳에도 없다. 만일 이러한 법칙을 벗어나게 된다면 존재목적이 상실되므로 그 존재는 소멸되거나 가치 없는 존재가 된다. 가치법칙이란 규범을 말하며 규범에는 수많은 미덕들의 열매가 주렁주렁 달려 있다. 그 미덕들이 위에서 설명한 56가지의 미덕들이다. 그 미덕들 가운데 순결과 사랑의 미덕이 가장 핵심적인 미덕이다. 그래서 인간의 성은 반드시 가치법칙과 자연법칙에 따라 성행위, 성관계가 이루어져야 한다.

인간이 가치법칙이나 자연법칙을 벗어난 성행위나 성관계를 이루면 생식기의 존재목적을 상실함으로써 그 가치를 상실하게 된다. 만일 가치법칙을 떠난 성행동을 하면 가장 먼저 우리의 양심이 가치법칙을 벗어난 사실을 안다. 양심 스스로 잘못된 성행동임을 알고 타인이 참소하기 전에 본인 스스로 고통과 갈등, 그리고 아픔을 겪게 된다. 인간의 성이 가치법칙과 자연법칙에 따라서 작용하게 하는 것은 우리의 양심이 우리의 자유의지와 법칙이 하나로 통합되어 생각, 행동을 하는 생래적 작용에 의해 법칙대로 행동하도록 그렇게 작용하기 때문이다.

예를 들어 일반적으로 결혼한 부부가 외도를 하게 되면 자신의 배우자에게 숨기려고 한다. 그것을 배우자에게 자랑스럽게 드러내지 않으려고 하는 것은 스스로 양심작용에 의해 자신의 외도가 성규범을 벗어난 것을 알기 때문이다. 통계에 의하면 혼전 동거하는 사람들 가운데 90% 이상의 사람들이 자신의 동거를 남이 아는 것을 원치 않아 자신의 동거의 삶을 숨기려 하고 있다. 또한 미래의 배우자가 동거했다는 사실을 알게 되면 결혼하지 않겠다는 응답이 70% 이상 차지하였다. 이러한 통계를 보면 결혼한 배우자 외의 성행위나 성관계는 양심이 원하는 행위가 아니라는 사실을 웅변하고 있는 것이다.

특히 인간은 양심작용에서 벗어난 존재는 없다. 인간은 하나님을 닮은 로고스적 존재이기 때문에 자유의지를 지닌 이성과 법칙을 벗어난 행위를 하게 될 때 양심의 가책을 받게 된다. 인간의 마음구조가 생득적으로 양심에서 벗어난 행위를 할 때 가책을 받도록 그렇게 구조되어 있기 때문에 인간은 자기 스스로를 선한 방향으로 전환시키면서 살아가고 있다.

성 기관의 존재법칙을 통한 양심작용은 일반적으로 자신이나 타인과의 약속을 어기거나 남에게 잘못을 저질러서 양심의 가책을 받는 것과 질적으로 다른 것이다. 성 기관의 법칙을 어기는 행위는 일반적으로 상대를 속이고 마음의 상처를 주는 것과 비교할 수 없는 양심의 고통을 경험하게 된다.

성 기관의 존재법칙은 인간 삶의 생사문제를 결정짓는 갈림길을 제시한다. 성 기관은 인간이 성 기관의 법칙을 지키고 사느냐 아니면 그 반대의 길을 가느냐 하는 이정표이다. 즉 '인간이 성 기관의 존재법칙을 잘 지키고 평화로운 천국을 이루는가? 아니면 그 법칙을 어기고 불안과 공포에 사로잡혀 있는 지옥을 이루는가?'라는 선택의 문제를 가지고 있다.

성행위나 성관계는 새로운 생명의 잉태와 혈통적 문제가 연결되어 있으며 사랑의 문제가 얽혀 있기 때문이다. 사랑의 성질에 절대, 유일, 불변, 영원의 속성이 있으므로 이러한 성질을 벗어난 성행위나 성관계는 법칙을 범한 행위자 자신뿐만 아니라 상대에게 영원한 고통과 아픔을 안겨 주게 된다.

뿐만 아니라 만일 법칙을 벗어난 성관계에서 새로운 생명이 잉태되어 낙태가 이루어진다면 새로운 생명이 생사의 갈림길에서 속절없이 희생되는 것이다. 그리고 그렇게 잉태된 아이를 출산한다는 것은 준비된 환경에서 양육되지 못하므로 그 아이가 불행과 고통의 연결고리 안에서 일생을 지내게 만드는 큰 범죄를 저지르게 되는 것이다.

성 기관의 존재법칙에 따른 양심작용은 어느 누구도 자신의 변명에 맞도록 합리화할 수 없고 타협할 수 없는 절대 절명의 작용인 것이다. 성 기관의 존재구조와 작용은 네 가지의 분명한 존재목적들을 말해주고 있으며 그에 따라서 존재하는 존재방식, 가치법칙은 누구나 수용 가능한 보편타당한 윤리적 근거로 제시할 수 있는 것이다.

성(性)과 사랑

지금까지 일반적인 성교육에선 성의 의미를 세 가지로 구분하여 말하고 있다. 생물학적 성, 사회문화적 성, 그리고 전인격적인 성으로 설명하고 있다. 먼저 남녀의 성별을 구분하는 신체적, 생리적 작용의 특징에 따라 생물학적 신체구조와 그 기능의 측면을 의미하는 생물학적 성, 자연적 성Sex을 말하고 있다. 둘째로 사회문화적 성Gender으로서 사회가 기대하는 남자와 여자의 성 역할과 성차의 의미로서 이에 따른 남성다움과 여성다움의 성역할 의미가 있다. 셋째는 가장 포괄적인 의미로서 생물학적 성과 사회문화적 성을 포함한 인격적 존재로서 존중하는 전인격적인 성Sexuality을 말하고 있다.

성이란 무엇인가

위에서 말하는 기존의 성 의미는 그 철학적 뿌리가 인본주의 철학의 시각으로 본 성이기 때문에 성과 관련된 다양한 문제를 해결하는

데 한계를 가지고 있다. 우리 사회의 복잡하고 다양한 성 문제들을 근본적으로 해결하려면 인간의 성에 대한 새롭고 구체적이고 명확한 재해석이 필요하다.

인간의 성은 닮기 법칙에 의해 하나님의 혈통을 이어받은 부자夫子 관계로서 유전적인 남녀의 생물학적 특성으로 남자 혹은 여자로 태어나서 보편적 법칙(천도)에 따라 삶을 영위하는 사회, 문화, 교육적으로 학습되어진 인격적인 존재로서 이해하게 된다.

재해석된 성의 이해가 기존 성의 이해와 다른 점은 인간의 성이 하나님을 닮아서 태어난 부자관계의 혈통적 성이라는 것이다. 인간이 하나님을 닮았다는 것은 창조과정에서 적용되는 닮기 법칙에 따른 하나님의 결과적, 대상적 위치에 있다는 것이다.

따라서 인간의 성은 하나님의 확장된 자아라는 의미이며, 하나님과 하나 된 부자관계의 혈연 관계요, 참사랑의 관계를 의미한다는 것이다. 이러한 관점에서 보는 새로운 성 이해는 종래의 성 의미가 지니고 있는 성윤리 문제해결의 한계성을 극복할 수 있다.

성의 문제를 해결해야 하는 중심 대상은 비록 생물학적, 사회문화적 성이 포함되지만 그 핵심은 성 욕망에 관한 것이다. 인간이 성욕을 표현하고 충족시키는 과정에서 발생하는 성행위나 성관계에서 성 문제들이 발생하기 때문이다. 그러므로 성 문제를 해결하기 위한 성윤리의 중심대상은 인간의 성 욕구이다.

성욕에 대하여 어떤 태도를 갖는가는 그 사람의 인격을 대변하는 윤리적 의미를 가지고 있다. 기존의 성욕에 대한 이해는 인간 자신이 성의 주체자 입장에서 자율성과 책임성의 범주 안에서 성 욕구를 표출하면 윤리적 성행위로서 인정하게 된다. 그러나 성의 주체자의 입장에 인간 자신이 서 있기 때문에 성윤리의 판단 기준은 자신의 주관적 판단에 의해서 옳고 그름을 결정하고 다양한 해석에 따라 성행위를 하게 된다. 지금까지 객관적이고 절대적 기준이 없는 성윤리의 해석은 성 문제를 발생시키는 주 요인이 되고 있다.

새로운 해석의 성 이해는 절대·유일·불변·영원한 속성의 하나님을 닮은 자녀의 성이므로 인간의 성의 속성 역시 절대·유일·불변·영원한 성질을 지니고 있다는 것이다. 따라서 하나님을 닮은 인간의 성 욕구는 절대 속성에 따라 표출되기 때문에 천도에 따른 성행위만 가능하게 되는 것이다. 다시 말해 인간은 하나님을 닮은 하나님의 확대된 자신이기 때문에 참사랑과 혈연으로 하나 되어 묶여진 관계로서 부모의 심정을 거스르는 성행위는 하려야 할 수 없는 것이다.

참사랑의 힘은 타他 인격과 함께 하나 되게 하는 경험을 제공하므로 하나님과 인간이 서로 함께 기쁨과 고통을 느끼는 관계이다. 참사랑의 힘은 인격 완성을 위한 핵의 역할을 하며, 인간의 성을 윤리적 성으로 만드는 필요·충분한 조건이다.

참사랑 의미 안에 윤리적 실천의 내용을 지니고 있으므로 참사랑을 중심한 인간의 성은 비인간화 효과를 가지고 오지 않는다. 따라서 하나님의 인격이 확장된 인격적인 아들딸로서의 성 욕구는 성윤리倫理를 벗어날 수 없으며, 성윤리 안에서 성행위나 성관계가 가능한 것이다.

성행동은 순간과 영원이 공존

삼라만상의 모든 존재와 사건은 순간과 영원의 속성이 공존한다. 자연세계의 돌, 나무, 산, 바다, 꽃, 나비, 동물 등의 만물들은 모두 순간과 영원의 속성을 지니고 있다. 순간과 영원의 속성은 가변과 불변을 의미한다. 이러한 광물, 식물, 동물들 모두는 그 자체의 불변의 속성과 가변의 속성이 있다.

돌은 영원히 돌이다. 돌의 원자, 분자의 구조는 제3의 힘으로 변화시키지 않는 한 스스로 그 구조가 변하지 않는다. 즉 돌이 스스로 자연적으로 변하여 나무가 될 수 없다. 한편 돌은 풍화작용을 통해 그 모양이 변한다. 모래알로 변할 수도 있다. 그러나 돌이 나무나 물의 분자구조로 바뀔 수 없다. 나무가 물이 될 수 없으며, 물이 나무가 될 수 없다. 그러나 그 나무는 성장하고 변화한다. 물은 물이되 흐르면서 변화한다.

자연만물이 불변과 가변의 속성이 있으니, 만물의 영장인 인간에게도 당연히 불변과 가변의 속성이 있다. 예를 들어 어떤 사람이 있다면 그 사람 자체는 영원하다고 할지라도 그의 능력이나 성격, 인격은 지속적으로 변화·발전한다.

모든 인간은 그 부모의 성과 사랑을 통하여 새로운 생명으로 탄생된다. 성 기관을 통하여 불변성과 가변성을 지닌 새로운 생명체를 탄생시킨 성행동 역시 불변성과 가변성을 지니고 있다. 성행동은 사랑·생명·혈통·양심의 작용이 함께 통합되어 있다. 사랑·생명·혈통·양심이 통합된 성행동은 한 사람의 일생에 영향을 미친다. 한 번

진정한 사랑에 빠져본 사람은 그 사람과 헤어졌어도 영원히 그와 함께한 사랑 행동을 잊지 못한다. 그래서 다른 사람을 그처럼 사랑하기 어렵다.

더욱이 생명이 탄생되었을 경우 미혼모, 미혼부가 되어 다른 사람이 양육을 한다 해도 그 생명이 혈연으로 끈을 이어가기 때문에 영원한 부자관계가 존속되어 양육하지 못한 죄책감으로 평생 시달리게 된다. 만일 원치 않는 임신을 하여 낙태를 하였을 때도 그 사실을 없던 일로 여기고 싶어서 기억에서 지웠을지 모르지만 그 사실은 영원히 지워지지 않고 일생을 따라 다닌다.

사랑 없이 하룻밤 정사로 만나서 헤어졌다 해도, 그 성행동의 사실이 지워지지 않는다. 자신의 기억에는 잊게 됐을지 몰라도 자신의 삶의 기록이 무의식의 저장고에 저장되어 남아 있다. 과거는 모두 잊고 새 출발을 하자고 해서 새로운 사람과 결혼하였다 해도 성생활을 할 때 과거의 그 정사장면이 무의식의 저장고로부터 문득문득 떠오르게 되어 현재의 배우자와 성관계에서 비교되거나 아픈 경험으로 자리 잡는다.

자신만이 알고 있는 내밀한 비밀이 있다는 것은 부부 관계에 긍정적 감정을 절감시킨다. 그만큼 부부가 온전히 친밀한 관계를 갖는 것에 한계가 있다. 혼외 성행동은 배우자에게 배신행위이기 때문에 배우자에게 자유롭지 못하다. 그러니까 행복의 한계가 있다. 진정한 행복이란 마음의 그림자 없이 자유로움이 따라야 하기 때문이다.

요즘은 아예 자신의 성적 과거를 모두 털어놓고 다시 시작하는 남녀 사례들이 많다. 그렇게 과거를 서로 털어놓으면 심리적 부담감은 덜어질 것이다. 그러나 과거의 성행동 사실이 사라지는 것이 아니기 때문에 자신의 마음이 언제든지 진실을 말하므로 그 행동이 회상될 수 있다. 옛 추억의 그 사람과 현재의 사람이 비교될 수 있으므로 부부친밀감 문제에 한계성을 지닌다. 왜냐면 사랑, 생명, 혈통, 양심이 통합되어 있는 속성을 지닌 성행동은 순간과 영원이 항상 병존하므로 일생을 따라다니며 자신의 마음과 관계에 영향을 미치기 때문이다.

성행동은 너와 나와의 관계에서 일어나는 내밀한 행동일지라도 그 결과는 공동체에 영향을 미친다. 성행동은 '성행동=임신=출산=양육'으로 이어지거나 '성행동=원치 않는 임신=낙태'로 이어진다. 아무리 피임을 한다 해도 100% 완전한 피임은 없다. 성행동은 생명을 창조하기 때문이며, 그 생명은 가족관계와 연결되는 혈통관계를 이어주기 때문에 가족공동체에 영향을 미치게 된다. 더 나아가서 가족공동체는 사회의 구성단위로서 사회에 영향을 미치게 된다.

우리 사회의 청소년들이 연애하면 성행동을 하는 것을 당연시 여기는 풍조는 스스로 자신의 일생이 불행의 늪에 빠지는 행동을 자초하는 것이다. 마치 하루살이들이 자신이 죽는다는 것을 모른 채 불속에 날아드는 것과 같다.

인간이 하는 모든 행동들이 순간과 영원의 성질이 병존하지만 그 가운데 일생 동안 불행의 영향을 미치는 것 중에 가장 강력한 영향을 미치는 것이 성행동임을 상기해야 한다. 인간의 성행동만이 순간과 영원한 성질이 병존하며 부부 사랑 성숙, 생명탄생, 혈통존속, 양심작용이 통합된 행동이기 때문이다.

단 한 사람의 영원한 성적 만남이 주는 행복

단 한 사람의 영원한 성적 만남과 가볍게 여러 사람과의 순간적 성적 만남이 있다. 쉽게 만나는 성적 만남은 결국 무의미하고 무가치한 만남이 되어 버린다. 그 이유는 남녀 관계에서 가장 의미 있는 만남은 성적 만남인데 그 의미와 가치를 스스로 쉽게 흘려버리니 그 가치가 자동적으로 사라지기 때문이다.

성적 만남의 의미는 성의 줄을 당겨보면 금방 알 수 있다. 성의 줄에 사랑·생명·혈통·양심이라는 가장 소중한 보물이 줄줄이 매달려 있기 때문이다. 가볍게 만나는 성적 만남은 자기가 좋아하는 성적 쾌락만 관심 있고, 사랑·생명·혈통·양심은 무가치하게 보일 뿐이다.

사랑하는 사람은 상대가 행복하길 바라는 마음으로 어떤 희생적 행동도 불사한다. 그리고 변함없이 행복하도록 책임지려 한다. 사랑은 사랑하는 상대를 위해서 생명까지도 던질 수 있는 힘이 있다. 그래서 사랑은 의미와 가치가 있다. 사랑한다는 것은 단 한 사람의 만남을 만드는 속성이 있다.

생명이란 살아 숨 쉬는 의미가 있으며, 살아 있음의 의미엔 지속적인 움직임이 있으며, 작용·성장·발전과 관련된다. 생명이란 성장을 향한 무한한 소망, 기대감, 꿈과 이상이 주어진다. 그러나 가볍게 만나는 성적 만남은 쾌락을 위한 만남이므로 책임지지 않기 위해서 원치 않는 생명은 없애려 한다. 그래서 낙태를 쉽게 생각한다.

생명의 탄생은 새로운 가족 관계를 형성한다. 그러나 쾌락만을 위한 성행동을 즐기는 성적 만남은 혈통이 이어지는 것을 원치 않는다. 이들에게는 혈통은 무가치하고 무의미하기 때문이다. 단 한 사람의 만남을 원하는 사람과 쉽게 성적 만남을 갖는 사람들의 가치와 의미는 매우 차이가 크다. 가볍게 만나는 성적 만남의 사람들은 혈통이 성이라는 줄에 통합되는 보물의 가치가 있다는 것을 모른다. 성적 만남의 결실들은 하나님이 인간에게 부여한 최대의 축복이며, 가치이다. 그런데 가볍게 만나는 성적 만남은 이렇듯 소중한 보물들을 놓쳐버리는 무의미한 만남이 될 수밖에 없다.

성적 만남은 순간과 영원의 가치가 함께 스며 있다. 사랑·생명·혈통의 가치로 연결되는 성적 만남은 나의 삶의 의미를 영원한 가치로서 격양시켜 준다. 사랑·생명·혈통은 영원한 속성을 지니고 있기 때문이다. 단 한 사람의 만남을 추구하는 사람은 영원한 가치와 의미를 추구하고 실현하는 사람이다.

인생에서 단 한 사람이라는 의미는 대단히 값지고 소중한 의미이다. 두 남녀의 만남이 서로에게 단 한 사람의 의미를 지닌 만남이 된다면 이 세상에 무엇보다 값진 만남이 될 것이다. 이 세상에 유일한 만남만큼 귀한 만남이 어디 있겠는가? 유일한 만남을 준비하기 위해 알지 못하는 미래의 상대를 위해 고귀한 순결을 선물하려는 태도는 자신의 가치를 가장 고귀하게 높이는 태도일 것이다.

누구나 상대에게 자신이 단 한 사람의 의미와 가치 있는 사람이 되고 싶은 속성이 있다. 그냥 많은 사람들처럼 스쳐가는 대상이 되고 싶지 않다. 그래서 처음 경험하는 첫사랑, 첫 키스를 아무하고나 쉽게 하고 싶지 않다. 상대방의 마음에 영원히 기억될 수 있는 가치 있는 만남을 하고 싶어 한다.

남녀의 만남 가운데 첫 만남에서 가장 소중한 선물은 소중한 나 자신이다. 그 어떤 보석보다 소중한 선물은 나의 순결한 첫사랑을 선물하는 것이다. 첫 경험을 놀이처럼, 오락처럼, 장난처럼 스쳐가는 쉽게 만나는 성적 만남은 얼마나 무의미하며, 허무한 만남이 될 것인가?

가장 행복한 삶은 공익성을 가진 사랑의 만남, 즉 단 한 사람과의 만남을 준비하는 것이다. 순결한 나를 선물로 주기 위해 영원한 가치의 만남을 준비해야겠다. 그리하여 가족과 친지, 친구들, 모두가 축복해주는 날에 영원한 만남의 단 하나뿐인 첫 경험으로 영원한 축제의 행복감을 만끽하자.

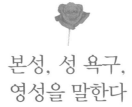

본성, 성 욕구,
영성을 말한다

프리섹스이론의 원조인 프로이드는 인간 마음을 움직이는 근저에는 '리비도'라는 성 에너지가 작용하며, 인간이 유아기부터 단계적 성장과정과 더불어 나타나는 성 에너지 표출이 충족되지 못할 때 신경증이 발생한다고 주장하였다. 프로이드의 이론은 인간 마음의 근본 에너지가 '심정'이라는 것을 모르는 무지에서 신경증을 치료하고자 노력한 것이 잘못이었다.

인간의 본성은 하나님의 자녀로서 닮기 법칙에 따라 하나님의 심정을 닮은 심정적 존재이다. 심정이란 사랑을 통하여 기쁘기 위한 억누르려야 억누를 수 없는 충동이다. 하나님이 인간을 중심한 우주 만물을 창조하신 동기가 바로 하나님이 심정적인 존재이시기 때문이다.

본성과 하나님의 참사랑

하나님은 심정충동에 의해 사랑함으로써 기쁘고자 대상이 필요하셨다. 대상을 창조하기 위하여 창조목적이 수립되어야 한다. 하나님이 인간을 창조하시려는 목적은 첫째, 무형의 하나님이 인간을 통하여 유형의 체를 쓰시고자 하셨다. 둘째, 체를 쓰신 하나님이 그의 형상을 닮은 자녀를 번식하여 가정에서 3대권과 4대 심정권을 완성하려 하셨다. 셋째, 완성한 인간에게 환경을 주관하는 권한을 주시어 인간과 더불어 자연 환경을 주관하려 하셨다.

따라서 하나님의 창조목적에 의한 인간의 존재목적은 하나님의 심정을 닮아 자녀로서 완성하는 것이다. 첫째, 하나님이 거하시는 성전이 되어야 하며, 둘째, 하나님이 축복하시는 결혼을 통하여 부부를 이루어 하나님을 닮은 자녀를 낳아 가정완성으로서 3대권과 4대 심정권을 완성해야 한다. 셋째, 그런 터전에서 환경을 주관해야 한다.

하나님의 인간을 비롯한 우주 만물의 창조는 우연히 이루어진 것이 아니라 심정충동에 의해 사랑의 대상을 맞이하려는 필연적인 동기에서 이루어졌다. 대상을 창조하기 위한 하나님의 심정충동은 인간에게 그대로 상속되어 인간 역시 창조성을 갖게 된다.

존재목적을 이루기 위한 과학의 발달과 예술의 발전은 인간의 창조성에 의해 이룩된 좋은 예이다. 인간은 자신의 인격 성장을 위해 부단히 노력하며 새롭게 성숙된 인격 창조에 심혈을 기울여야 한다. 또한 자녀를 낳아 새로운 혈통을 이어가는 일은 인간의 창조성 중에서 하나님이 주신 가장 귀한 선물이며, 가장 위대한 창조의 기능이다.

인간이 자녀를 탄생시키는 창조의 힘을 상속받지 못했다면 인간의 역사는 존속될 수 없을 것이다. 인간 타락으로 인해 가장 귀하고 소중한 자녀 탄생의 창조성의 가치를 모르고 죽음의 문화를 조성하는 낙태 사례가 죄의식 없이 일어나는 현상은 매우 안타까운 현실이다.

하나님의 참사랑은 심정충동의 외적인 표현이다. 참사랑은 창조의 과정에서부터 무한한 소망으로 표현되었다. 인간이 타락했을 때 하나님의 심정은 억제할 수 없는 슬픔의 경험을 통하여 긍휼의 사랑으로 표현된다. 창조과정에서 하나님의 무한한 기쁨은 인간 타락의 결과 끝없는 한과 슬픔으로 나타났으며, 하나님의 참사랑은 인간 구원의 고통스런 과정에서 용서와 돌보심과 포용의 은혜로 희생적 사랑으로 나타나게 되었다.

인간의 경우, 심정충동에 따라 참사랑으로 표현되며, 이는 가정에서 가족 상호 간 조화로운 관계 속에서 표현된다. 참사랑의 본질은 무조건적이며, 불변적이며, 영원하다. 참사랑의 구현은 위해서 살며, 보다 더 큰 전체를 위해서 살 때 가능하다. 참사랑의 방법은 먼저 주고 나중에 받게 되며, 자기 존재위치에 따라 순응하는 것이다. 또한 참사랑은 인격체 구현을 위한 절대적 토대가 된다. 참사랑의 실체가 되는 것은 개인의 노력에 의해 심정을 개발하고 발전시키느냐에 따라 다양하게 나타난다.

심정은 지·정·의知·情·意의 기능을 조화롭고 균형적으로 발전시키는 충동이다. 하나님을 닮아서 창조된 인간의 지·정·의 기능은 무엇인가를 알고, 느끼고, 행동하도록 하나님으로부터 생득적으로 부여받았다. 그러므로 인간은 무엇이든지 알고 싶고, 탐구하고 싶고, 배우고 싶고, 느끼고 싶은 욕구를 가지고 있으며, 그 욕구를 행동으로 실현하고자 한다.

인간은 자기 주변에 일어나고 있는 상황에 대한 관심과 호기심의 연결고리 속에서 살아가고 있다. 이러한 관심과 호기심의 충동적 근원이 바로 심정이다. 만일 인간이 이 세상에서 일어나고 있는 그 무엇에도 관심을 갖지 않는다면, 인간의 심정의 특성이 없다면, 인간의 삶은 아무런 의미가 없을 것이다. 심정충동은 인간의 지·정·의 기능을 촉진시키는 원천이다.

많은 학자들은 지·정·의 기능개발에 초점을 맞추었다. 그 이유는 보다 더 근원적인 심정을 몰랐기 때문이다. 따라서 지·정·의 기능을 촉진시킬 수 있는 원천인 심정충동을 개발하고 발달시킴으로써 도덕성 발달과 인격자 교육이 가능하다.

미국의 인성교육자 토머스 리코나는 인간의 도덕성 발달의 핵심 요소는 도덕적 앎知, 도덕적 감정情, 도덕적 행동意이라고 주장한다. 그는 도덕적 지·정·의를 교육하고 훈련함으로써 인간이 도덕적 인격체로 성숙될 수 있다고 설명한다. 아리스토텔레스도 역시 지속적 훈련과 실습을 통하여 인간의 지·정·의를 발전시킴으로써 성숙된 인격자가 될 수 있다고 역설한다. 한국교원대학 교수 남궁달화도 역시 지·정·의가 조화롭게 발달되지 않으면 자아실현 및 도덕적 삶의 모습을 찾아보기 어렵다고 강조하면서 지·정·의 교육의 중요성을 말한다.

인간에게 주어진 성욕은 하나님이 주신 본능으로서 축복이다. 성욕은 부부의 쾌락적 성의 친밀감을 돈독하게 엮어주며, 행복감을 느끼게 하면서 사랑을 성숙시키는 촉진제다. 또한 성욕은 자녀를 탄생시키고, 종족을 보존시키며, 부부일체를 이루는 필요조건이지만 충분조건은 아니다.

심정충동의 다양한 작용을 보아 인간본성은 심정충동이 주체가 되어 성 충동을 주관하도록 설계되었다는 것을 알 수 있다. 심정충동은 성 충동보다 근원적이며, 본성을 완성하기 위한 충분조건으로 작용한다. 인간 뇌의 신피질의 작용이 지·정·의 기능을 수행하며, 보다 본질적인 심정충동이 생심의 지·정·의 기능이 주체적으로 작용하도록 충동하기 때문에 심정개발을 위한 가치관교육과 훈련이 필요하다.

심정개발을 위하여 기도, 정성, 극기 훈련, 말씀훈독 등의 끊임없는 개인적 수행이 선행되면서 좋은 관계를 형성할 수 있는 교육과 훈련이 필요하다. 개인적 수행과 좋은 관계를 맺는 부모의 모델적 삶이 자녀들의 심정개발을 위한 좋은 각본이 되는 것은 가정에서 부모교육의 기본이다

인간 뇌구조와 성욕 조절 프로그램

현대사회의 다양한 성 문제는 성 욕구 조절 능력의 결여에서 비롯된다. 혼전 성관계, 미혼모, 미혼부, 낙태, 간통, 성폭력, 근친상간, 동성애, 성 매매 등의 성 문제들이 날이 갈수록 기하급수적으로 늘어나며, 가정파괴현상이 줄어들지 않고 있다. 이러한 성 문제의 동

기나 원인은 개인적 성 욕구의 표출이 무분별하게 이루어지기 때문이다. 그렇다면 인간의 성 욕구 조절이 불가능한 것인가? 아니다. 하나님의 인간 뇌의 설계도는 충분히 인간 스스로 성 욕구를 조절할 수 있도록 프로그램화되어 있다.

인간의 뇌는 새로운 뇌(신피질)라고 일컫는 대뇌 신피질과 오래된 뇌(구피질)라고 일컫는 대뇌변연피질로 크게 나눌 수 있다. 구피질이라고 하는 대뇌변연계는 대뇌 신피질계에 둘러싸여 있다. 이 대뇌변연계에서는 식욕, 성욕, 소속 욕구와 쾌, 불쾌, 분노, 공포 등의 정서를 지배한다.

이에 비해 140억 개의 뇌세포로 구성되어 있는 신피질에서는 여러 가지 감각, 기억, 판단, 사고 작용, 외부변화에 대한 적응, 창조행위, 지·정·의 기능을 통한 진·미·선의 가치추구와 실현 등을 관장할 뿐 아니라 구피질에서 느끼는 본능을 조절해 주기도 한다.

즉 성욕이 일어나도록 만드는 곳은 구피질이고, 그 성욕을 조절하는 곳은 신피질이므로 성적인 욕구는 대뇌에서 관장하고 있다고 말할 수 있다. 인간의 성 의식이나 성행동은 동물과 같이 성 본능대로 행동하는 것이 아니고 대뇌 신피질계에서 후천적 교육과 학습에 의한 가치관에 의해서 그 행동이 이루어진다.

인간의 성욕은 후천적 교육과 학습에 의해 성행동이 이루어지기 때문에 교육과 환경의 영향을 통해서 충분히 다른 방향으로 조절할 수 있다. 동물과 달리 성 가치관을 통해서 성욕을 충분히 조절할 수 있다는 의미이다.

인간의 본능은 하나님이 부여한 본능대로의 존재 가치가 있다. 배가 고프면 무언가를 먹고 싶다고 느끼고, 몸에서 필요하면 그 부분을 채워주기 위해 본능적으로 특별한 그 음식이 요청된다. 사춘기가 되어 섹스에 대한 생각을 하는 것, 그것은 그것대로 인간이 살아 나가는 데 없어서는 안 될 살아가기 위한 에너지이며, 하나님이 주신 축복이다.

단 인간의 성은 그 충동대로 행동해서는 안 된다. 인간의 성은 타인과의 관계를 통해서 이루어지는 것이기 때문에 무분별하게 성욕을 표출한다면 본인뿐만 아니라 타인에게도 부정적 영향을 미칠 수 있기 때문이다. 인간의 성 욕구를 제대로 조절하지 못한다면 인간사회는 무질서한 프리섹스 행동이 만연하게 될 것이고 성의 가치는 땅에 떨어질 것이며, 가정파탄으로 사회가 붕괴될 것이다.

우리는 성 욕구의 존재목적을 인식하여 이것을 조절하는 능력을 배양해야 한다. 성 욕구의 존재목적은 종족 보존을 위한 것과 부부의 사랑을 성숙시켜 나가면서 행복한 삶을 영위하기 위함이다. 더욱 중요한 것은 하나님이 부부 사랑에 함께하여 하나님의 신성이 인간의 몸 안에 거하시기 위함이다.

인간의 성 욕구는 동물과 달리 발정기가 있는 것이 아니라 자신의 자유의지에 따라 성행동으로 언제든지 표현할 수 있으며, 다른 본능인 식욕이나 수면욕과는 차이점이 있다. 수면욕은 잠을 자야만 그 욕구가 충족될 수 있다. 잠자는 것을 다른 것으로 대체할 수 없다. 식욕도 먹어야만 해소 가능하다. 물론 수면의 양과 음식 섭취의 양을 조절하는 것은 개인에 따라 차이가 있으나 어떠한 다른 것으로 수면과 음식 섭취를 대체할 수 없다. 그러나 성욕은 반드시 성행동을 해야만 해소되는 것이 아니다. 성 욕구는 다른 행동으로 얼마든지 대체하여 해소 가능하다. 스포츠를 통하여 성적 에너지를 발산할 수 있으며, 자신이 좋아하는 취미생활, 독서, 음악 감상, 등산, 농촌봉사, 자원봉사, 예술활동, 창작활동 등으로 대체 가능하다.

서로 사랑하는 부부가 반드시 생식기를 삽입하여 성행동을 하지 않아도 서로 눈을 마주하고 차를 마신다거나, 함께 손을 잡고 있거나, 서로 포옹을 하거나, 나란히 걷거나, 그저 함께 있는 그 자체가 성행동의 범주에 들어간다.

인간의 뇌는 동물과 달리 성욕을 절제할 수 있도록 구조되었으므로 후천적인 절대 성 가치관 교육과 환경으로 개개인이 성행동을 주관해야 한다. 인간의 성행동에 대한 미션은 다음의 조건들을 충족해야 한다.

첫째, 성행동은 책임의식을 전제로 한다.
둘째, 성행동은 애정과 신뢰의 토대에서 이루어진다.
셋째, 성행동은 심정적 충동의 발로에서 시작한다.
넷째, 성행동은 서로 노력하여 가꾸어 나아갈 의무가 있다.
다섯째, 성행동은 절대 성가치관에 의해 올바른 성행동으로 가능하다.
여섯째, 성행동은 천도와 참사랑에 의해 이루어져야 그 가치가 신성을 띈다.

하나님이 함께하시는 성욕은 자신뿐만 아니라 상대에게도 성스러운 것이며, 창조적이며, 발전적으로 성장을 위해 필요한 욕구로서 행복과 평화로움으로 인도하는 필요조건이다. 성장하는 자녀의 성욕구 조절 능력을 위한 교육과 환경은 부모의 절대 성의 삶, 그 자체가 살아있는 교육이요, 좋은 환경이다. '부모의 삶은 자녀에게 써주는 삶의 각본'이기 때문이다. 그래서 가정은 사랑의 학교이다.

성욕은 성호르몬, 신경전달물질, 심리, 영성과 관련

성욕이란 하나님이 인간에게 축복으로 주신 호흡이나 수면욕, 식욕과 같이 지극히 자연스러운 본능적인 것이다. 성적 본능성은 사회적, 심리적, 학습적, 영적인 요인을 내포하여 마음의 작용으로 나타난다. 인간의 성욕은 동물과 달리 언제든지 자신이 원한다면 성 욕구를 표출할 수 있는 자유가 부여되어 있으나 그 행위의 결과에 따라 책임이 요구된다. 인간의 성욕은 종족 보존의 욕구와 함께 부부간의 사랑을 결집하여 부부 일체를 이루고 싶은 욕구의 표현이다.

성행동을 촉진시키는 동기는 상대의 인격, 신체 유형, 얼굴 모양, 체취, 음성, 화장, 향수, 복장, 지식, 감수성 등 다양하다. 이성 간의 성행동을 촉발하는 동기를 보면 알 수 있듯이 성욕 발생 과정에는 여러 요인들이 있다.

성욕의 발생 과정은 첫째, 성호르몬과 관련이 있다. 식욕이 혈액 속의 포도당의 양에 따라 좌우되듯이 성욕은 성호르몬, 특히 뇌하수체와 생식샘에 의해서 발동된다. 인간 대뇌의 뇌하수체에서 분비되는 성선자극호르몬의 영향으로 여성의 난소와 남성의 고환을 자극하여 월경과 몽정현상이 일어난다. 그로 인해 성에 대한 의식이 생기면서 성욕을 경험하게 된다. 성욕이란 성장에서 없어서는 안 될 주요한 에너지의 일종이다. 어릴 때에는 호르몬의 양이 적기 때문에 성 에너지의 존재를 인식하지 못하지만 사춘기를 지나면 호르몬이 많아져 성 에너지를 의식하게 된다.

남녀의 성차를 결정하는 것은 유전자이지만 동물의 경우 발정기를 맞이해 실제 성을 관리하는 것은 호르몬이다. 포유류의 수컷들이 공격성을 갖도록 누구한테 배우는 것도 아닌데 성교 시 상위체위를 하거나 허리를 흔들어 대는 것은 바로 호르몬의 영향이다.

그래서 사춘기를 맞이해서 성호르몬이 분비되거나 성욕이나 성관심이 강해지는 것은 이미 신생아기 때부터 대뇌변연계에서 프로그램화되어 있다. 대뇌가 발달하고 성이 생식본능으로부터 독립한 인간도 호르몬의 지배에서 완전히 벗어난 것이 아니다. 여성의 월경주기와 같은 성의 리듬을 잃지 않는 것, 남성의 몽정현상 등도 바로 호르몬의 영향이다.

성욕을 유지하려면 테스토스테론이라는 남성호르몬이 어느 정도 필요하다. 특히 이 호르몬은 에로틱한 환상을 일으키는 데 필수적이다. 여성에게도 이 호르몬이 있긴 하지만 남성에 비해 약 10분의 1에 불과하다. 이처럼 성욕이란 뇌의 기능과 남성호르몬과 직접적인 관련이 있다. 대뇌가 관장하는 식욕, 수면욕, 성욕 등은 이러한 호르몬의 영향을 받는다. 이러한 호르몬 영향들은 자연법칙에 따라 자율성 주관성에 의해 작용하지만 이것을 조절하는 기능은 가치관에 의한 신피질계의 작용에 따른다.

둘째, 성욕 발생과정은 신경과 관련되어 있다. 신경과학이 발달되면서 인간 성행동의 신비의 베일이 하나씩 벗겨지기 시작하였다. 특히 신경해부학과 생화학의 발전으로 성욕의 정체를 해명할 수 있게 되었다. 뇌 속에서 작용하고 있는 여러 가지 신경전달 물질이 오케스트라를 이루어 성욕에 필요한 에너지를 만들어낸다.

인간의 대뇌는 140억 개가량의 신경세포로 이루어져 있는데, 하나의 신경세포는 천 개 내지 약 2만 개까지의 돌기를 가지고 있어서 그만큼의 수많은 신경세포와 연결되어 있다. 이러한 신경세포들끼리 서로 정보를 전달해주고 전달받는 장소인 수용체에 붙어서 중개 역할을 담당하는 것이 바로 신경전달 물질이다.

성욕과 관련이 깊은 신경전달 물질에는 도파민과 세로토닌, 감마 아미노산, 이렇게 세 가지가 있다. 이러한 물질들이 작용하는 부위까지 밝혀져 있다. 간뇌에 있는 시상하부 중에서도 전내측이 시신경 교차 전방이라는 곳이다. 동물실험에서 이곳을 파괴시키면 성적인 행동이 없어져 버린다. 또 신경전달 물질 대신 이곳의 수용체에 작용하는 강화제를 주면 성적인 행동이 증가하고, 수용체의 기능을 막아 버리는 길항제를 주면 성적인 행동을 보이지 않는다.

인간의 성욕을 관장하는 부위도 동물과 마찬가지이다. 특히 사람에게서 볼 수 있는 성욕의 중추는 남자가 여자보다 두 배쯤 커져 있다. 그래서 성 범죄가 남성한테 더 흔하다. 나이가 들어감에 따라 이 시상핵의 크기가 줄어들기 때문에 노인들의 성욕은 당연히 감퇴된다.

셋째, 성욕은 심리적 관계가 있다. 인간의 성욕은 생리적 작용인 호르몬, 신경물질의 영향을 받을 뿐만 아니라 성적 행동을 유발시키는 심리적 작용을 통해서 성행동으로 나타난다.

성욕이 강하게 일어나는 시기는 사춘기이다. 성 가치관이 정립되지 않은 상태에서 성에 눈뜰 무렵, 마음에 드는 이성으로부터 좋아한다는 어떤 메시지를 받는다든지, 대중매체를 통해서 사랑하는 장면을 본다든지 성행위를 촉발시키는 토크쇼나 노래가사를 통하여 성적 자극을 받게 되면 생리적 성 에너지가 본능심리인 성욕으로 바뀌게 된다. 즉 성적 자극요인이 생리적 작용을 촉발하여 성적 본능을 충동하게 된다.

성관계는 영성과 일정한 질서 안에서 행복감 보장

인간은 성욕을 분출함으로써 남녀가 어떠한 언어보다도 서로의 사랑의 감정을 교류하며 나누면서 공감대를 형성하여 하나 되는 경험을 할 수 있고, 육체적 쾌락을 통해서 만족감, 소속감, 연대감을 느낄 수 있으며, 최대의 행복감을 느낄 수 있다.

그러나 모든 성욕의 분출결과가 그런 행복감을 부여하지 않는다. 성은 누구에게나 보편적인 윤리·도덕적인 법칙이 적용되므로 성관계에서 일정한 질서가 있기 때문에 그 질서 안에서 행복감을 보장받게 된다. 인간의 성욕은 상대와의 관계를 통해서 자신이 원하고 상대가 원할 때 이루어지는 것이므로 상대에 대한 책임의식과 애정, 그리고 상대에 대한 보호와 희생을 바탕으로 표출되는 성행동 차원에서 행복이 따른다.

넷째, 성욕은 영성과 관련이 있다. 영성 관련 성행동이란 부부가 각기 심정충동에 의해 지·정·의 기능이 균형을 이루는 터전에서 진·미·선의 가치를 실현하기 위한 성행동이 이루어질 때 가능하다. 인간의 성욕은 종족보존뿐만 아니라 부부간의 쾌락을 느끼고 충실한 사랑으로 몸과 마음이 일체를 이루면서 하나님이 임재하실 수 있기 위해 주어진 것이다. 하나님이 함께할 수 있는 부부 관계를 위해 성욕의 특권을 부여하셨다.

성관계는 사랑을 중심으로 성숙한 남자와 여자가 결혼이라는 의식을 통해서 오로지 자신의 배우자와 성욕을 표출해야 하는 보편적 원칙이 있다. 이러한 원칙 내에서 부부 성행동이 이루어질 때 영성 관련 성행동이 가능하다. 부부 중 어느 한쪽이 마음만으로도 외도를 한다면 당사자는 물론 그들의 가족이 피해를 입게 된다. 마음의 중심이 엉뚱한 곳에 있으니 가족들에 대한 관심이 줄어들 수밖에 없기 때문이다.

외도는 개인적으로는 자신의 양심을 속이는 것이고, 하나님을 배신하는 행위이며, 배우자와의 관계에서 신뢰와 사랑을 깨뜨리는 것이다. 이 문제는 개인뿐만 아니라 자녀들, 가족들, 친척들에게 고통을 주게 되며, 사회적 문제로 확대된다. 일반적으로 성행동이 사적인 것으로 생각하지만 성행동의 프로그램이 반드시 하나님과 상대와 함께하는 것이므로 공적인 것이다. 그러므로 성행동은 반드시 공적인 결과로 나타난다.

현대사회의 대중매체가 불특정 다수의 대중들에게 주는 메시지는

"연애하면 성관계는 당연하다."이다. 대중매체의 파급효과는 무의식적 저장고에 저장되면서 그 메시지가 몸에 배는 강력한 영향을 주기 때문에 청소년들과 기성세대들이 성행동을 가벼운 오락으로 생각하여 무분별한 성행동으로 범죄를 저지르고 있다.

지금까지 역사적으로 모든 성 교육자들이 인간의 성욕 발생 과정에 대하여 생리적 현상인 호르몬과 신경 전달 물질을 밝혀내고, 심리적 관계를 말하고 있으나 영성에 대하여는 부분적으로 말하고 있다. 그러므로 그 인식에 따라 개인적인 방종으로 무분별한 성행동이 가능하다. 그러나 성행동에서 남녀가 각기 영성을 통하여 하나님과 소통하면서 하나님의 사랑을 경험하는 트리오의 관계를 깨닫게 된다면 함부로 일탈된 성행동을 저지르지 못할 것이다. 성 교육자들과 대중매체의 메시지가 '인간의 성행동의 프로그램 안에 하나님이 함께하시는 부부 일체를 이루는 트리오의 관계'라는 메시지를 주는 순기능적 전환이 절실하게 요청된다.

프리섹스와
순결

인간 조상이 하나님의 계명을 어겼을 때 그들과 모든 자손들은 하나님으로부터 분리되어 생활하게 되었다. 타락 직후, 아담·해와와 하나님과 직접적 대화 관계가 조성될 수 없을 뿐만 아니라 그들은 하나님의 심정도 체화할 수 없게 되었다. 그 결과 그 후손들은 내적 지식, 영적 정신세계의 문제는 물론 외적 지식, 물질세계의 문제에 대해 거의 무지 상태로 전락되었다.

인류의 출현 후, 수천 년 동안 종교와 철학을 통해 인간의 존재 목적과 인간 기원에 관한 질문이 여러 차원에서 제기되었지만 그 해답은 여전히 미궁으로 남아 있다. 마찬가지로 인간의 안전한 생활 지속·유지에 있어 과학의 역할과 기술도 자연재해에서 드러난 것과 같이 거의 자유롭지 못한 상태다.

인간 타락과 프리섹스

인류 역사에 나타난 전통적 종교·철학·과학·기술의 존재 목적은 아담과 해와의 타락에 의해 상실된 인간의 보편적 진리를 구체적으로 발견하는 데 있으며, 한편 하나님과 인간 아담·해와의 본연의 관계를 총체적으로 회복하는 데 있다고 기술한다. 본연의 관계 회복과 보편적 진리의 상실에 의해 하나님 자신은 물론 인간 자체도 크게 고통당하고 있다.

인간 아담·해와의 타락은 하나님과 모든 인간 상호 간의 대화의 단절·분절·굴절을 야기했다. 종교는 인간과 하나님과 본연의 관계 회복을 조력하기 위해 발전해 왔다. 대부분의 전통적 종교들의 기도 형태도 인간과 하나님과의 본연의 대화 회복을 현실화·가시화하기 위해 발전해 왔다. 인류와 하나님과의 본연의 관계 회복을 위한 중재자로서 구세주, 메시아의 존재는 필연적이다. 물론 만약 인간이 타락하지 않았다면, 구원·종교·심지어 기도도 필요하지 않았을 것이다.

하나님을 가장 당황스럽고 수치스럽고 고통스럽게 하는 것은 인간의 프리섹스의 실상이다. 프리섹스는 인간을 위한 하나님의 창조 목적의 설계도와 전혀 배치되는 행동이다. 프리섹스는 인간의 순수성·생명성·영성·정체성 등을 전적으로 무시·홀시한 행동이다.

인간의 라이프 사이클에서 프리섹스를 통해 나타난 다양한 차원의 배신과 이혼의 잔혹성, 그리고 그 아픔과 고통의 참상의 굴레를 우리는 어떻게 무엇으로 매듭지을 것인가? 인간의 하룻밤 정사 행위에 하나님의 위치는 어디인가? 이혼부모에 의한 성적 학대를 받는 아이들의 악몽은 어떻게 표현될 것인가? 프리섹스는 그야말로 악몽 자체다. 이 프리섹스에서는 어떤 가치도 논의될 수 없을 것이다.

사람의 마음이 바뀌어야

그렇다면 성 문화를 어떻게 하면 바로 세울 수 있을까. 그것은 인간 조상의 타락 이후 유전돼온 타락성을 제거하는 것이다. 결국 마음이 문제라는 것이다. 이 타락성을 어떻게 뿌리 뽑을 것인가 하는 것이 가장 중요한 과제이다. 물론 조상 대대로 면면히 이어 내려오는 조상들의 DNA, 세포로 구성된 사람의 마음속에 깊이 자리 잡고 있는 타락성을 근본적으로 뿌리 뽑는 것은 하루아침에 되는 것이 아니다.

먼저 우리 몸의 세포 세포에 숨어 있는 악령과 한 많은 영을 분립하여 영성을 맑게 해야 할 것이다. 그리고 꾸준히 몸을 다스리는 훈련을 통하여 매 순간 순간 마음과 몸이 통일되는 훈련이 필요하다. 하늘 앞에 올리사랑으로 먼저 매사에 감사함을 느끼게 되면 자연적으로 겸손함이 몸에 밴다. 겸손해지면 섬기는 마음이 생긴다. 감사하는 마음으로 충만해야 자신을 중심한 욕구의 마음을 모두 내려놓을 수 있다. 자기를 중심한 욕망을 송두리째 내려놓으면 그렇게 자유로울 수가 없다. 시기, 질투, 고집, 혈기를 부릴 이유가 없다. 그저 감사할 뿐이다. 감사한 마음이 절로 샘솟듯 끊임없이 되뇌어지니 얼마나 감사한 일인가? 그리고 진리 안에서 자유로움을 느끼니 얼마나 행복한가?

그러나 우리만 이렇게 자유로운 마음으로 행복을 만끽하면 되겠는가? 모든 인류가 하늘의 자녀들인데 타락성에 찌들어 있으면서도 그것을 인식하지 못하고 살고 있는 것을 보면서 우리 주변과 사회를 하늘 편으로 복귀시키려니 우리는 부단히 악과 싸우면서 그들을 사랑할 수밖에 없다.

개신교나 가톨릭 신자, 청년대학생들의 성의식, 성행동에 대한 실태조사 결과를 보니 우리 사회 전반적인 청소년들의 성 행태가 어느 정도로 심각한지 짐작할 수 있게 된다. 지난 10월에 성의식 조사 대상은 청년대학생들로서 독실한 신앙인들이었다. 교리를 교육하는 지도자들, 그리고 봉사단들, 성가대원들이었다.

성의식의 조사결과는 다음과 같다. 성관계 경험이 58%, 원 나이트 성관계 경험이 30%, 성관계와 결혼이 무관하다고 생각하는 사람이 36%에 이르렀다. 그리고 사귄 후 성관계까지 얼마나 걸리는가 하는 질문에 결혼 후는 겨우 10%이고 나머지는 일주일, 한 달, 6개월 등 혼전 성관계가 90%였다. 사귀는 것과 성관계는 무관하다고 생각하고 성관계하는 사람이 33%나 되어서 충격적인 결과가 나왔다. 이것은 결혼할 청년들 가운데 순결한 사람은 10명 중에 겨우 한 명 꼴이라는 결과이다.

결과적으로 청년들은 신앙 따로, 성행동 따로, 사랑 따로, 결혼 따로, 자녀 출산 따로의 삶을 살고 있다. 남녀가 다르지 않게 혼전 성관계는 이제 자유롭게 당연시하는 세태가 되어버렸다. 신앙인들이 이정도면 비 신앙인들은 더 말할 나위가 없다고 추정할 수 있다. 우리 사회가 어쩌다 이렇게 타락하게 되었을까? 현실의 삶엔 더욱 타락의 길을 걷는 사람들이 늘어만 가고 있다. 미래 사회가 어찌 되려나 생각하니 통탄할 일이다. 심각하여 잠을 깊이 잘 수 없어서 자다가도 벌떡 일어나게 된다.

인간의 의식은 문화를 통하여 호흡하므로 그 문화가 주는 메시지에 암묵적으로 교육받고 의식화되어 몸에 밴다. 성의식 또한 대중문화, 대중매체의 영향을 받게 된다. 우리 사회의 영상매체는 왜곡된 성을 상품화하여 '성=즐기는 도구'화하는 데 큰 몫을 담당하였다. 이런 의식은 자동적으로 '타인=내 쾌락의 도구'가 되어 버렸다. 그래서 신앙하는 청년들이 자신도 모르게 '원 나이트 섹스One night sex'를 한다. 아무런 죄의식 없이 사랑이나, 결혼과는 상관없이 하룻밤 사이에 처음 만난 남녀가 서로 '묻지 마 섹스'를 즐기는 세태가 되었다.

자녀 순결교육이 부모의 첫 번째 사명

'성=즐기는 도구'라는 성의식이 몸에 밴 인간관을 가진 사람들은 결혼 이후에도 온전히 자신의 배우자를 지켜주기 어렵다. 혼전에 자유로운 성관계가 몸에 밴 사람들이 결혼 후에는 그러지 말라는 법이 없기 때문이다. 이런 사람들로 구성된 가정이 행복하겠는가? 결국은 고통과 아픔으로 이혼하게 된다. 그렇게 되면 우리 사회는 붕괴되기 시작한다.

'성관계는 OK, 임신은 NO'의 성 의식을 갖는 사람들은 피임도구만 사용하면 된다는 단순한 생각을 갖고 있다. 대중매체가 임신은 콘돔이나 피임방법으로 막으면 된다는 생각이 보편적 가치가 되어 버린 대중들로 세뇌시켜 버린 것이다. 우리가 죄를 짓는 것은 마음에서부터 시작된다. 그리고 말로 죄 짓고 행동으로 죄를 범한다. 피임마인드는 생각부터 죄를 짓는 것이다.

피임마인드는 'Sex는 Yes, 생명은 No'라는 의지가 깔려있다. 하나님이 주시는 생명을 거부하겠다는 생각이며 혹시 피임에 실패하면 원치 않는 태아를 낙태하겠다는 의지가 내면화되어 있는 생각이므로 범죄이다. 더 나아가서 배우자가 아닌 상대와 다양한 성행동을 실행하겠다는 의지가 담겨있으며, 그 생각을 행동으로 실행할 때, 생식기 주인의식에서 벗어나 천법을 범하는, 가장 근원되는 원죄를 다시 범하는 큰 범죄행위가 된다.

문화는 종교나 사상으로부터 대중문화로 확산된다. 대중심리의 성본능을 자극하는 대중문화의식의 뿌리는 다름 아닌 프리섹스를 부추기는 원조 학자인 정신분석심리학자 프로이드와 그의 제자 마르쿠제의 사상이다. 오늘의 대중문화는 그들 외의 많은 프리섹스 이론의 학자들의 주장으로부터 흘러나온 성적 범죄의식의 확산이다.

프로이드에 의하면 에로스는 생명의 본질이며 그 본질은 성적 본능, 즉 성욕이며 에로스를 일으키는 원동력은 리비도라고 주장하였다. 그의 제자 마르쿠제는 한발 더 나아가서 에로스가 억압받지 않는 개화된 에로스 문명을 추구하고 실현하고자 시도하였다. 그는 에로스 문명이 실현되기 위해서는 "다시 원죄를 범해야 한다."고 주장하면서 "우리는 다시 한 번 지혜의 나무에서 지혜를 얻어야 한다."고 강변하였다. 그리고 그는 에덴동산의 아담, 해와의 후손들에게 하나님의 계명을 거역하기를 촉구하는 패턴을 프로그램화하였다.

프로이드와 마르쿠제는 하나님의 참사랑의 뿌리인 심정의 하나님을 거부하면서 인간의 성적 본능인 리비도로 대체시킨 이론적 사탄의 실체다. 더욱이 에덴동산의 성 범죄를 다시 재연시켜야 한다고 강변하면서 구체적인 프리섹스 성행동 프로그램까지 만들어내었다. 오늘의 대중문화는 학문적 이론을 바탕으로 거대한 자본가와 기업체, 그리고 사회운동가들이 혼합해서 만들어낸 합작품이다.

오늘의 대중들은 신앙인들조차 내적으로는 이런 대중문화가 무의식적으로 몸에 배어 무분별한 성행동을 하면서 죄의식 없이 외적으로는, 교회에 가서 찬송 부르고, 교리를 교육하고, 봉사하는 어엿한 인격자적 이중인생의 삶을 살아가고 있다.

부모들의 사명은 자녀의 순결을 지키도록 교육하는 것이 첫 번째 사명이다. 우리 자녀들이 대중문화에 의해 병들어가고 있는 현실을 직시하면서 기성세대들이 본보기 노정을 걸어가며 그들을 감동시키며 교육해야 한다. 이제 우리는 합심하여 미래사회를 짊어질 자녀들에게 순결에 대한 식별력과 분별력을 심어주는 교육을 철저히 하지 않으면 안 되겠다.

감사의 마음을 비롯한 다양한 미덕을 일깨우는 훈련프로그램에 참여하여 부모 자신과 자녀들의 마음에 잠자고 있는 미덕들을 일깨우고 길러내는 촉진자의 역할을 해야 할 것이다. 우리 모두가 절대 성(내가 당신만의 단 한 사람의 사랑)교육에 힘써야 할 때다. 절대 성교육의 중요성을 아무리 강조해도 부족하다.

쾌락의 성문화와
심정문화의 거리감

　현대인들이 자유분방한 성행동을 하도록 부추기는 성해방의식을 뿌리 깊게 인식하게 만든 대표적 심리학자가 있다. 정신분석학자 프로이드이다. 그에 의하면 히스테리의 열쇠를 푸는 것은 성적 충동이며, 그것이 억압당하면 노이로제의 증상이 일어난다고 설명한다.

　그가 주장하는 것은 노이로제의 거의 모든 문제가 유아기까지 거슬러 올라가며, 유아기의 성적 학대가 노이로제의 원인이라고 생각한다. 그는 어떤 증상에서 출발했다 할지라도, 마지막에는 반드시 성적 체험의 영역에 도달해야 인간의 마음병이 치료된다고 주장한다.

　또한 프로이드는 남아의 오이디푸스 콤플렉스 이론을 정당화하면서 인간의 마음작용을 왜곡하고 있다. 그리스 신화에 근거해서 어린 남아는, 어머니에 대해 성적 관심을 품고, 어머니를 독점하고 싶어서 아버지에 대해 미움의 충동을 품는다고 말한다.

인간을 근저에서 움직이는 심정

프로이드는 인간 마음작용의 뿌리를 잘못 알고 있다. 인간을 근저에서 움직이고 있는 것은 성적 에너지가 아니라, 심정이다. 본래 창조 본연의 부모와 자녀관계에서 부성애와 모성애는 성적 사랑과 전혀 상관이 없다. 딸이 아버지를 위하는 효심과 아들이 어머니를 위하는 효심도, 성적 사랑과 전혀 관계가 없다.

마음의 상처가 되어 신경증을 일으키고 있는 본질적인 것은 유아기의 성적 리비도의 고착이 아니라, 심정心情의 상처이며 사랑의 상처다. 성적 고착도 상처의 일부가 될 수 있지만, 그것이 전부가 아니다. 보다 더 근본적으로 사랑의 상처다. 부모와 형제자매로부터 혹은 주변 사람들로부터 냉정하게 취급되거나 학대되거나, 주위 사람으로부터 괴롭힘으로 시달리거나 좌절당한 것 등이 마음속에 사랑의 상처로서 남고, 그 상처를 받은 심리 상태가 퇴행함으로써 생긴다.

프로이드의 오이디푸스 콤플렉스란 부모가 자녀를 사랑하는 부모의 사랑과, 자녀가 부모를 사랑하는 자녀의 사랑에 비뚤어진 성적 사랑을 혼입시켰기 때문에 생긴 것이다. 인간 시조의 타락에 의해 남녀의 성적 사랑이 가정의 사랑 전체 속에 혼입하게 된 것이다. 그 결과 근친상간이 생겨나고 오이디푸스 콤플렉스 같은 것도 생기게 되었다.

자녀는 어머니의 포근한 사랑의 품에 안기어서 따뜻한 마음으로 성장하고, 아버지 사랑으로 용기 있고 힘차게 성장한다. 자녀에겐 어머니 사랑과 아버지 사랑이 모두 필요하다. 이처럼 부모의 사랑 안에서 자녀는 심리적으로, 신체적으로, 정서적으로, 사회성을 기르면서 성장해 간다.

자녀가 부모에게 효도할 때 부모는 그런 자녀의 사랑을 귀하게 생각하면서 더 한층 자녀를 사랑하게 된다. 이 같은 본연의 부모의 사랑, 자녀의 사랑은 성적 사랑과 전혀 관계가 없다. 결국, 그리스 신화도, 프로이드의 주장도, 근친상간도 타락한 사랑의 비뚤어진 비원리적인 사랑을 표현한 것이다.

에리히 프롬도 "프로이드의 주장이 잘못되었던 것은 그의 전제 때문에 잘못될 수밖에 없었다."고 말한다. 프로이드의 잘못은 어머니에 대한 애착을 본질적으로 성적 성질을 가진 성애라고 이해한 것이기 때문이다. 이것이 잘못된 것이라는 실례를 들어보면 신경증, 노이로제 환자가 충분한 성적 오르가즘을 경험하여도 행복해하지 않고 신경증이 고쳐지지 않는 경우가 많다.

프로이드를 중심으로, 그의 추종자들, 라이히, 엘리스, 마르쿠제 등의 오류들로 인해, 마음작용을 바라보는 학문적 시각에서 심정이 아니라 성적 본능성에 초점이 맞추어진 잘못을 범하고 있다. 인류 역사에서 이들의 왜곡된 마음작용 분석이 지금까지 성해방의 불씨를 붙인 것으로써 인류에게 지극히 왜곡된 영향을 미치고 있다.

병은 오진을 하면 치료방안이 잘못되어 오히려 건강을 해칠 수 있다. 반면 원인을 정확히 알면 그에 맞는 치료방안이 가능하다. 인간은 심정적 존재로서 마음작용을 하고 있다. 인간이라면 누구나 기쁨과 행복을 추구하면서 살고 싶어 하는 것이 바로 그 증거이다. 이것은 인간이 언제나 기쁨을 얻고자 하는 충동을 가지고 살고 있음을 뜻한다. 그럼에도 불구하고 이때까지 대부분의 인간들은 참 기쁨, 영원한 기쁨을 얻지 못하고 있음도 또한 사실이다.

인간의 심리적인 문제는 유아기의 체험뿐만 아니라, 인간과 혈연적으로 연결된 영계의 선조들의 마음의 상처, 슬픔, 원한, 미움 등도 포함된다. 선조들의 마음의 상처에는 남으로부터 받은 상처와 남에게 준 상처가 있다. 남에게 준 상처는 상처를 받은 사람의 원한이 되어 지상의 자손들에게 영적으로 그 현상이 나타나고 있다. 따라서 마음의 병의 해결은 개인의 유아기에서 정신적인 치료만으로는 충분하지 않으며, 영계까지 거슬러 올라가 선조들의 마음의 상처까지 해결해야 한다.

칼 융은 개인의 의식의 밑에는 개인적 무의식, 즉 개인의 경험에 유래하는 억압당한 기억이나 욕망이 가로놓여 있다고 하지만 더욱 깊은 곳에 집단적 무의식, 즉 자신들의 선조로부터 상속된 기억이나 행동 패턴이 있다고 생각했다. 융의 심리학은 하나님에 대해서 잘 모르지만 심정적 인간을 이해한 것이다.

마음의 상처를 치유하는 것은 참사랑에 의해 유아기의 심적 상처를 치유할 뿐만 아니라, 영적으로 선조의 마음의 상처를 치유하는 것도 필요하다. 심리적인 치료뿐만 아니라 영계의 선조 해원과 정신요법, 그리고 생리학적 치료도 병행해야 한다.

기쁨을 느끼려는 인간의 노력은 대부분 금전이나 권력, 지위나 학식에서 그것을 찾고자 하거나 진리를 탐구하고 이타적 삶을 살려고 노력은 하지만 실제로 그렇게 잘 되지 못하고 있다. 작은 것이라도 나누어 보면 그 기쁨을 느낄 수 있다. 함께 공유하고 나누고 공명하는 삶은 작은 실천에서부터 찾을 수 있다. 감사하는 마음을 나누고, 작은 것에 감동할 수 있는 순수한 마음을 나누고, 격려하는 마음을 함께하고, 배려하는 마음으로 소통하고, 용서하는 마음으로 감화되고, 이런 잔잔한 마음의 미덕들의 표현이 사랑하는 심정의 작용을 통해 감동을 느낄 때 마음의 변화가 온다.

감동을 주는 심정작용을 통하지 않고는 어떠한 마음의 변화도 어렵다. 신경증 치료는 마음의 감동으로부터 시작한다. 상대와 심정의 공명권이 이루어질 때, 마음의 감동이 밀려오면서 눈물이 흐른다. 눈물이 흐르는 감동을 경험할 때, 마음이 변화, 치료된다.

대부분의 사람들이 기쁘고자 하는 욕망이 충족되지 않으며 감동이 없는 것은 상대와 심정적 공명권을 이루지 못하기 때문이다. 기쁨이 사랑을 통해서만 얻어질 수 있는 것은, 그 기쁨의 뿌리가 사랑의 본체인 하나님에게 있기 때문이다. 사랑의 본체인 하나님과 연결이 안 되면 감동이 느껴지지 않으며, 영속적인 기쁨이 불가능하다. 심정의 뿌리가 하나님이므로 하나님을 닮은 심정이라야 감동이 밀려오고, 참된 기쁨을 느낀다.

우리 사회에 하나님을 모르는 사람의 행동이 감동을 주는가 하면 하나님을 아는 사람의 행동이 감동을 주지 못하는 경우가 있다. 그것은 하나님을 아는가, 모르는가보다 행동내용이 하나님의 심정의 채널과 맞추어졌는지 아닌지에 달려있기 때문이다. 그래서 하나님은 하나님을 아는 자든지 모르는 자든지 만인에게 기쁨과 사랑의 만능이고 전능이다.

진리의 소리는 거짓된 포장을 뚫는다

드라마에서, 영화에서, 뮤비에서 그려지는 프리섹스는 너무나 지고지순한 사랑으로 다가간다. 그래서 대중들이 주인공이 되어 프리섹스가 가장 자연스럽고 아름다운 사랑으로 인식된다. 그 내용들이 불륜이고, 동성애이고, 혼전 동거이며, 프리섹스임에도 불구하고 말이다.

대중문화의 왜곡된 지고지순한 아름다운 사랑과 성의 거짓된 포장이 대중들의 양심의 빛을 가리고 있다. 양심의 불빛이 밝게 켜진 대중들은 이러한 유혹적인 내용들이 거짓된 포장임을 바로 알아차린다. 그러나 아직 가치관이 온전히 수립되지 못한 유·청소년들이나 물질주의와 쾌락주의에 젖어 있는 가해자나 피해자들은 분별력을 기대하기 어렵다.

사람은 누구나 하나님의 로고스를 닮아 지음 받은 존재이므로 태어날 때부터 규범적인 존재로서 태어나서 그 열매인 미덕들을 일깨우면서 성장하도록 구조되어 있다. 가정에서 부모로부터 선악의 분별력과 식별력을 배우며 미덕들을 일깨우면서 성장하게 된다면 결코 도덕 윤리를 벗어나는 의식과 태도, 그리고 행동이 있을 수 없다.

그러나 현실은 그렇지 못하다. 오늘의 유·청소년들은 오히려 부모들로부터 무의식적으로 물질주의적, 쾌락주의적 의식과 태도를 배우며 자라고 있다. 학교에서도 또래친구들과의 경쟁 심리, 욕설, 친구를 왕따 시키는 문화 환경에서 또래와 선배들 간의 협력관계보다는 경쟁에서 살아남기에 급급한 환경에서 성장한다.

그뿐 아니라 유아와 청소년들을 포함한 대중들은 왜곡된 성과 사랑에 대하여 미디어로부터 암묵적으로 배우면서 빼앗기고 있는 것들이 무엇인지 인식하지 못한 채, 자신의 모습을 만들고 있다. 미디어가 대중들에게 주는 메시지는 '섹스는 즐거운 것'으로 인식하게 한다. 드라마, 영화, 연극, 게임, 애니메이션, 뮤비 등이 주는 메시지가 온통 '섹스는 즐겁다'이다.

과연 '섹스는 즐거운 것'뿐인가? 물론 즐거운 섹스는 인간에게 하나님이 주신 특권이다. 그 특권은 원칙이 따르고 책임이 따르는 특권이다. 결혼한 부부가 준비된 환경에서 출산하여 건강한 자녀로 잘 양육할 책임을 질 수 있을 때 허락한 특권이다. 미디어가 주는 메시지는 원칙과 책임을 배제하고 있다.

원칙이란 우주의 보편적 법칙을 따르는 것이며 그 법칙 안에서 안정과 질서와 발전이 있을 수 있다. 그 법칙을 벗어나면 개인과 가정과 사회 그리고 우주의 질서는 무너지기 시작한다. 그 우주의 법칙이 인간 개개인과 가정 안에서 그대로 적용이 된다. 인간 개개인은 소우주이기 때문이다.

원칙 안에는 절대 성의 본질이 있다. 그 본질은 하나님으로부터 닮아서 물려받은 것이다. 첫째, 몸과 마음이 하나 되는 본질이 있다. 마음의 작용인 생심(진, 선, 미, 사랑)의 가치를 추구하고 실현하는 작용이 주체가 되고, 몸의 작용인 육심(의, 식, 주, 성)의 가치를 추구하고 실현하는 작용이 대상이 되어 주체와 대상이 하나 된 작용으로 주고받으면 그 성은 거룩한 성이 된다. 이때 성은 혼전이므로 순결을 유지해야 거룩한 성이다.

둘째, 생심과 육심의 작용이 원만한 수수작용을 하는 양성의 실체인 남자와 음성의 실체인 여자가 결혼을 통한 성관계를 실현함으로써 절대 성으로서 거룩한 성, 행복한 성이 된다. 이 두 가지 원칙을 벗어나면 추한 성, 불행한 성이 되어버린다. 우주의 보편적 법칙을 벗어났기 때문이다. 보편적 법칙을 지킨 성은 절대 성이 되고, 벗어난 성이 곧 프리섹스이다.

이제 프리섹스의 문화는 끝을 내야 한다. 프리섹스 문화를 끝내기 위해서는 대중들이 프리섹스에 대한 분별력, 식별력을 갖추도록 먼저 깨달은 자들이 진리의 목소리를 내야 한다. 기성세대들이 돈을 벌기 위해 온갖 패악을 다 부려도 그래도 희망이 있는 것은 사람에게는 하나님이 부여하신 양심의 빛이 있기 때문이다. 양심의 빛은 아무리 거짓된 포장으로 겹겹이 싸여져 있어도 한 켜, 두 켜, 진리의 목소리로 벗겨진다. 양심의 빛은 그 무엇으로도 가릴 수 없으며, 외면할 수 없는 밝은 빛이다. 양심이 있으므로 우리는 잘못했음을 알고, 보편적 원칙을 벗어났을 때 기준을 벗어남을 알게 되고, 절대 성의 진실을 깨닫게 된다.

양심과 진리의 빛으로 프리섹스 문화 종식시켜야

양심은 세상의 거짓과 진실을 식별할 수 있는 밝은 빛이다. 우리가 나의 양심에 따라 올바른 삶의 방향을 바로잡아 사는 것처럼, 가해자들도 양심의 빛을 지니고 있으므로 참과 거짓을 구별하게 되어 이 세상의 어두움을 밝음으로 환원시킬 수 있다. 그래서 하나님은 인간의 양심을 믿고 참고 기다리신다. 우리도 하나님처럼 가해자들의 양심을 믿고 꾸준히 진리의 목소리를 내며 기다려야 한다.

진리의 목소리는 거짓된 포장을 뚫고 들어가서 양심의 빛과 만난다. 진리의 목소리는 하나님의 빛이기 때문이다. 하나님의 빛은 가장 강렬한 빛이므로 아무리 거짓된 포장이라도 뚫고 인간의 양심의 빛을 만나 인간 스스로 자신의 과오를 깨닫게 한다.

인간은 아무리 악한 자라도 누구나 이상적인 삶, 본연의 삶을 그리워하기 때문에 하나님의 빛을 그리워한다. 즉 진리의 목소리를 그리워한다. 깨달은 자들이 합심하여 진리가 근간인 미덕들의 목소리들의 반경을 넓혀 나아가야 한다. 단지 시간이 걸릴 뿐이다. 시간을 단축시킬 수 있는 방안은 그들이 프리섹스에 대한 분별력, 식별력을 가질 수 있도록 하나님의 빛인 진리의 목소리를 지속적으로 내는 것이다.

하나님의 빛은 전체, 전반, 전권, 전능의 힘이 있다. 끊임없이 지속적으로 하나님의 빛의 목소리를 내면 전능의 힘으로 거짓된 포장을 뚫고 양심의 빛을 만나서 프리섹스 문화는 종식되고, 절대 성 문화가 정착하게 된다.

법칙보다 사랑이
더 강하다

하나님이 인간을 창조하신 동기는 하나님이 심정적 존재로 계시기 때문이다. 심정은 상대를 사랑함으로써 기쁘고자 하는 근원적 충동이다. 우주법칙은 사랑하는 관계의 질서를 유지하기 위해 존재한다.

심정은 지·정·의 활동의 원동력으로서, 하나님과 인간의 종적관계와 인간과 인간의 횡적 관계의 참사랑 구현을 위해서, 하나님의 원력을 받아 만유원력을 생성하는 힘으로서 작용한다. 그리고 법칙은 사랑의 질서와 지·정·의 활동의 질서, 관계의 질서, 그리고 격위의 질서를 위해 기능하면서 미덕들의 열매를 맺게 한다. 인간의 사랑하는 관계와 지·정·의 활동의 뿌리는 하나님이다.

그러므로 인간은 하나님으로부터 원력을 받아 심정충동에 의해 만유원력을 발생하여 존재, 성장, 발전하며 우주법칙에 따라 질서 유지가 가능하다. 인체는 식물, 동물처럼 생명체의 유기적 기능으로써 자연법칙에 따라 성장하지만 인간의 마음은 하나님의 원력을 받아 심정충동에 의해 가치법칙에 따라 미덕들과 참사랑을 실천하게 된다.

우주법칙은 참사랑 실현을 위해 존재

심리학자 로저스Carl Rogers는 비록 하나님의 실존을 몰랐으나 인간은 유기체로서 자기 스스로 신체를 보존하고 유지하여 향상시킬 수 있으며 자체 치유력을 가지고 있는데 이것은 어떤 우주적이고 초월적 에너지를 받음으로써 가능하다고 설명한다. 그는 인간 자체에 그러한 성향뿐만 아니라 전체 우주가 생성·유지·발전하는 데에도 그러한 동기적 요소가 있음을 깨달았다.

로저스는 인간과 우주는 스스로 자기성취와 자기완성을 실현할 수 있는 힘을 받으며 인간과 인간의 상호관계에서도 유기적 연체로서 건강하고 조화로운 관계를 형성할 수 있는 우주적·초월적 힘을 부여받고 있다고 강조한다.

우주법칙은 심정충동에 의해 참사랑을 실현하는데 질서를 세우는 법칙이므로 우주법칙보다 사랑이 위에 있다. 즉, 참사랑 실현을 위해서 우주법칙이 존재한다. 참사랑은 조화로운 질서를 통해서만이 실현 가능하기 때문이다. 질서가 깨어지면 참사랑 구현도 무너진다. 참사랑 구현을 위해서 반드시 질서가 유지되어야 하므로 참사랑 구현은 목적이고 법칙은 질서유지를 위한 방법이다. 따라서 참사랑은 주체요, 법칙은 대상이다.

심정은 참사랑 실현을 목적으로 작용하며, 우주법칙에 따라 참사랑의 질서를 유지하는 작용을 한다. 하나님이 심정의 주체자로서 대상인 인간과 참사랑의 관계인 부자관계로 계시므로 인간도 하나님처럼 심정의 작용을 통하여 인간과 횡적 관계의 참사랑을 구현하며 관계의 질서와 격위의 질서를 유지하는 작용을 한다.

인간은 하나님과 인간의 종적 수수작용을 통하여 하나님의 사랑(원력)을 받으며, 자신의 내적 수수작용에 의해 만유원력을 발생하면서 생존·번식·작용·발전한다. 만일 인간과 하나님의 종적 사랑의 관계가 깨어지면 인간 상호 간 횡적 관계도 온전하게 유지하기 어렵다.

그것은 마치 부모가 최선을 다하여 자녀를 보호하면서 사랑할 때 부모·자녀관계가 원만해지면서 자녀들은 만족과 기쁨으로 충만하여 자녀들의 관계가 화목해지는 것과 같다. 사랑의 성장은 먼저 부모로부터 사랑을 받은 경험에 의해 모든 인간관계의 성장이 가능하기 때문이다. 부모로부터 사랑 받지 못한 자녀는 사랑의 결핍으로 자존감, 자신감이 결여되어 다른 사람을 사랑할 수 있는 힘이 생성되기 어렵다.

심정충동에 의해 하나님과 하나 되지 않는 한 인간은 맘과 몸이 하나 될 수 없다. 맘과 몸이 심정을 중심하고 통일을 이룬 개인이 모인 가정은 조화롭고 통일된 가정이 될 것이며, 그러한 가정이 모이면 조화롭고 평화로운 사회, 국가, 세계가 이루어질 것이다.

참사랑의 관계 구현을 위하여 법칙은 수단과 방법으로 작용한다. 부자 관계, 부부 관계, 형제자매 관계를 실현하기 위한 수단으로 법칙이 작용한다. 법칙이 참사랑을 실현하기 위한 수단이므로 법칙을 벗어난 어떠한 잘못도 사랑으로 용서가 가능하다. 용서가 가능하므로 온 인류 구원이 가능하다. 심정의 궁극적 목적은 모든 법칙을 벗어난 행동들을 용서하고 서로 사랑하고 사랑 받음의 관계를 통하여 온 인류가 기쁨과 행복과 평화를 실현하는 데 있다.

그러나 우주의 법칙 가운데 책임법칙과 탕감법칙이 있다. 무조건 용서가 아니다. 죄를 지은 것에 대한 탕감과 책임이 따른다. 용서 뒤에는 반드시 탕감과 책임이 따른다는 것을 잊지 말아야 한다. 가정과 사회, 국가, 세계, 우주의 질서를 위해서는 누구도 천법 앞에 절대 신앙·절대 사랑·절대 복종해야 한다.

규범은 속박이 아니라 자유로움 부여

인간의 사랑과 자유는 그 어떤 것에도 구속받지 않으려는 경향이 있다. 인간의 사랑과 자유는 국경에도, 사상에도, 문화에도, 인종에도, 나이에도, 빈부에도, 유·무능에도 구애받지 않는 속성이 있다. 그래서 자유주의를 부르짖는 자들은 자유를 잘못 인식하여, 자신이 추구하는 사랑과 성적 쾌락에 걸림돌이 되는 모든 것들을 자신의 삶의 굴레라고 여기게 된다. 심지어 자신을 낳아서 길러준 부모나 가족들이 자신의 자유로운 삶을 구속한다고 여기면 가차 없이 결별을 고한다.

'성적 자기결정권'이라는 용어의 탄생은 자유주의를 주장한 영국 사회주의의 설립자인 존 밀J. S. Mill이 1859년, 『자유론』에서 처음으로 소개한 개념이다. 밀은 2부 1처제를 주장한 테일러의 두 번째 남편이었다. 밀은 테일러의 첫째 남편과 그 아이들과 함께 살아가는 비정상적인 가족에 대해 심하게 비난하는 것에 대해 "이건 내 자유다! 내 방식이다! 어른의 남녀 관계는 내가 결정하게 내버려 둬라!"고 말하며 반박하였다.

밀의 성적 자기결정의 자유는 남에게 폐 끼치지 않는 한 어떤 것도 할 수 있다는 주장으로서 자신의 부도덕함을 정당화하였다. 그는 개인적 '자기결정'을 영국을 사회주의 사회로 변화시키기 위한 효과적인 수단으로서 사회적 재구성의 유일한 원천이라고 생각했다.

사회주의 사회는 전통과 관습으로부터 분리된 개인들로 구성된 인위적인 사회이다. 따라서 밀은 "전통과 관습을 무시하라."고 선동하였다. 밀은 '자기 결정'이 개성을 신장하고, 개성을 발휘해서 개인은 행복하고, 사회도 비약적으로 진보하는 것이라고 주장하였다. 그리고 윤리·도덕은 관습의 하나이므로 이것은 전면 무시해도 좋다고 말한다.

이러한 자유주의 사상의 영향을 받아서 일본 사회는 1990년대 중반, 여자 중고교생의 매춘을 정당화하고자 노력하였다. 그 예로 극좌파인 미야다이 신지가 그의 연설에서 밀의 '자기결정'과 '개성'론을 인용한 내용이 일본 사회 전체가 성적 방종과 부도덕으로 전환하는 강력한 영향을 주는 독약이 되었다. 그 영향이 한국에까지 도달한 것이다.

윤리도덕의 근간으로서 보편적 규범은 하나님의 로고스에서 나온 창조의 질서로서의 법칙이다. 그 질서 양식은 하나님을 닮아 지음받은 자연만물과 인간에게 내재되어 있다. 그 법칙은 인간의 성장과정에서 인간의 자율성과 주관성, 곧 자유의지에 의해서 하나님을 중심에 놓고 생활하는 태도를 통하여 체화된다.

규범이란 원래 하나님의 본질을 닮은 구조와 관계양식의 원리로서 미덕들의 열매를 맺게 되어 있다. 그 미덕들이 내 안에서 일깨워져서 실천의 열매로 표현되어 체화될 때, 본연의 자유를 느끼게 되어 있다. 인간은 성장 과정에서 하나님의 온전성을 닮아서 규범에 의한 미덕들이 체화된 인격 완성을 하도록 구조되었기 때문이다.

규범에 의한 미덕들이 체화된 자리, 남녀 사랑의 출발점

이 의미는 인간이 규범에서 벗어나고 싶어서 규범을 무시하고 언행하면 오히려 더욱 구속을 느끼게 되고, 규범이 구속 같지만 그것을 따르면 오히려 자유로워진다는 것이다. 규범에 따라 삶을 영위하면서 규범에 따른 미덕들이 체화된 사람이 인격자의 자리에 서게 되며, 그 자리가 남녀 사랑의 출발점이다.

인간은 타락으로 하나님과의 관계가 멀어져서 내면의 질서가 발현되지 못한 까닭에 보편적 규범 자체가 구속이요, 억압이요, 굴레라고 인식하게 되었다. 그 결과가 성과 사랑의 일탈과 방종, 프리섹스이다. 타락한 인간은 규범에 순응하는 생활적 기반을 확보하여 그 자체가 억압과 구속으로 느끼지 않는 수준에 도달해야 다시금 하나님의 보편적 질서에 감응하는 자유로운 존재가 될 수 있다.

규범에 따른 56개 종류의 미덕들은 개인의 인격 성숙과 조화로운 인간관계를 성장시키기 위한 보편적 행위의 절대적 준거로서, 안내자로서, 마땅히 해야 할 당위적 이유로서 작용한다. 규범에 따른 미덕들은 인간이 어떻게 살아야 옳은 길인지 그 방법을 제공하는 것으로서도 작용한다.

규범에 따른 미덕들은 인간의 내재적 가치법칙의 열매로서 개인의 인격 성숙과 조화로운 인간 관계를 위해 그 기능을 수행한다. 미덕들이 체화된 선행은 누가 시키기 때문이 아니라 인간 자신의 가치 추구나 실현을 위한 내적 충동에 의해서 스스로 행하게 된다. 남의 이목에 따른 선행은 진정한 의미의 선행이 아니다. 선행이란 미덕들이 인간 자신에게 스스로 부과하는 내재적 법칙의 열매이기 때문이다.

칸트Kant 역시 만일 양심이 내재적 법을 인식할 수 있다면 인간은 자기 자신에게 스스로 내재적 법을 준수하기를 명령하며 그 명령을 지키도록 노력하게 된다고 주장한다. 피터스Peters도 도덕의 진지한 물음에 있어 인간 자신의 내재적 판단에 의해 공정성, 타인의 이익에 대한 배려, 인간 존중 등이 도덕적 문제 해결을 위한 절차적 안내, 준거, 이유, 방법으로서 도덕적 원리가 작용한다고 주장한다. 그러나 현실적 인간은 타락으로 말미암아 내재적 법을 스스로 무시할 뿐만 아니라 외부의 권유에 의해서조차도 실천하지 않게 되었다.

교육자는 교육자 스스로뿐만 아니라 성장하는 청소년들이 내재적 미덕들을 일깨울 수 있도록 심정의 충동을 개발하고 발전시키는 일에 주목해야 한다. 인간은 생득적으로 심정의 충동에 의해 내재적 법칙에 따라 미덕들을 일깨우며 인격이 성장하도록 구조되어 있으나 타락성 때문에 처음에는 미덕들을 체화시키는 것이 어렵게 느낄 수 있다. 그러나 자신 안에 있는 미덕들을 하나씩 일깨우기 시작하면 그 미덕들에 의해 생성되는 긍정적 에너지가 발생하여 자가 발전력이 생성된다. 그 에너지에 의해 타락성이 점점 약화되는 과정에서 자신이 진정한 자유로움을 느낄 수 있음을 경험할 때, 미덕들을 체화하는 생활적 기반이 세워진다.

Chapter 2

순결과
절대 성을 말한다

순(純)은 '생사, 실, 순색의 비단, 순수하다, 섞임이 없다'는 뜻이 있고
결(純)은 '깨끗하다, 품행이 바르다, 깨끗이 하다, 몸을 닦다'는 뜻이 있다.

순결을
다시 말한다

우리나라 학교 성교육은 1983년 이후 성교육의 지침서나 교과서에서 '순결'이란 용어를 완전히 삭제해 버렸다. 그 이후 현재까지 국가의 공식적인 성교육 지침서에서 '순결'이라는 용어를 찾아볼 수 없게 되었다. 그 배경은 여성계의 여성운동을 하는 진보적인 지도자들이 '순결' 용어를 사용하지 말라는 순결반대의 목소리를 드높이고 있었기 때문이다.

진보적 여성 지도자들이 '순결' 용어 사용을 반대하는 이유는 '순결' 용어 사용 때문에 성폭력이 날로 심화되어 가고 있다는 것이었다. 여성운동가들이 순결용어 사용의 반대를 하는 이론적 배경은 우리나라 이조시대 가부장적 제도의 남성을 중심한 이중 성윤리 적용이 현대의 남성들에게까지 이어져서 여성들이 성적 순결이라는 굴레 속에서 억압 받고 있다는 것이다.

'순결' 용어 사라진 학교 성교육

조선시대의 순결관은 여성에게 강조하는 윤리적·법적·제도적 순결관이라 할 수 있다. 여자가 순결해야 가부장인 남편의 순수한 혈통을 이을 자손을 낳을 수 있다는 이유로 여성에게만 순결과 정절을 강조하였다. 남자는 축첩이 가능했고 기생들과 외도를 자유롭게 해도 허용되는 순결의 이중 규범 적용의 가부장제도하에서 순결은 여성들의 굴레요, 속박이라는 강한 인식이 지금까지 이어오고 있다.

전통적인 순결의 의미는 여성에게만 강조하는 일방적이고, 금욕적인 순결의 의미로서 이해되는 잘못을 범하였다. 조선시대에서 말하는 순결은 '순결'의 용어 사용이 잘못된 것이 아니라 순결한 삶을 여성에게만 강요하며, 남성은 순결한 삶과 무관한 입장에 있어도 허용되는 가부장적 제도의 이중적 성윤리의 적용이 잘못된 것이다.

자신의 아내와 딸은 순결한 삶을 살기를 요청하는 한편, 남성들 자신뿐만 아니라 남성들과 성적으로 즐기는 대상의 여성들에게는 순결한 삶이 요청되지 않는 이중적 성의식과 그 이중적 성윤리가 적용되고 있는 가정과 사회적 제도가 잘못된 제도라고 말할 수 있는 것이다.

순결의 한자 의미에서 순純은 '생사, 실, 순색의 비단, 순수하다, 섞임이 없다'는 뜻이 있고 결純은 '깨끗하다, 품행이 바르다, 깨끗이 하다, 몸을 닦다'는 뜻이 있다. 사전적 의미에서 보면, 순결이란 순수하고 깨끗한 상태에 있는 것, 여자가 성적性的인 경험을 하지 않고 처녀의 몸을 지키고 있는 상태 그리고 남자나 여자가 문란하거나 부도덕한 성관계를 맺지 않아 정신적·육체적으로 깨끗한 상태에 있는 것을 의미한다.

순결이란 전통적 제도하에서 말하는 순결이나 기독교에서 말하는 순결, 그리고 보편적으로 말하는 순결이 그 본질에서 크게 다르지 않다. 그러나 순결한 삶의 실천방향을 수립하기 위해서 더욱 구체적이고 명확한 발전적 의미로 재해석할 필요가 있다.

순결의 구체적이고 명확한 의미는 두 가지로 나누어서 말할 수 있다. 두 가지 의미란 핵심적 의미와 광의적 의미이다. 핵심적 순결 의미는 본연의 인격을 완성하기 위해 남녀가 각기 정신과 육체적으로 순수하고 깨끗한 상태로서 오직 한 사람의 결혼한 배우자와 인격적인 성관계를 맺는 것이다. 육체적으로 깨끗하다는 것은 하나님과 부모로부터 부여 받은 몸을 잘 관리하는 것으로 문란한 성관계나 상함 없이 성장하는 것을 뜻하는 것이다. 정신적 순결은 본래의 인간의 특징을 살펴봄으로써 알 수 있다.

본래의 인간은 하나님의 형상을 닮아 창조되었다. 인간의 본연의 모습은 하나님의 신상을 닮아 성상과 형상의 통일체로서 마음의 작용이고 성상적 작용인 생심生心과 형상적 작용인 육심肉心이 있다.

본연의 인간의 정신적 순수함은 생심이 주체가 되고, 육심이 대상이 되어 균형을 이룬 마음을 의미한다. 즉 생심작용의 지·정·의, 사랑하는 마음이 주체가 되어 진·선·미·사랑의 가치를 추구하고 실현하기 위해서 육심 작용인 의, 식, 주, 성욕은 생심의 작용을 위한 수단이요, 방법이 되어야 한다. 생심과 육심이 균형을 이룬 존재가 본연의 마음과 몸의 통일을 이루면서 참사랑의 완성을 향한 삶을 사는 것이 '순결의 실체'이다.

하나님의 신상을 닮은 남자와 여자가 각기 순결의 실체가 되어 서로 통일적 조화체를 이뤄야 한다. 결혼한 남편과 아내는 육체적 쾌락의 차원을 넘어서 본성의 마음을 바탕으로 사랑의 존귀함, 생명의 존엄성, 혈통의 책임성을 지니며 참사랑을 구현해야 한다. 이런 의미에서 핵심적 순결의 의미는 참사랑의 실체가 되기 위한 출발점이요, 토대요, 기초가 되는 것이다. 그러므로 순결의 실체가 되지 않는 한 참사랑의 실체가 될 수 없다.

광의의 순결은 창조본연의 인간의 존재목적을 완성하기 위해서 사회적, 문화적 환경의 모든 가치영역에서 준수해야 하는 자연법칙과 가치법칙을 따라 미덕들을 체화하는 성규범적 의식과 태도를 말한다.

인간은 관계적인 측면에서 격위格位적 존재인 동시에 연체적 존재이다. 개인이 가정과 사회에서 성의 질서유지를 위해 존재 위치를 벗어나지 않으며 서로 유기적인 연관성을 지닌 인간관계를 말한다. 격위적이며 연체적인 존재로서의 인간 활동은 가정과 사회의 다양한 공동체의 가치 활동의 영역, 즉 윤리, 정치, 경제, 교육, 사회, 예술, 과학, 스포츠 등의 삶의 자리에서 존재 목적을 이루는 기초로서 성 규범적 의식과 태도를 지닌 미덕들의 실천적 삶을 말한다.

가정에서 격위적이며 연체적 관계란 부모와 자녀 관계, 부부 관계, 형제자매 관계의 상 중 하, 우 중 좌, 전 중 후로서 7개의 격위가 있으며 중심점을 초점으로 한 여섯 방향의 연체적 관계를 이루고 있다. 연체적 관계를 촉진화시키는 연결고리는 미덕들이다. 그 미덕들의 중심점은 하나님의 참사랑과 핵심적 순결 의미의 절대 성이 된다. 6개의 방향이 참사랑이 중심이 되어 구형 운동을 이룰 때 광의의 순결이 이루어지는 것이다. 개체가 가정에서 격위가 정해지는 것과 마찬가지로 가정의 7개의 위치가 사회공동체에 그대로 확대 적용되는 것이다.

다시 말해 순결의 의미는 인간의 타락과 상관이 없는 창조 본연의 모습으로서 하나님의 성상형상과 양성·음성을 그대로 닮은 모습으로서 미덕들이 체화된 인격체를 의미한다. 순결의 핵심적 의미와 광의적 의미를 모두 함의하여 하나님의 모습을 닮아 미덕들이 체화된 삶이 순결한 삶인 것이다.

순결이란 인간의 존엄성을 기본으로 양성평등하게 적용되는 의미로서 남녀가 함께 순결을 지키는 것이 순결 의미의 본질이다. 순결은 상대를 진정으로 위하고, 희생하고, 책임지는 인간존중의 정신을 바탕으로 남녀의 성적 평등화를 실현할 수 있는 소중한 미덕이다.

남성과 여성에게 평등하게 적용되는 통일된 기준으로서 보편적 법칙에 따른 미덕들의 체화에 의해 순결이 지켜져야 하며, 남녀에게 동일하게 적용되는 가정과 사회 제도로서 성의 질서가 유지되어야 한다. 우리나라 성교육 교과서에 순결이란 용어가 하루 빨리 사용되어 순결한 가정과 사회 그리고 세상을 만들어 나가야 한다.

'순결 이데올로기'의 오류
여성운동가들이 이해하는 '순결 이데올로기'란 조선시대의 순결관을 비판하는 시각에서 나온 순결의 이해이다. 조선시대 순결관은 여성에게만 강조하는 규범적이며, 법적·제도적 순결관이다. 여자가 순결해야 가부장인 남편의 순수한 혈통을 이을 자손을 낳을 수 있다는 이유로 여성에게 보다 일방적이며, 가부장적으로 강요하는 시각의 순결관이다.

특히 결혼한 이후의 남녀에 대한 순결관은 완전히 일방적이고 불평등하였다. 남자는 축첩이 가능했고 기생들과 외도를 자유롭게 해도 허용되었다. 남자의 외도는 풍류를 즐기는 미풍양속으로 이해하였고, 여자가 외도를 하게 되면 화냥년으로, 패가망신할 여자로 취급되어 소박당하는 것은 물론이고 친정에서도 출가외인으로 받아들여지지 않았으므로 결국 목숨을 끊는 경우가 많았다. 여자는 반드시 남편에 대한 정절을 지켜야 하고 남편이 사망해도 재혼이 금지되었으며, 외도는 상상조차 못 하였다. 조선시대의 가부장제도는 여성에게만 순결과 정절을 강조하였기 때문에 순결을 여성을 속박하는 굴레로 보게 되었다.

이러한 이유로 여성운동가에 의해 '순결 이데올로기'라는 순결에 대한 부정적 시각의 용어가 만들어졌으며 여성운동가들의 입김에 의해서 대한민국의 초·중·고교학생들의 성교육 지침서에서 1983년 이후부터 '순결' 용어를 삭제하도록 하였다.

이것은 여성운동가들의 잘못된 시각에서 학생들의 성교육에 역사적인 큰 오류를 범하는 결과를 초래하였다. 그들은 잘못된 것이 무엇인지 정확하게 집어내지 못한 오류를 범한 것이다. 잘못된 것은 첫째, 조선시대의 가부장적 규범과 사회적 제도이다. 둘째, 남성들은 축첩을 해도 허용되고, 여성들에게만 순결을 강조한 이중 윤리적 적용이었다.

'순결' 자체가 잘못된 것이 아니다. 순결은 고귀하고 신성한 미덕이다. 고귀하고 신성한 미덕의 순결을 반드시 남녀가 공히 평등하게 지켜야 한다. 순결 용어가 잘못되었으니 학생들에게 순결교육을 하지 말며, 순결 용어를 사용하지 말라는 의미는 여성운동가들 자신의 가족에게도 적용되는 것이므로 자신의 남편과 아들, 딸들의 순결한 삶을 원치 않는다는 뜻으로 해석할 수 있다.

정말 그래도 괜찮은 것인가? 자신의 남편이 자신 외의 다른 여성들과 바람을 피워도 허용한다는 의미인가? 자신의 아들딸들이 문란한 성생활을 해도 좋다는 말인가? 그런 가족관계에서 진정한 행복을 찾을 수 있을까? 순결의 미덕은 가장 고귀하고 아름다운 미덕이며, 이 시대에 가장 지키기 어려운 미덕이다. 가장 고귀한 순결미덕을 지키기 어려운 시대에 살고 있으니 자녀들에게 더욱 올바른 의미의 순결교육을 해야 한다.

또 다른 순결 의미를 왜곡한 여성들의 주장이 있다. "사랑하는 사람과 만나는 매 순간마다 지고지순한 감정으로 대하는 것, 이것이 순결이다."라고 주장하는 순결 해석이 있다. "한 사람과의 사랑이 끝나고 다른 사람과 만났을 때도 정성과 신뢰를 담을 수 있는 사랑을 할 수 있다면 그 역시 순결한 사랑이 될 수 있다."며 자신의 사랑은 매번 첫사랑이었고 순결한 사랑이었다고 강조한다.

한 사람과 사랑에 빠져 있을 때 다른 사람을 생각하지 않았으며,

오로지 그 사람과의 사랑에만 몸과 마음을 다하는 것이 순결이라고 주장한다. 섹스를 함께한 상대의 숫자가 많다고 해서 '문란하다'거나 '순결하지 않다'고 하는 것은 모순이라고 주장한다. 또한 "매번 사랑이 찾아올 때마다 우리는 순결할 수 있다. 몸과 마음을 정갈히 하고 사랑을 맞이하는 것, 이것이 바로 순결한 것"이라고 한다.

이러한 순결은 자신이 상대를 사랑할 때만 사랑하고 그렇지 않을 경우 언제든지 헤어지겠다는 지극히 이기적이며 비인격적인 태도이다. 만일 최선을 다해 한 사람만을 사랑하였다면 헤어질 이유가 있겠는가? 스스로 자기모순에 빠지는 순결논리이다.

자신은 이제 상대와 권태감으로 헤어지고 싶은데 상대는 헤어지기 싫을 경우, 함께했던 그 상대의 상처 따위는 아랑곳하지 않는 지극히 이기적인 태도이다. 이런 이기적인 태도가 순결하다고 주장한다. 자신의 쾌락만을 추구하기 위해 상대는 자신의 쾌락을 위한 도구로 이용되었을 뿐인데 순결이라고 주장한다.

여성운동가들의 잘못된 순결 이데올로기의 사용과 잘못된 해석을 바로잡지 않는 한 대한민국에서 성장하는 청소년들의 미래가 매우 위험하다. 대중매체는 연애하면 반드시 성관계를 해야 한다고 압박을 하고 있고, 학교 성교육에서는 순결 용어조차 사용하지 못하고 가치중립적 성교육을 하면서 피임교육에 초점을 맞추고 있으니 우리 청소년들의 미래가 매우 염려된다.

대중매체 속의
현대인

붉은 색안경을 끼고 세상을 보면 세상이 모두 붉게 보이고 파란 색안경을 끼면 파랗게 보인다. 반면 투명한 안경으로 보면 사실 그대로 보이기 마련이다. 가치관은 모든 대상을 보는 안경이다. 가치관에 따라 세상에 대한 해석과 평가기준이 달라지므로 자신의 행위의 동기와 포부가 달라진다. 따라서 자신의 만족감도 가치관에 따라 달라진다.

인공두뇌과학의 발달을 시도하거나 유전인자의 변형을 시도하여 식물, 동물의 성장을 변형시키는 것도 자신의 가치관에 따른 것이다. 인간은 자신의 가치관을 스스로 선택, 결정하여 각자의 삶을 살게 된다. 자신의 삶에서 가장 중요한 것이 무엇이며, 가장 의미를 부여하고, 만족을 주는 것이 무엇인지는 자신의 가치관에 의해 결정된다. 가치관에 의해 사물과 사건, 대상들을 분석, 평가, 행동하므로 그에 따라 만족한다. 그래서 가치관이 중요하다.

가치관은 자신과 사회공동체의 삶 자체

자신의 가치관의 기준에 따라 대상을 판단하고, 분석하고, 추론하고, 평가하며, 기억한다. 그리고 평가된 결과에 의해 희로애락의 정서를 느끼며, 선택하고 결정하여 행동으로 나타낸다. 과학의 발달을 가장 중시하는 가치관을 지니면 그 연구에 몰두하게 된다. 그 연구 결과가 자연 환경 파괴를 일으키는지 아닌지 개의치 않는다.

돈을 가장 중시하는 가치관은 어떤 대상이든지, 심지어 인간의 성도 이용하여 돈 만드는 데 혈안이 된다. 자신의 지·정·의를 총동원하여 대중매체를 통해 '성의 상품화'를 두려움 없이 저지르고 있다. 돈을 가장 중요하게 생각하는 가치관은 사람을 돈의 노예로 전락시키게 된다. 돈을 통해 기쁘고 돈을 통해 만족을 느끼니 돈벌이만 되면 만사 오케이다.

자신이 원하고 좋아하는 가치관이면 무엇이 참된 진리인지 개의치 않으며 자신의 시간과 정성, 그리고 경제력을 모두 투입하게 될 것이다. 그래서 가치관에 따라 옳고 그름과 관계없이 자신의 지·정·의, 마음작용의 싹이 트고, 꽃이 피고, 열매를 맺는 삶을 살게 된다. 그 열매가 악의 열매이든, 선의 열매이든 개의치 않으면서 말이다.

가치관에 따라 대상과 사물을 보고, 평가하고 판단하여 자신의 생각을 결정짓게 되므로 그 생각이 행동으로 드러나게 된다. 건축을 즐기는 사람은 집을 짓는 행동을 하게 되니 건축가의 삶을 살게 되며, 음악에 가치를 두는 사람은 작곡을 하거나 감상하거나 직접 악기를 연주하는 연주자가 될 것이다. 봉사하는 것을 가치 있게 생각하면 봉사하는 것을 즐기게 되는 삶을 살게 될 것이다. 사람이 무엇에 가치를 두느냐에 따라 그 가치관에 의해 자신의 삶을 살아가게되므로 가치관은 그 사람의 인생 자체가 되며, 그런 가치관에 따른 말과 행동을 하는 사람으로서 그 말과 행동 역시 그 사람의 삶 자체가 된다. 더욱이 대중들에게 큰 영향을 미치는 영상매체의 기획사, 방송매체, 정책 입안자들, 자본가들, 공동체 지도자들, 가정에서 부모들의 가치관은 그 대상들에게 거대한 영향력을 미친다. 악의 방향이든 선의 방향이든 그들의 가치관이 공동체의 삶의 방향을 결정짓는다.

사람은 가치관에 따라 생각하고 그 생각이 몸에 배어서 행동으로 나타나고, 그 행동이 매일 습관으로 나타나게 되어 그 행동이 그 사람의 운명을 결정하게 되는 것이다. 일확천금을 노리는 가치관을 지닌 공동체의 지도자들은 대중들에게 무의식적으로 권위적 교육자의 역할을 한다. 특히 대중영상매체들의 기획사가 보내는 가치관의 메시지는 대중들에게 암묵적인 가치관을 심어주고 있다. 불특정다수에게 전달되는 대부분의 획일적인 전달메시지는 물질만능주의, 외모지상주의, 쾌락주의를 꾸준히 심어주고 있다. 자신의 노력에 따라 얻어지는 정당한 수고의 대가를 기대하고 성실하게 살아가는 선량한 사람들에게는 그러한 메시지들은 폭력이 되는 것이다. 무의식적으로 대중들의 의식 저장고에 배어드는 가치관은 행동으로 나오게 되며, 그 행동들이 일상화되며 습관이 되면, 그들의 성격으로 바뀌게 되며 그 삶이 운명이 되는 것이다. 결국 가치관에 따라 삶을 살게되어 자신들의 운명을 만들어 간다는 것을 알 수 있다.

가치관에 따라 우리 삶의 태도와 행위가 크게 좌우된다는 것을 알 수 있다. 가치관이 올바르게 수립되지 않으면, 삶의 태도가 갈팡질 팡하게 되어 생활 자체의 방향과 목적이 애매모호할 수밖에 없다. 인간은 올바른 삶의 방향과 목적을 갖도록 가치관 교육이 필요하다. 개인뿐만 아니라 학교공동체와 사회공동체, 정치, 사회, 과학, 교육, 스포츠, 예술의 모든 공동체 영역에서 가치관의 문제는 중요한 위치를 차지한다. 구성원들이 모인 가정, 학교, 사회공동체의 모든 영역은 참된 공동체의식이 필요하다. 구성원들이 함께 공유할 수 있고, 함께 질서가 유지되며, 발전하는 참된 생활양식의 요인들이 공동체들의 공동의식에 이바지하게 된다. 그 가운데 참된 가치관은 공동의식 형성에서 필수불가결한 요인이다. 참된 가치관에 의해 인간 개개인의 지·정·의의 잎이 나고, 꽃이 피고, 좋은 열매를 맺기 때문이다. 그러므로 참된 가치관 교육은 우리 삶에서 가장 중요한 교육목표이다.

참된 가치관의 기준과 참사랑

참된 가치관의 기준은 그 가치관에 진리와 참사랑이 내포하고 있는지 여부에 달려 있다. 진리란 모든 존재가 가지고 있는 설계도에 따라 존재하도록 안내하고, 근거기준이 되고, 이유를 말해주고, 방법을 알려준다. 광물, 식물, 동물의 세계는 모두 그 설계도가 있으며, 그 설계도대로 유지, 존속, 번식, 발전하고 있다. 인간은 만물의 영장으로서 당연히 존재의 설계도가 있다. 몸과 마음의 설계도를 드러내는 것이 자연법칙과 가치법칙의 진리이다. 참사랑이란 상대를 위하는 원리가 전제된다. 참사랑은 무조건적이며, 지속적이며, 행동 지향적이며, 상대 지향적, 전체 지향적이다. 이러한 내용의 한 가지라도 결여되면 참사랑이라고 말할 수 없다.

이러한 진리와 참사랑의 기준을 지닌 가치관을 참된 가치관이라 말할 수 있으며, 우리의 삶의 모든 내용들을 이 기준에 대입해 보면 참사랑인지 거짓사랑인지 그 답이 확연하게 보인다. 개인이나 공동체가 참된 가치관을 지니고 있는지 여부는 그 존재가 생명력을 지니고 지속적으로 번창하는지 여부를 결정한다.

인간의 마음과 몸은 자신 내부적으로 이미 원래 설계에 따라 삶을 살아갈 수 있도록 구조되어 있다. 외부로부터 자신의 상처를 받았어도 스스로 치유할 수 있는 에너지가 주어져 있다. 그러나 상처가 너무 크면 스스로 이겨낼 힘이 상대적으로 약해져서 외부의 도움을 받아야 한다. 대부분의 건강한 사람들은 스스로 참된 가치관을 선택할 수 있는 능력이 주어져 있다. 그 기재가 누구나 가지고 있는 본연의 양심이다. 본연의 양심이 지향하는 대로 선택하여 행동으로 옮기면 참된 방향으로 갈 수 있다. 인간의 몸 안의 세포에는 이미 우주의식이 생명활동을 꾸준히 하고 있어서 우주의 에너지를 받으며 건강을 유지할 수 있다. 인간의 마음은 양심이 설계도대로 살아가도록 방향을 잡아주고 있으므로 양심의 방향대로 따를 것인가 여부는 자신이 선택해야 하는 각자의 몫이다. 그래서 행복한 삶의 운명을 만들 것인가? 혹은 불행한 삶의 운명을 만들 것인가는 스스로 선택하고 결정하게 되어 있다.

순결가치관 교육의 필요성

1983년 이후 현재까지 우리나라의 전국 초·중·고등학교 성교육 지침서에 청소년 성의식에 근간을 이루어야 하는 순결 가치관 교육이 삭제되어 있다. 생물학적 관점에서 신체발달과 심리변화에 초점을 맞추어 구성되어 있는 학교 성교육은 피임과 임신, 낙태 등에 대해서도 가치중립적인 견해로 교육함으로써 성행위 결과는 청소년들 개인의 성적자기결정권에 의한 선택과 책임의 문제로 돌리고 있다.

청소년들에게 "성관계를 하지 말라. 그러나 안전한 성의 방도가 있다."는 절충적 가르침은 올바른 선택을 가르치는 것이 아니라 모순적 두 논리로 두 가지 관점을 동시에 제공함으로써 성행위와 관련된 선택의 의사 결정과 그 결과의 문제는 청소년 스스로에게 맡겨버리는 무책임한 성교육이 되고 있다.

학교 성교육이 건강한 가정의 모델을 제시하는 교육이 간과되고 있다. 성교육지침서에서는 다양한 가족형태를 교육한다. 청소년들의 결혼 여부는 개인의 선택 사안으로 맡기고 있으며, 독신가족을 선택하든 결혼을 하든 동성애가족을 만들든지 무자녀가족을 선택하든지 개인의 선택에 맡기고 있다. 그 결과 독신가족, 무자녀가족이 점차 늘어나서 현재 우리나라는 OECD국가 중에서 가장 출생률이 낮은 저출산 국가로 지목되고 있다.

가치관은 사람의 행동 표현에 있어서 중요한 역할을 한다. 가치관은 그 사람의 태도나 행동에서 지극히 중요한 요인으로 작용하므로 가치관의 변화는 그 사람의 동기와 포부, 인식과 해석, 의미와 만족,

그리고 평가기준의 변화를 의미한다.

첫째, 가치관은 그 사람의 행위의 동기와 포부를 결정함으로써 자신이 무엇을 원하며 궁극적으로 어떤 삶으로 이어질 것인가를 선택하게 한다.

둘째, 가치관은 우리의 인식과 해석을 크게 좌우함으로써 어떤 상황을 보고 느끼고 해석하는 하나의 견해를 형성하게 한다. 그러므로 가치관은 인생과 세계를 보는 하나의 눈이라고 볼 수 있으므로 관觀이라는 글자가 첨부되어 있는 것이다.

셋째, 가치관은 우리의 삶 어디에서 그 의미와 만족을 얻느냐 하는 문제와 직결된다. 어떤 사람은 향락에서 큰 만족감을 얻고, 어떤 사람은 도덕적 삶에 큰 의미를 두고 만족해한다.

넷째, 가치관은 우리에게 평가의 기준을 주게 되어 일상생활에서 다양한 평가를 하면서 선택하며 살게 된다. 옳다 그르다, 참되다 거짓되다, 아름답다 추하다, 정당하다 부당하다는 판단에서 우리는 어떤 평가기준을 적용하고 있는 것이다. 이러한 평가기준은 그 사람의 가치관에서 연유한다.

가치관에 따라서 우리의 삶의 태도와 행위가 크게 좌우된다. 가치관이 올바르게 수립되지 않으면 삶의 태도가 갈팡질팡하게 되어 생활 자체의 방향과 목적이 애매모호할 수밖에 없는 것이다. 따라서 인간은 올바른 삶의 방향과 목적을 갖도록 가치관교육이 필요하다.

순결가치관은 시대, 장소, 사상, 문화, 국경을 초월하여 적용되는 가치관이다. 순결가치관이 정립되면 자신의 성행위에 대한 동기와 포부를 명확하게 인지할 수 있으며, 자신의 성행동에 대한 분명한 해석과 성행위의 결과에 대한 만족의 여부를 인식할 수 있다. 또한 성행위에 대한 명확한 평가기준이 있으므로 분별없는 본능적 성행동을 자제할 수 있는 조절능력이 가능하다.

청소년들의 성 관련 고민을 해소하고 다양한 성 문제를 예방하는 차원뿐만 아니라 일탈된 성행동에서 벗어나지 못하는 청소년들을 치료하는 방편으로서도 새로운 제2의 순결한 삶을 살 수 있도록 안내하고 그 이유와 방법을 알려주는 순결가치관 교육의 필요성이 절실하게 요청된다.

순결 가치관의 역할은 첫째, 자신의 성행동이 옳은지 그른지 판단할 수 있는 우주의 보편적 법칙을 알게 되어 성행동의 시기와 상대에 대한 분명한 판단기준을 제시하게 된다. 순결 가치관은 언제 성행동을 해야 하며, 누구와 성행동을 해야 하며 어떻게 성행동을 해야 하는지 보편적 법칙, 즉 천도에서 제시되는 판단기준을 알려준다.

둘째, 청소년의 성 욕구를 조절할 수 있는 능력을 키울 수 있다. 인간은 본능적 성 욕구를 해소하려는 욕구보다 더 큰 자신의 꿈을 이루려는 자아성취욕구가 있다. 청소년시기에는 성 욕구보다 더 큰 욕구로서 자아정체감을 가지며 자아성취 욕구를 달성하려는 열정을 갖는 특징이 있다.

셋째, 순결가치관은 인간이 유일무이唯一無二한 존재이며, 소우주적 가치를 지니고 있다는 것을 인식하는 가치관이다. 인간은 누구나 역사를 통하여 동서고금을 막론하고 유일무이한 존재로서 얼굴과 체형을 포함한 외형이 다르고, 성격이 다르며, 창조 능력이 다르다. 그러므로 자신은 역사적으로, 오직 한 사람밖에 존재하지 않는다는 가치를 인지한다. 자신이 소우주적 가치를 지니고 있다는 것을 안다. 청소년들이 자신의 가치를 깨닫게 되면 자신을 포함한 타인을 존중해야 하는 이유를 안다. 자신처럼 상대방도 유일무이하며 우주적 가치를 지닌 존재이기 때문에, 자신의 몸을 함부로 다루지 않거니와 상대에게 상처 줄 수 있는 성행동을 쉽게 충동적으로 할 수 없다.

넷째, 순결가치관은 남녀차별의 벽을 허물고 자연스럽게 양성평등하게 한다. 남녀가 함께 이루는 순결한 삶은 남녀의 성차별을 자동적으로 사라지게 한다. 남녀의 신체적, 심리적으로 다른 특성들은 서로가 좋아하기 위해서 필요로 하는 조건들이기 때문에 남녀의 성을 차별하는 것은 무의미하기 때문이다. 오히려 남녀의 고유한 특성들은 남녀관계를 조화와 화합의 관계와 서로 의존적인 존재로서 만드는 데에 이상적인 조건들이 되기 때문이다.

마지막으로 순결가치관은 부부 사랑의 영역에서만 성관계가 허락된 관계라는 것을 확실하게 알기 때문에 배우자 외의 다른 사람과 성과 사랑을 나누지 않는다. 그러나 자녀 사랑 관계, 형제자매 사랑 관계, 그리고 부모 사랑 관계에서는 많은 사람을 자유롭게 사랑할수록 관계가 깊어지고 넓게 확대된다는 것을 알고 실천한다.

학교 성교육지침서에서 순결가치관을 교육할 때 우리나라의 청소년들이 건강하고 아름다운 성과 사랑의 가치를 실천할 수 있게 된다. 따라서 청소년들의 미래의 가정은 건강하고 행복한 가정을 가꾸며 삶을 영위할 수 있으므로 자동적으로 우리 사회는 건강하고 안정적이며 발전하는 사회가 될 것이다.

중, 고등학교의 댄스 열풍,
어떻게 보아야 하나?

　여고, 남고 축제에서 여고 댄스부가 현아의 '빨개요'를 공연할 때 '사과는 빨개, 빨가면 현아, 현아는 맛있어'를 여고생, 남고생들이 따라 부르며 열광하면서 공연을 해도 교장과 선생님들, 학부모들이 함께 묵묵히 감상하고 있는 것이 우리 교육의 현장이다. 아이돌 가수 현아는 초등학교 때 기획사의 눈에 띄어 춤과 노래를 훈련받으며 대학도 특례로 입학한 인기 절정의 연예인으로서 청소년들에게 흠모의 모델이 되었다.

　요즘 초·중·고등학교 축제 때 댄스부의 걸그룹 댄스가 빠지지 않고 반드시 공연하는 것이 벌써 10여 년이 흘렀다. 여고생 댄스부의 걸그룹 댄스의 문제가 심각하다.

포르노 모방 춤 축제에 빠진 청소년들

　남, 여고 축제 때 댄스 공연하면 남학생들의 환호와 휘파람소리,

괴이한 비명 소리에 여고생들의 춤 공연의 분위기는 흥분의 도가니로 더욱 고조된다. 이런 공연을 할 때 교장과 교사들, 학부모들이 함께 그 공연을 관람하면서 아무도 그 공연에 대하여 제동을 걸지 않고 감상한다.

성모여고의 축제 때 댄스부의 춤 역시 걸그룹들을 그대로 모방한 선정적이고 자극적인 몸동작의 춤 공연으로 포르노그래피 배우들의 성적인 몸동작과 다를 바 없었다. 과거 20여 년 전에는 이런 춤을 보려면 성인들이 나이트클럽에 가서 돈을 내고 보아야 했지만 지금은 10대 여고생들이 선정적인 안무 연습을 스스로 하고 의상도 포르노 모방에 걸맞게 맞춰 입고 출장 댄스까지 하고 있다.

대학축제에도 현아, 현승의 춤과 노래는 축제의 하이라이트로 열광적이다. 왜 초등학생부터 10대 청소년들이 현아의 현란한 선정적 춤동작을 그대로 모방하여 춤을 추는 것일까? 현아는 성의 상품화의 모델이 되었으며, 이것을 그대로 10대들이 흠모하면서 롤 모델로 인식하고 있기 때문이다. 성의 상품화는 성을 매개로 돈을 버는 윤리성이 결여된 문화상품이다. 걸그룹의 춤과 노래들은 예술이 아니라 포르노, 음란물의 모방의 문화상품이다. 이것을 그대로 따라하는 청소년들에게 그 메시지가 무의식 저장고에 그대로 저장되기 때문에 위험한 댄스로 지적하는 것이다.

10대 청소년들은 여성의 성을 상품화하는 연예인들을 흠모하면서 성의 상품화의 춤과 노래를 따라며, 스스로 자신을 비하하면서 성적 상품의 주인공이 된다. 그들은 자유분방한 성 태도가 무의식의 저장고에 자연스럽게 저장되어 성관계는 놀이로서 가볍게 행동한다는 사실을 인식하지 못한 채 즐기고 있다. 그러한 작품들을 만들어 내는 기획사들은 물론, 그것을 그대로 즐기거나 견제하지 않은 학자, 교육자들과 학부모들의 태도는 자녀교육에 대한 직무유기가 된다.

어른들이 왜곡된 성의 상품화 문화를 만들어 낸 대중문화 속에서 청소년들은 자신이 향유하는 성의 상품화 문화가 그들의 권리라고 인식한다. 성적자기결정권을 주장하며 연애하면 당연히 성관계하는 것으로 인식하는 청소년들은 기성세대들이 만들어낸 인간작품으로서 아픈 희생자들이 되어버렸다.

그 예로, 청소년단체, '10대 Sexuality 인권모임'은 2013년 10월 23일에 성적자기결정권에 대해서 청소년들도 서로 합의하에 이루어지는 성관계는 당연히 인정받아야 한다는 인권선언을 선포하였다. 또한 "우리는 처녀가 아니다."라는 캠페인을 벌이기도 하였으며, 트랜스젠더와 동성애의 입장을 정당화시키는 데 앞장서고 있다.

또 다른 청소년인권행동단체, '아수나로'는 일본말로 측백나무과의 상록, 불멸, 불사의 의미를 가지고 있으며 청소년들의 인권을 주장하는 단체이다. 이 단체는 학생의 '성관계를 금지하는 학칙은 반인권적'이라고 선언한 사례가 있으며, 표현의 자유를 주장하면서 '19금'에 대한 전문적인 리뷰를 하는 블로그를 운영하고 있는데 전국적으로 학생들이 회원으로 가입하고 있다.

한편 청소년들의 운동과 맥락을 달리하지만 기성세대를 대변하는 단체들도 동성애 인권을 대변하는 운동을 전개하고 있다. '바른 성문화를 위한 국민연합'과 '참교육 어머니 전국모임'에서는 "동성애를 차별하는 것은 부당하며 입장과 사회의 다양성을 말살하는 정책"이라고 주장한다. 다양성과 인권의 진정한 의미가 무엇인지 정확하게 인식을 못한 채, 우주의 보편적 법칙을 어기는 동성애, 트랜스젠더를 받아들여 인권이라는 미명으로 잘못된 사회문화를 형성하고 있다.

과학자 죠셉 칠턴 피어스는 아동의 뇌기능 발달에 대해 연구하면서 청소년은 15~16세 즈음에 뇌의 기능 가운데 세 가지 특징이 두드러진다고 말한다. 첫째, 그들의 삶에서 무엇인가 특별한 일이 벌어질 것이라는 기대감이 최고조로 높아진다. 둘째, 그들 자신 속에 무엇인가 위대한 것이 자리하고 있다고 생각한다. 셋째, 억누를 수 없는 강렬한 동경심이 있다.

그래서 이들은 이때에 자신의 삶의 롤 모델을 찾기 시작한다. 그런데 TV, 영화, 뮤비, 연예프로 등에서 인기를 누리고 있는 포르노 모방문화의 쾌락주의에 빠져 헤어나지 못하는 섹시 아이돌, 연예인들이 그들의 롤 모델들이 되고 있다.

청소년들의 존재목적 성취하도록 이끌어야

이제 이 상황은 그만 끝내야 한다. 이시기에 청소년들이 느끼고 있는 자기 안의 특별한 것, 위대한 것, 강렬한 동경심에 진리와 참사랑 행동이 무엇인가를 깨닫는 것으로 채워주어야 한다. 그들이 본연의 자신의 존재목적을 성취할 수 있도록 돕는 것이 교육자, 학부모, 성직자의 역할일 것이다.

의미 있는 삶이 무엇인가?

나의 존재목적이 무엇인가?

나에게 특별한 것은 무엇인가?

나에게 무엇이 위대한 것인가?

내가 가장 동경하는 것은 무엇인가?

나만이 가지고 있는 독특성이 무엇인가?

내가 소중히 여기는 것은 무엇인가?

내가 평생 투입해야 하는 대상은 무엇인가?

성이 무엇인가?

왜 순결한 삶을 살아야 하는가?

사랑하는 삶은 어떤 삶인가?

내가 성취해야 하는 것은 무엇인가?

나의 성취를 위해 어떤 노력을 집중하고 있는가?

관계는 어떤 원칙과 의무, 권리가 있는가?

자신이 알고 느낄 수 있는 것은 어디까지인가?

자신의 느낌을 체크하면서 조절하고 있는가?

자신의 성 욕구를 왜 통제해야 하는가?

성 욕구 통제는 가능한가?

감정조절이 잘되는가?

무엇을 더 탐구하고 느껴야 하는가?

무엇을 중심하고 살아야 하는가?

무엇을 위해 사는 것이 가치 있는 삶인가?

내가 어디서 와서 어디로 갈 것인가?

무엇을 위해 준비하고 노력할 것인가?

섭리와 나는 어떤 관계가 있는가?

행복한 삶이란 어떤 삶인가?

왜 위하여 살아야 하는가?

자신의 다양한 긍정적 욕망을 어떻게 발전시킬 것인가?

자유와 방종의 차이는 무엇일까?

진정한 인격자의 길이 어떤 것인가?

내안에서 진실로 원하는 것이 무엇인가?

도덕적인 삶을 왜 살아야 하는가?

내안에 불변성과 가변성이 왜 공존하는가?

끊임없는 가치 추구욕과 실현욕은 무엇을 향해 가야 하는가?

등의 질문에 대해 청소년들에게 올바른 가르침과 그 답의 실체를 이루고 사는 롤 모델이 되는 교육자, 목회자, 학부모, 기성세대들이 되어야 할 것이다. 먼저 기성세대가 가정에서, 교회에서, 학교에서, 사회공동체에서 각기 롤 모델이 되지 못하여 포르노 모방댄서, 현아에게 롤 모델을 내어준 우리 자신들을 각성해야 이 상황이 끝나게 될 것이다.

청년대학생들에게 보내는 간곡한 부탁

현대사회를 사는 대중들은 미디어가 표현하는 메시지를 통하여 자신의 가치관과 삶의 철학이 형성된다는 것을 의식하지 못한 채 살아가고 있다. 미디어는 대중들에게 한 방향으로 획일적 메시지를 전달한다. 그 미디어들의 도구는 라디오, 신문, TV, 인터넷, 스마트폰 등이다. 그 중에 가장 자주 접하고 사용하는 도구는 스마트폰이다.

이 도구들을 통하여 접하고 있는 영상들은 광고, 웹툰, 드라마, 뮤비 등의 상업적 내용들이다. 이 내용들은 돈이 만들어질 수 있도록 다양한 기술과 메시지를 총동원하여 만들어진다. 그 중에서 광고는 '현대는 광고의 홍수시대'라고 할 만큼 그 영향력이 지대하다.

광고는 사회적 가치를 소비사회의 덕목으로 집약시키고 있다. 대중들에게 광고가 주는 메시지는 아름답고 행복한 삶을 보장하는 것은 오로지 그 광고가 보여주는 상품을 구매해야만 가능하다고 무의식화 한다.

물론 소비자들이 광고가 말하는 것을 무조건 따라가지는 않는다. 그러나 15초 내지 30초짜리 광고에 몇 억씩 돈을 투입하여 하루에도 몇 번씩 반복하여 대중들로 하여금 그 메시지를 접하게 한다. 연간 광고에 투입되는 돈이 12조 원에 달한다.

광고라는 치밀하고도 거대한 교육자가 거금을 투입하여 대중들에게 반복적으로 되풀이하면서 심어주는 무의식교육은 무엇인가? 어떤 철학이 들어 있는 삶인가? 진정 의미 있는 삶으로 안내하고 있는가? 만족과 기쁨의 삶으로 인도하고 있는가?

TV, 스마트폰의 광고는 수용자의 오감에 직접 호소하기 때문에 사전 심의를 통한 규제가 있으나 광고업계에서는 성적 표현이나 여성 비하를 은유화隱喩化해 심의를 쉽게 빠져나가고 있다. 광고에 등장하는 여성은 남성에 의존하며 그들의 보호를 필요로 하며, 여성을 성적 대상으로 간주한다.

상품을 판매하기 위해 여성을 묘사하는 기본적인 방법은 유혹적이고 장식적이다. 여자를 유혹의 대상이나 장식물로 사용하는 이러한 경향은 음료, 자동차, 항공회사, 약 광고, 화장품 광고, 세탁기 광고, 청바지 광고, 과자 광고 등에서 다양하게 발견된다.

예를 들어 '진짜에 꽂아 줘요!(우유 속 진짜 과즙 듬뿍)', '날 빨아들여(프렌치카페)', '오래오래 느끼고 싶어서(LG트롬 세탁기)'…. 이런 선정적인 문구와 장면을 내세운 TV광고들이 시청자의 눈과 귀를 자극한다. 이른바 '섹스어필 광고'들이다. 선정적인 자극을 통해 상품의 브랜드 인지도를 높이기 위한 광고기법 가운데 하나이다.

호기심을 자극하는 시각적 효과로 소비자의 관심을 끌기 위해 노출이 심한 여성이 상당수 등장하는데 '가까이 더 가까이'라는 문구와 함께하는 구강청정제 광고, 과잉 노출된 여성용 속옷 광고, 목욕 후 수건만 착용한 여성이 등장하는 화장품 광고, 여성이 이상한 포즈로 다리를 벌린 채 나오는 변비약 광고, 선정적인 몸짓을 한 여성을 이용한 청바지 광고도 있다.

거기에다 "그가 거칠게 다룰 때 싫은 척 했지만 속으론 좋았다."라는 글까지 있어 포르노물에 등장하는 강간을 정당화하는 표현도 있다. 그 밖에 원색적인 표현으로 "커지고 세지고, 대우 봉세탁기, 구석구석 빨아줘요. 봉이니까(대우 봉세탁기)", "허리는 부드러울수록, 방망이는 단단할수록 좋다(그린소주)", "으음~기분까지 촉촉해요(롯데제과 칙촉)"는 물론 "그의 집에서 잤다. 그냥…. 잤다."는 멘트와 함께 여자는 하얀 와이셔츠만 입고 있고 남자는 반 누드 신으로 있는 원색적인 장면으로 오히려 그냥 잤다는 말이 되레 시청자들에게는 무슨 일이 있었다는 사실로 들리게 하는 '에소르 화장품 광고'는 성 욕구를 자극하기 위한 성 상품화 현상에 지나지 않는다.

대학가에 1학년 새내기들이 들어오면 선후배 간에 친해지기 위한 행사로 술자리를 만들고 술에 취하면 집에 데려다 준다는 핑계로 선배 남학생이 여학생 새내기를 데리고 나간다. 그리고 남은 학생들이 "이미 끝났을 시간인데 아직 오지 않는다."는 말을 아무렇지도 않게 주고받는 문화가 대학가에서 흔히 볼 수 있는 광경이다.

이런 현상은 대학생 사회에서 여자대학생을 인격체로 보는 것이 아니라 남학생의 성적 해소 도구로 취급하고 있는 현실의 단면을 말해준다. 여자를 물건으로 취급하는 의식은 영상매체가 '성의 상품화'를 확산 전파한 무의식 교육의 효과이다.

실제로 대학 청년학생들의 성의식 조사에 따르면 10명 중 9명이 성관계 경험자들이다. 우리 자녀들이 청운의 꿈을 안고 서울의 일류 대학과 전국의 대학가에 입학하고 있다. 그러나 왜 대학입학을 마냥 축하만 할 수 없는 마음일까? 왜 이렇게 마음이 놓이지 않고 불안한 것인가?

이 시대 미덕들 가운데 가장 핵심 미덕은 순결

우리 사회는 특히 대중매체는 대학 청년들이 주체적으로 자신의 정체성을 찾아나가도록 돕는 교육이 거의 없다. 연애하면 당연히 성관계를 하는 것이고 만일 그런 마음이 없으면 사랑하는 관계가 아니라고 단정 짓는다. 쾌락과 욕망의 시대를 살아가는 청년들이 순결을 지켜나간다는 것은 세상문화와 거꾸로 거슬러 올라가는 거의 투쟁적 삶을 살아야 한다.

그러나 아무리 자신과 투쟁적 삶이 어려워도 자연의 법칙을 어길 수 없으며, 인간의 본래 설계도인 순결한 혈통을 지켜내는 것을 일탈하는 삶을 살 수 없다. 왜냐면 법칙을 어기고 설계도를 벗어난 삶이 더욱 고통스러운 삶으로 인도하기 때문이다.

진정한 사랑은 결혼할 때까지 성적으로 보호해 주고 상대를 존중하며, 자신을 절제할 줄 알며, 책임질 줄 아는 삶이다. 이 시대에 당당하게 진리를 말할 수 있고 진리를 실천해 나가는 삶은 젊은 패기를 지닌 가장 아름다운 고군분투의 삶일 것이다. 우리 사회의 미래는 오늘의 청년대학생들에게 달려 있다. 우리 사회의 핵심가치로서의 미덕은 순결한 삶을 살아가는 것이다.

쾌락적 문화 속에 순결한 성,
가능할까?

1859년에 다윈의 진화론이 발표되면서 인간과 동물 간의 장벽이 무너지게 되었다. 인간이 동물로부터 진화하였다는 잘못된 이론이 결국 인간이 동물처럼 살게 되는 계기를 만들어 주는 기폭제가 된 것이다.

비진리의 내용이 마치 진리인양 인간의 성에 대한 연구가 진화론적 시각에서 시작되었다. 크레프트 에빙을 비롯하여 엘리스, 프로이트 등에 의해 시도된 연구들은 정신분석학, 사회학, 생물학적 연구결과들로서 인간의 성행동에 대한 태도를 변화시키는 자극제가 되어 인간의 성은 성적 쾌락을 추구하기 위한 동물적인 도구로 전락하고 말았다.

1940년 페니실린이 발명되면서 임질, 매독과 같은 성병에 대한 치료가 가능해지고, 1950년대 킨제이 연구 및 생리학적 연구결과는 인간의 성적 쾌락의 추구가 당연하게 여겨지는 성적 방종의 변혁을 가져오는 새로운 문화적 환경을 조성하는 계기가 되었다.

1960년대는 피임법까지 개발되면서 성적 쾌락을 위한 죽음의 문화가 본격적으로 출발하는 환경이 조성되었다. 이러한 환경 변화에 따라 자연스럽게 성 혁명의 시대가 열리게 되었으며, 현대인들은 과거보다 성적 쾌락을 즐기기 위해 많은 성행위를 하게 되었다.

성을 쾌락의 도구로 인식시켜온 대중매체

이러한 성적 쾌락의 환경에 불을 붙이는 도구가 인간이 발달시킨 TV, 영화, 라디오, 잡지, 인터넷, 스마트폰 등이다. 음란물이 문화상품으로 둔갑하여 영상매체를 통하여 일방적이고 획일적이고 불특정 다수에게 주는 메시지를 안방에 앉아서 즐기면서 고스란히 왜곡된 성의식을 무의식적으로 교육받고 있는 것이 현대인들의 삶이다. 이러한 거대한 성교육의 기능을 하는 대중매체는 지구촌의 사람들이 성을 쾌락적 도구로 인식하도록 하는 데 성공하였다.

현대의 젊은 청소년층들이 성적 쾌락을 추구하다보니 그 역기능적 부작용에 시달리고 있어 고통스러워하고 있다. 원치 않는 임신, 낙태, 미혼모, 미혼부, 다양한 성병, 에이즈, 성희롱, 성폭력, 동성애, 성 매매, 이혼, 가족해체, 독신주의 등의 성적 역기능의 결과에 의해 현대의 개인과 가정, 그리고 사회가 신음하면서 아파하고 있다.

진화론의 주장에 순응하다보니 인간의 성이 동물적 성으로 전락하고 만 것이다. 아니 오히려 동물적인 성보다 더욱 무질서하고 추한 지경에 떨어지게 되었다. 인간의 무질서한 성 행태는 아름다운 기러기 떼의 질서보다 못하고, 연어의 숭고한 희생정신을 따르지 못하고 있다. 닭은 짝짓는 자웅끼리만 짝짓기를 하는 특성이 있는데 닭보다 못한 인간의 문란한 성적 행태가 벌어지고 있다.

인간의 성이 동물의 성보다 무질서로 추락한 원인은 인간 조상의 타락에 기원을 두고 있다. 인간 조상이 타락한 그 당시는 타락의 문화가 없었으나 하나님의 계명을 어기고, 때 아닌 때에 때의 것을 따 먹고 음란으로 타락하였다.

현세의 우리는 성적 타락을 부추기는 문화 속에 살고 있다. 알게 모르게 무의식적으로 호흡하는 문화가 주는 메시지는 성적 쾌락을 인간이 당연히 누려야 할 권리로 인식하게 하고, 순결은 구시대의 억압적 도그마로 폄하하고 있다. 이 시대에 살고 있는 청소년들이 순결한 삶을 산다는 것은 문화가 주는 메시지의 식별력, 분별력이 없으면 불가능하다. 문화의 분별력은 영성의 눈으로 보지 않으면 분별이 어렵다.

청소년들이 모여서 즐겁게 따라 부르는 노래를 귀를 기울여 들어 보니 'TV를 껐네'라는 노래였다. 이 노래는 남자 청년이 여자 청년에게 성관계 하자고 유혹하는 가사의 내용이다. 아주 흥겹고 즐거운 음률이므로 학생들이 아무 생각 없이 흥겹게 이 노래를 열심히 따라 부르고 있었다. 그래서 "여러분들 이 노래 내용이 무엇인 줄 알고 부르는 것인가요?"라고 물으니 "아니요, 그냥, 재미있으니까 불러요."라고 답하는 것이다. 그래서 그 가사 내용이 무엇이라는 것을 알려 주었더니 다음부터는 그 노래를 부르지 않겠다고 답하는 것을 경험하였다.

인간의 성은 동물의 성보다 무질서하게 추락

분별력을 키워주는 교육 없이는 청소년들이 스스로 식별하기 쉽지 않다. 무엇이 옳고 그른가를 분별한다 해도 옳은 길을 가려는 자는 순교자가 걷는 힘든 길을 가야한다. 모든 친구들이 옳다고 행하는 길을 가지 않고 그것이 옳지 않다고 소리 내는 일은 순교자의 길을 가는 어려움이 따른다.

또래친구들이 모여서 성적으로 왜곡된 줄거리의 드라마 이야기, 쾌락적 연애의 뮤비 이야기를 재미있게 둘러앉아 이야기하며, 때론 함께 춤추며 흥겹게 노래하는데 자신만이 그것이 잘못된 것이라는 것을 알기에 함께 어울릴 수 없는 입장은 외롭고 힘들고 고독한 길을 선택하는 길이다. 어쩌면 스스로 왕따의 길을 선택하는 길이다. 메시아의 길이 그런 어렵고 힘든 고독한 길을 걸으신 본을 보여주신 길이다.

순결한 청소년들은 왜곡된 문화와 싸워서 승리하는 순교자의 길을 가고 있다. 남들이 가지 않는 길을 십자가를 짊어지고 가야 한다. 이는 창조 본연의 세계로 거슬러 올라가는 길이다. 세상 문화의 거센 물줄기를 거슬러 이겨야 한다. 싸워서 이기려면 용기가 있어야 한다. 아니면 그대로 함께 휩쓸려서 떠내려가게 된다.

현세에서 순결한 삶은 순교자의 길을 가는 용기가 필요하다. 누가 대신 싸워주지 못한다. 하늘도, 부모도, 스승도 대신 싸워 주지 못한다. 순결은 스스로의 싸움이기 때문이다. 순교자적 용기는 하늘의 참사랑으로부터 온다. 하늘의 참사랑으로부터 온 용기는 영성의 힘을 발산한다. 영성의 힘은 자기와의 싸움에서 승리할 수 있다.

영성의 힘은 자신과의 약속을 지킬 수 있으며, 아무리 달콤한 유혹의 손길이 와도 이겨낼 수 있는 힘이 발산된다. 영성은 교육을 통하여 길러질 수 있다. 영성의 불이 꺼지지 않도록 매 순간 체크해야한다. 순간적으로 꺼질 수 있기 때문이다. 그래서 항상 겸허한 마음으로 내 안의 순결미덕을 일깨우기 위한 노력을 게을리 해서는 안될 것이다.

절대 성과 순결한 성의 차이점과 공통점

절대 성의 실체완성 의미는 절대 성의 본체이신 하나님이 인간에게 축복하신 3대 축복을 완성하는 것이며, 3대 축복 완성의 기준은 참사랑 완성이다. 참사랑 완성의 핵심은 절대 성이며, 절대 성의 핵심은 '쌍의 결합의 원칙'이다.

제1축복의 완성은 하나님을 닮은 개성진리체의 인격자로서 절대 성을 완성하기 위해 '하나님 · 인간=부자 관계'의 종적 관계로서 부자일체의 참사랑 완성이다. 제2축복의 완성은 남자와 여자는 각기 하나님과 부자 관계로서 부부를 이루어, 하나님을 중심한 남편과 아내의 삼자관계로서 트리오의 참사랑 완성을 이루어야 한다.

그 터전 위에서 자녀를 출산함으로써 사위기대를 형성하여 '하나님 · 부모 · 자녀 · 형제자매관계'의 사대 심정권 완성을 하고 하나님을 중심하면 '조부모 · 부모 · 자녀' 3대권의 참사랑 완성이다. 이것이 가정 완성이다.

3대 축복의 중심은 제2축복 완성이며, 제2축복, 가정 완성의 중심은 부부 사랑 완성이다. 부부 관계에서 핵심은 참사랑이며, 참사랑의 핵심은 절대 성이며, 절대 성의 핵심은 '생식기 합일의 원칙'이다. '생식기 합일의 원칙'을 최초로 벗어난 것이 천사장과 해와의 음행이다. 인류는 그 후예이므로 '생식기 합일의 원칙'을 역사적으로 무너트리고 사는 것이 프리섹스의 행동들이다. 동성애도, 근친상간도, 혼전성관계도, 모두가 '생식기의 합일의 원칙'을 범하는 행위이다.

부부 관계 외의 모든 관계(하나님·인간, 부모·자녀, 형제자매)는 성관계가 전혀 개입되지 않는다. 하나님이 인간 조상에게 축복해 주신 핵심은 인류의 번식이다. 그래서 아브라함에게 "너의 후손이 하늘의 별처럼, 모래알처럼 번식할 것"을 축복하신 것이다. 인류의 번식이 부부의 절대 성관계만을 통해서 이루어지도록 설계되었으므로 부부 관계가 핵심적 관계이다.

절대 성의 출발

제3축복은 만물까지 참사랑하여 주관자에 이를 때 비로소 하나님을 닮은 '절대 성의 본질'의 실체를 완성하게 된다. 제1축복(종적 관계), 제2축복(종적, 횡적-6방향 관계), 제3축복(종적, 횡적-6방향, 만물세계)의 완성 기준은 각기 관계의 대상이 다르게 확대될 뿐이며, 모든 관계가 참사랑 완성이다. 제2축복의 부부 관계에서만 유일하게 절대 성관계가 적용된다.

참사랑의 출발은 '하나님·인간'의 종적 관계에서 출발한다. 종적 관계가 온전해야 '생식기의 합일의 원칙'을 지킬 수 있는 힘이 발생한다. 하나님을 배제한 참사랑과 절대 성은 없다. 인류 모두가 축복의 관문을 통과해야 절대 성이 출발할 수 있다. 3대 축복 완성에서 하나님과 공명권을 이루는 부부의 절대 성이 중요한 포인트다.

순결의 핵심적 의미가 이루어지지 않는 삶은 가정에서 참사랑관계의 삶이 시작될 수 없다. 순결이란 부부의 참사랑을 완성하기 위한 출발점이며, 토대가 되는 기초덕목이기 때문이며, 순결덕목의 구현이 없다면 부부 참사랑의 완성이 불가능하다.

절대 성과 순결한 성의 차이점은 첫째, 절대 성은 인간의 타락과 전혀 상관없는 하나님의 절대 성을 온전히 닮은 창조 본연의 이상적 모델로서의 인간의 성이다. 순결한 성은 인간 타락으로 인해 사탄의 혈통을 이어받아 더럽혀진 마음과 몸을 창조 본연의 인간으로 회복하기 위해 복귀해 나가는 성이다.

둘째, 절대 성은 하나님의 기능(작용)과 꼴(모양, 형태)의 절대 속성에 초점이 주어진 용어이며, 순결한 성은 인간의 마음과 몸의 기능과 꼴의 상태에 초점이 맞추어진 용어이다. 인간이 타락하여 마음과 몸의 기능이 본연의 기능대로 작동을 못하게 되었으며 꼴(모양, 형태)은 사탄의 혈통을 이어받아 더럽혀진 마음과 몸, 하나님과의 관계 상실, 그리고 타인과의 불륜한 관계가 되어버렸으므로 절대 속성, 또는 원래 상태로 복귀하여 본연의 순수한 기능과 꼴, 관계로 회복해야 한다.

절대 성과 순결한 성의 공통점은 인간이 궁극적으로 이루어야 할 이상적인 모델 성으로서 성의 근원, 본질, 기준, 목표, 내용이 동일하다. '하나님·인간관계=부자 관계'라는 등식이 창조설계에 그렇게 되어 있으므로 궁극적으로 인간은 창조 본연의 모습으로 돌아가야 하는 것이 숙명이다. 숙명적으로 가야 할 길을 늦추면 늦출수록 인간 스스로가 불행을 자처하는 것이다.

그러므로 우리는 순결의 실체가 되기 위해 몸부림칠 수밖에 없다. 순결한 마음과 몸을 지닌 터전 위에서 참사랑이 가능하며, 참사랑을 해야 하나님을 닮을 수 있기 때문이다. 순결하지 않은 사람이 상대에게 참사랑 한다는 것은 거짓 사랑이다.

인류는 누구나 절대 성의 본체인 하나님을 그대로 닮은 창조 본연의 절대 성의 실체로 완성할 수 있다. 그렇게 되기 위해서 먼저 마음에 자리 잡고 있는 타락성을 발본색원하고 그리고 몸은 하나님의 성전으로서 하나님의 신성이 거할 수 있도록 깨끗하고 거룩하고 건강하게 관리하기 위해 부단한 노력으로 자기와의 싸움에서 승리할 수 있도록 수행에 정진하면서 스스로를 훈련해야 한다. 이것은 각자의 몫이다.

빅뱅 사건과 인간의 성,
더 경이로운 것은?

약 138억 년 전에 대폭발인 빅뱅이 일어나 질서적인 거대한 우주
가 생성되었다. 우주의 은하계 안에는 지구를 포함한 1천억 개의 별
들이 있다. 은하의 지름은 10만 광년의 거리이다. 1광년은 빛의 속
도로 1년간 달리는 거리이다(9,454,254,955,488km). 빛의 속도는 1초에
30만 km를 달리며 지구 7바퀴 반을 돈다. 우주에는 그런 거대한 은
하계가 1천억 개가 더 있다. 인간의 두뇌로 우주의 광대함을 가늠하
기 어렵다.

빅뱅의 사건이 자연발생적으로 일어날 희박한 가능성을 예로 들
어 보면, 인쇄소에서 폭발이 일어나 활자체가 산산조각으로 흩어졌
다가 저절로 활자가 조합하여 단어를 구성하고 문장을 만들어서 백
과사전 한 권을 만든 것보다 더 가능성이 남은 사건이다. 그러나 실
제로 우주 형성과정에서 일어난 대폭발의 사건이다. 과학자들은 그
것이 어디서, 무엇이, 어떻게 일어났는가를 면밀히 조사하고 분석하

고 연구해도 그 해답을 명확하게 얻지 못하고 있다.

우리는 빅뱅이 우주 생성을 위해 하나님의 창조의 구상에 따라 그 설계도대로 일어난 사건으로 알고 있다. 빅뱅이 아무리 거대한 우주를 확장하였으며, 현재도 진행 중에 있으나 미래의 어느 시점에 가면 수소와 헬륨이 고갈되어 더 이상 별이 생성되지 않는다. 즉 유한하다.

절대 성에 의한 생명 탄생은 하나님 실체의 확장

남녀의 절대 성의 조합을 통하여 새로운 소우주의 생명이 탄생한다는 것은 하나님의 창조 가운데 가장 신비하고 무한한 가능성과 가치의 확장이다. 끝없이 펼쳐질 새 생명 창조의 연속이며 소우주의 확장이며, 하나님의 실체의 확장이다.

꽃의 향기와 인간의 향기를 비교해 보면 꽃의 향기는 십 리를 넘지 못한다. 십 리의 거리에서 벌과 나비들이 향내를 맡고 꽃에서 꿀을 채취하기 위해 날아든다. 인간의 내부에 있는 '거대한 나'는 우주를 품을 수 있는 마음이 있다. 그 마음의 미덕들을 꽃피우고 열매를 맺으면, 인격의 실체가 된다. 그 인격의 향기는 전 우주를 덮을 뿐만 아니라 미래에 인류가 존속하는 한 그 인격의 향기는 끝없이 샘솟게 될 것이다.

인간의 타락한 행동은 인간 스스로가 자신의 가장 고귀하고 신성한 성을 가장 추하고 부끄럽고 천한 것으로 전락시킨 가장 슬픈 사건이다. 미덕의 열매가 주렁주렁 열린 인격의 향기는 우주를 덮고 영원까지 가는 것이니 그런 인간을 창조하는 신비의 기관이 절대 성

기관이다. 절대 성엔 하나님의 로고스로부터 나온 보편적 법칙의 질서가 있다. 절대 성은 성도덕, 성윤리를 근간으로 하고 성윤리는 진리와 연결되어 있다. 그 진리는 불변하고 영원한 프레임, 틀이 있다. 그 틀은 인간이 변경시킬 수 없다.

자연의 4계절의 프레임을 바꿀 수 없는 것과 마찬가지로 인간의 디자인, 구조, 기능을 인간이 바꿀 수 없다. 따라서 인간의 마음의 프레임도 바꿀 수 없다. 인간이 '반드시 해야 할 것과 하지 말아야 할 것'의 마음 프레임이 설계되어 있기 때문이다.

인간이 그 프레임대로 살기만 하면 마음의 미덕들을 꽃피우고 열매를 맺어 전 우주를 덮을 수 있는 인격의 향기를 풍길 수 있다. 하지 말아야 할 것은 하지 않으면 될 것이며, 해야 할 것은 하면 되는 것이다. "진리가 너희를 자유하게 하리라."는 예수의 가르침대로 진리 안에서 진리 말씀대로 행하면 미덕들의 실체가 되며, 진리체가 되며, 절대 성의 실체가 되는 것이다.

어두움을 없애는 가장 좋은 방법으로 밝은 빛을 비추면 저절로 사라진다. 마찬가지 이치로서 자신의 마음의 그림자를 없애는 방법은 자신의 마음의 빛인 미덕들을 일깨워 빛을 발하게 하는 것이다. 그러면 자연스럽게 자신의 마음의 어두움이 사라지게 된다.

그 미덕들을 일깨우는 방법은 가장 가까이에 있는 가족들에게 미덕들을 실행해 보는 것이다. 그러면 자신은 물론 가족들의 마음에 있는 미덕들까지 일깨워져서 미덕들의 빛으로 밝아진 화목한 가족 관계가 형성된다. 미덕들과 사랑의 마음은 밝은 빛이기 때문이다.

사랑의 빛은 마음의 아픔을 치유하는 가장 강력한 빛이다. 사랑의 빛은 사랑받을 때보다 사랑할 때 더욱 강렬한 빛으로 작용한다. 자신의 마음을 사랑하는 마음으로 채워 가면 마음의 어두움은 서서히 사라지게 될 것이다.

남편이나 아내와 싸워 이기면 남편이나 아내가 가정을 지옥으로 만들고, 자녀와 싸워 이기면 자녀는 곁길로 나가거나 자신감을 잃게 된다. 부모를 이기면 부모에게 큰 상처를 입히게 된다. 천도를 어긴다는 것은 천도와 싸워 이기겠다는 것이니 망하는 길로 들어서는 것이다. 맹자의 "순천자順天子는 흥하고 역천자逆天子는 망한다."는 말대로 하나님의 설계도대로 사는 것이 행복의 길이다.

빅뱅이 경이롭고 신비한들, 사랑을 창조해내는 새 생명 탄생의 창조력에 비할까. 무한한 인격체들이 창조되어 하늘의 별처럼, 땅의 모래알처럼 향기와 빛을 내뿜는 인격체들로 성숙한 '거대한 나'를 품고 사는 미덕의 실체, 소우주가 모여 사는 천국을 창건해야 할 것이다.

생명의 문화, 절대 성을 향하여

나의 대학 강의, '성과 사랑' 과목 시간에 매 학기마다 대학생들의 성의식을 알기 위해서 성의식 조사를 하고 있다. 성의식 조사에서 낙태의 윤리적 문제와 관련한 질문에서 "태아의 생명을 인간이 마음대로 통제할 수 있는가? 인간의 자유를 인정한다면 어떤 원칙에서 태아의 낙태가 가능한가?"라는 질문에 대학생들의 90% 이상이 원치 않는 임신의 태아는 낙태가 가능하다는 응답이 나왔다.

이러한 응답은 어떤 객관적인 기준 없이 각자 스스로의 주관적인 생각으로 응답한 것이었다. 이 조사를 통하여 대학생들이 생명존엄의 윤리적 성의식과는 거리가 먼 지극히 개인 중심의 이해관계와 편의적 의식을 가지고 있다는 사실이 입증된 것이어서 경악을 금치 못하였다.

현대 우리 사회의 젊은 청년들의 성윤리 의식이 인간생명 존중사상 및 책임의식과 거리가 멀게 된 이유는 역사적 배경과 현대사회의 대중매체의 영향이 지대하다. 역사적으로 각 시대마다 대중들의 성의식을 지배하는 거대한 흐름의 지배적 텍스트가 있었다. 그리스시대에는 헬레니즘의 물본주의와 인본주의 철학으로부터 나온 그리스 신화에서 등장하는 다양한 신들의 동성애를 비롯한 자유연애와 프리섹스 성의식이 대중들의 지배적 텍스트의 역할을 하였다.

중세시대는 헤브라이즘 철학의 신본주의로서 성 어거스틴(394년)으로부터 토마스 아퀴나스(1274년)까지 약 1천 년간 절대 순결을 강조하는 성의식이 지배적 텍스트의 역할을 하면서 대중들의 성의식을 형성하였다. 근세에 와서 르네상스와 산업혁명 이후 다시 인본주의와 유물론, 다윈의 진화론(1859년)이 대두되면서 칼 마르크스(1848년)의 재력의 강조와 더불어 니체(1860년)의 권력의 강조 그리고 프로이드(1896년)의 인간의 본능적 정욕의 강조가 대중들의 성의식을 지배하는 시대를 거쳐서 현대의 다원화시대에 들어서게 된 것이다.

현대는 역사적으로 대중들의 성의식을 지배해왔던 다양한 사상들이 집합적, 다원적으로 대중들의 성의식을 지배하고 있다. 현대 대중들에게 지배적 텍스트가 된 TV, 스마트폰, 인터넷 등 대중매체들은 외모지상주의, 물질만능주의 그리고 '섹스=게임, 오락, 놀이'라는 일방적이고 획일적인 성의식을 심어주고 있다. 영상매체들의 내용은 성윤리와는 거리가 먼 일회적 성을 미화시킨다. 성, 사랑, 생명, 가족관계와 분리된 성의식을 주입한다. 성적 말초신경을 자극하는 환각적인 성적 쾌락과 공격적이고 폭력적이며 무책임한 호기심을 자극하는 뮤비, 드라마, 게임, 광고 등이 지배적 콘텐츠이다.

성적으로 환상을 심어주는 뮤비들을 대중들과 청소년들이 그대로 무의식적으로 따라 춤추고 노래하며 즐기다 보니 그 메시지가 몸에 배어 성행동으로 나타나게 된다. 성관계는 하나의 즐거운 놀이가 되고 원치 않는 임신을 하게 되면 그 태아를 죄의식 없이 낙태하게 하는 악순환을 낳고 있다. 또한 대중문화의 폭력적인 언어와 물리적 행동들은 오늘의 청소년들의 정서생활의 폭력적 언사와 행동에 영향을 끼치면서 학교폭력으로 이어지고 있다. 이러한 대중문화의 역기능들이 오늘의 대중들에게 지배적 텍스트의 역할을 하면서 그 역기능의 결과는 생명경시와 인격존엄성의 상실 그리고 무책임한 죽음의 문화로 이어지고 있다.

죽음의 문화로 치닫는 대중문화를 영성으로 식별해야

이대로 우리 사회의 역기능적인 죽음의 문화로 치닫는 대중문화를 방치하다가 우리 사회의 미래를 짊어질 청소년들이 무책임한 성행동과 폭력적 행동에 의해 피해자가 가해자가 되고 가해자가 피해자가 되어 피해자, 가해자 모두가 피해자가 되는 상처로 인해 고통과 아픔과 슬픔의 삶을 살게 되는 것을 더 이상 묵과할 수 없다.

우리는 현대 대중문화의 죽음의 문화를 거슬러서 생명의 문화를 창조해야 한다. 생명의 문화는 현재 돈을 버는 목적으로 고귀한 성을 상품화하며, 폭력물을 자연스럽게 여기게 만드는 영상매체를 생산해 내는 기획사와 방송사들이 건전한 성의식과 인격의 존엄성을 심어주는 방향으로 반전하도록 범시민운동으로부터 시작되어야 한다.

생명의 문화를 정착시키는 범시민운동은 첫째, 대중들로 하여금 영상매체들의 내용을 분석하여 잘못된 내용들을 무의식적으로 받아들이지 않도록 분별력과 식별력을 교육해야 한다. 둘째, 기획사들과 방송사들이 역기능적 영상을 양산해내는 내용들에 대하여 잘못된 것을 지적하는 목소리를 지속적으로 내는 운동을 전개해야 한다. 셋째, 기획사들과 방송사들에 소속된 가수들, 그리고 연예인들에 대한 잘못된 관행이나 횡포에 대한 내용들을 조사하는 조사위원들을 구성하여 잘못된 내용들을 바로잡아야 한다. 넷째, 생명의 존엄성과 인격의 고귀함을 함양시킬 수 있는 성 가치관을 교육하는 운동이 전개되어야 한다.

생명의 문화를 정착시킬 수 있는 성 가치관 교육내용은 모든 인간 안에 있는 미덕들을 일깨우는 절대 성 가치관이다. 인간은 누구든지 나와 똑같은 사람을 과거, 현재, 미래를 통틀어서 세계 어디에서도 찾아볼 수 없는 단 하나밖에 없는 존재이다. 즉 인간은 유일무이唯一無二한 존재다. 이 세상에서 각 개인은 자신과 똑같은 존재가 없으며 오로지 나 한 사람밖에 없는 희귀성을 지닌 가치 있는 존재다. 나의 개성, 나의 외모, 나의 성격, 나의 창조력 등이 똑같은 사람은 이 우주 가운데 어디에서도 찾아볼 수 없는 것이며 김 아무개, 박 아무개의 특성은 절대적으로 그 사람만이 가지고 있는 것이다. 다른 사람으로 대체할 수 없는 절대적이고 유일하고, 불변적이고, 영원한 것이다.

이런 절대 의미를 가진 인간은 창조자의 절대 성질을 닮아서 절대 성질을 가지고 있으면서 시간과 환경의 변화에 따라 변화, 발전하는 가변성을 동시에 지니고 존재한다. 그래서 인간의 성은 하나님의 절대 가치의 성질을 닮은 성적 존재이기 때문에 나의 생명이 존중받는 것은 물론 타자의 생명도, 태아의 생명도 당연히 존중받아야 한다는 근거가 되는 것이다.

미덕의 열매를 품고 있는 절대 성 가치관은 창조주 하나님과 인간의 관계가 부자父子 관계로서 숙명적 관계라는 것을 아는 것이다. 신과 인간의 관계가 부자관계라는 것을 인간 스스로 아무리 부정한다 해도 인간이 모를 뿐이지 변함없는 부자의 혈연관계와 같은 관계가 천도로서 진행하고 있다. 우주의 닮기 법칙相似性에 의해 인간이 자신의 부모를 닮아 유전인자 DNA가 부모와 일치하듯이 인간의 성은 하나님의 절대 가치의 성을 닮은 절대 가치의 성적 존재다.

이러한 주장을 뒷받침하는 연구의 내용이 『The Language of God』의 저자, 콜린즈Francis Sellers Collins의 책 내용이다. 그는 2015년에 저술한 책에서 'DNA는 하나님의 설계도이며, DNA에 영성이 전제되고 있다'는 내용을 발표하게 되었다. 6개국의 2천여 명의 과학자들과 10년 동안 게놈 지도를 완성한 결과, 과학자들은 DNA의 31

억 개의 복잡한 체계에서 정교하고 완벽한 질서를 보았으며, 그 질서를 해독하는 데 꼬박 31년이 걸렸다고 진술한다.

인간의 영성은 하나님의 사랑을 닮아 부자 관계의 종적 관계와 남녀 부부 관계의 횡적 관계에서, 종적·횡적으로 변함없는 사랑관계를 맺어야 하는 우주의 보편적이고 객관적 원칙이 있다는 것을 깨닫게 하는 에너지가 있다.

부부의 성이 일회적인 관계보다 쾌락의 강도 높아

미국의 필라델피아 VA 의료진 프란시스 브레넌 박사의 연구보고에 의하면 지속적인 부부의 성과 사랑 관계가 일회적인 성관계보다 정서적으로, 신체적으로 안정되고 평화로운 관계를 유지할 수 있으며, 오히려 성적 쾌락의 강도가 더욱 높이 나타날 뿐만 아니라 면역력이 2배 강화되고 노화 방지 호르몬도 2배가 나오며 스트레스 해결도 훨씬 강화된다는 과학적 연구 결과가 나왔다. 이러한 연구가 증명하듯이 인간의 성은 사랑하는 가족관계의 지속적 관계 안에서 사랑과 성이 성숙되는 것이므로 성과 사랑은 분리할 수 없는 것이다.

인간의 성적 쾌락의 강도에 대한 또 다른 연구로서 2004년에 성의학자 비버리 윗풀(세계 성 학회 부회장) 박사는 인간의 성적 쾌락은 성행위할 때 어떤 신체적 부위를 자극하는 것보다 안정된 부부 관계에서 서로 사랑하는 마음이 90%를 차지한다는 것을 연구 보고하였다. 서로 사랑하는 부부의 성관계의 뇌를 스캔하고 일회적 성관계의 뇌를 스캔한 결과 서로 사랑하는 부부의 성관계가 훨씬 쾌감의 강도가 높고, 지속적으로 사랑하는 관계에서 서로의 일체감과 편안하게 안주하는 느낌 그리고 신뢰감에서 에너지가 회복되는 느낌을 받으며 판단력이 예리해지고 머리가 맑아진다는 것이 과학적 연구로 드러나게 되었다.

인간의 성은 대중영상매체가 대중들에게 주는 암묵적인 성교육의 메시지처럼 하룻밤 만나서 성을 즐기다가 헤어지는 '원 나이트 섹스One night sex', 즉 '일회용 섹스'가 아니라는 것이다. 인간의 성은 일회용 컵이 아니다. 인간의 성은 서로 사랑하는 사이가 아니면서, 서로 누구인지도 모르면서 하룻밤 성적으로 즐기기 위해 상대를 이용하고 버리는 일회적 성적 쾌락의 도구가 아니라는 것이다. 인간의 성은 사랑, 생명, 혈연이 복합적이며 하나로 통합된 것이기 때문이다. '원 나이트 스탠드One night stand'는 인간의 성의 질서를 역행하는 행위이기 때문에 결국은 아픔과 고통이 남게 된다.

죽음의 문화를 거슬러 생명의 문화로 정착하기 위해서는 인간의 성을 일회적 놀이가 아니라 지속적인 관계를 유지하고 통합된 성으로 인식하고, 생명의 존엄성과 인격의 존귀함과 책임의식을 고취시키는 절대 성 가치관 운동을 문화운동으로 펼쳐 나아가야 한다. 역기능적 대중문화로 인해 대중들이 잘못된 성의식이 몸에 배게 되었다면 순기능적 대중문화로 전환함으로써 건강한 성의식이 몸에 배도록 생명존엄의 문화운동, 인격의 존귀함을 알리는 문화운동이 범국민적으로 전개되어야 할 것이다.

자위행위를
권장해도 될까?

어느 날 자녀를 둘 낳은 결혼한 부인으로부터 상담 전화를 받았다. 자신은 남편과 부부사이가 좋으며, 성관계도 별 문제가 없는데도 불구하고 남편이 직장에 나가고 나면 반드시 자위행위를 하고 싶어서 혼자 자위행위를 한다는 것이다. 그러나 그 부인은 그렇게 한 뒤에는 육신의 쾌락은 좋은데 마음이 개운하지 않으며, 자신의 이런 행동이 마음에 들지 않고 죄스러운 느낌이 들어서 용기를 내어 자신의 자위행위가 잘못된 것인지 알고 싶어 상담을 청하였다는 것이다.

남자의 경우도 자신의 자위행위를 하는 것이 정당한 것인지 질문하는 경우가 종종 있다. 자위행위는 스스로 생식기를 자극하여 성적 쾌감을 얻는 행위이다. 현대 사회에서는 수음뿐만 아니라 성인용품인 인공성기나 딜도 등의 도구를 사용하는 다양한 방법들이 있다.

상대가 자위하는 것을 서로 바라보며 자극을 받는 커플도 있는가 하면, 어떤 이들은 성교로는 오르가즘에 이르지 못하며 오직 자위를 통해서만 오르가즘에 다다를 수 있어 결혼생활이 행복하지 않다는 것이다.

자위행위의 정신적·신체적 폐해

성교육자들 견해 중에는 자위행위는 개인의 성적인 긴장을 스스로 해소하는 좋은 해결방법이라고 주장하며, 자위행위는 자신의 성반응을 알게 하고 성적인 감각을 개발한다고 주장하는 견해가 있다. 또한 자위행위는 남에게 피해를 주지 않는 자신만의 훌륭한 욕구 해소법이라는 생각에서 자위행위를 하는 사람들에게 죄의식, 불안, 두려움에서 벗어나도록 하고 있다.

이런 주장의 대표적 연구자가 킨제이이다. 킨제이의 연구결과들로 인해 우리나라 학교 성교육지침서도 자위행위를 권장하는 입장에 있으며, 대중들에게도 일반화되었다. 그리고 지식인이나 성 고민 상담 사이트를 보면, "자위는 죄가 아니니 즐겁고 청결하게 하면 된다. 자신의 몸을 느끼고 사랑해야 즐겁게 하는 자위가 가능하다."라는 답변이 주를 이룬다. 이것을 읽는 대중들은 몇 가지 주의사항만 지키면 계속해도 된다는 인식을 하게 되므로 자위행위를 긍정적으로 받아들인다.

전문가가 아니라도 누구나 대답할 수 있는 인터넷의 지식인 사이트에서 얻는 정보는 정확한 지식이 아니기 때문에 신뢰성이 떨어진다. 또 근거 없는 자위행위에 관한 지식이 퍼지게 되는 것도 이러한 사이트에서 시작한다. 우선 자위행위가 신체에 끼치는 폐해를 살펴본다.

첫째, 가장 먼저 상하는 것이 신장이다. 잦은 자위행위로 인해 신장의 사구체가 많이 상할 수 있는데 사구체는 우리 몸의 노폐물을 걸러 내는 곳이다. 그곳이 상하면 독소가 생기고 그것이 머리까지 올라와 뇌에도 손상을 줄 수 있다. 남성에게 아주 중요한 기관이 신장이다. 신장이 건강하면 여든 살까지 원만한 성생활이 가능한 중요한 곳이다. 지나친 자위행위를 한 사람은 나이가 들어 허리가 아프다는 통증을 호소하는 경우가 많다.

둘째, 자위행위 시에는 많은 열이 나는데 시원해야 할 고환의 환경이 그 열을 받아 정자 생성에도 무리가 온다.

셋째, 성장 호르몬의 촉진을 둔화시켜 더 자랄 수 있는 키도 덜 자라게 된다. 왜냐하면 정자가 방출되므로 다시 정자를 생성해야 하고 그렇게 하기 위해 성호르몬이 분비되면 상대적으로 성장호르몬 촉진에 방해를 받기 때문이다.

넷째, 자위행위가 지나칠 경우 염증의 원인이 될 수 있다. 요즘은 여성의 자위가 늘어가는 추세이다. 여성의 경우는 생식구조가 다르므로 지나칠 경우 남자와는 다른 문제가 발생한다. 음란물의 영향으로 이물질 사용이 늘어가고 있으며, 질 안에 이물질을 넣는 자위는 매우 위험하다. 질 안에 이물질 투입은 물론 손가락 투입도 나쁘다. 염증이 유발될 수 있고, 손톱 밑의 균으로 인해 자궁암이 발생할 가능성이 크다. 이로 인해 음순 및 요도, 방광에 염증이 생길 수 있다.

또 정신적인 폐해를 보면, 첫째로 시각과 상상능력에 음란물의 자극이 익숙해져 생각하는 뇌의 신경회로가 음란물에 길들여지고 만다. 음란물에 젖어 반복적으로 하는 자위행위는 정신적 황폐화를 가져온다.

둘째, 자위행위를 할 때는 대부분이 비정상적 상대자를 떠올리면서 그와 성행위하는 장면을 연상하게 되어 정신적으로 비윤리적 태도가 자리 잡게 된다.

셋째, 자신이 하려는 공부나 발전적인 일에 집중이 어렵다. 자위행위의 상대자가 떠올려지거나 자위행위의 느낌이 연상되기 때문이다.

그리고 결혼 후의 폐해를 보면, 첫째로 자위행위를 습관적으로 한 사람의 경우 자위행위의 성적 에너지가 뇌신경회로에 입력이 되어 자신만이 가지고 있는 성적 쾌감이 있기 때문에 결혼 후에 배우자와의 성행동에서 성적 에너지가 맞지 않게 되어 "이 사람은 나하고 성적으로 맞지 않는 사람"이라고 생각하게 되어 다른 상대를 찾기 위해 이혼하는 경우가 많다는 연구보고가 있다.

둘째, 위에서 상담한 사람의 경우처럼 배우자와 성적 행동에 별 문제가 없어도 스스로 자위행위를 하는 성적 에너지의 즐거움이 몸에 배어 있으므로 그것을 끊지 못하고 습관적으로 지속하게 되는 경우가 남자와 여자들에게 흔하다.

생식기의 존재목적에 위배되는 자위행위

절대 성의 시각에서 자위행위를 보면, 첫째, 생식기의 주인은 배우자이므로 스스로 성행동을 하는 것은 주인의식에 위배된다. 그래서 자위를 하면 자신도 모르게 죄책감을 느끼는 것이다.

둘째, 자위행위는 자연법칙에 위배되고 가치법칙에도 위배되는 행위이다. 자연법칙은 남녀의 생식기가 자웅의 관계에서 합일되는 것이므로 혼자 하는 자위행위는 자연법칙에 맞지 않으므로 자웅의 합일에서의 쾌감에 미치지 못할 뿐만 아니라 원칙에서 벗어나는 행동이므로 육체적 쾌감은 있을지 모르나 마음(생심)이 기쁘지가 않다.

셋째, 자위행위는 생식기의 존재목적에 위배되는 행동이다. 생식기관의 존재목적은 결혼 후에 부부가 서로 사랑으로 하나 되어 성숙하도록 돕는 기관이며, 생명을 잉태하는 기관이며, 출산과 양육으로 부모의 지위를 주는 기관이며, 가족 관계를 이어주는 혈통의 고리를 형성해주는 기관이다. 그리고 양심의 기능을 하는 기관이므로 하나님이 임재할 수 없는 자위행위는 이미 몸과 마음이 갈등하는 행위일 수밖에 없다.

넷째, 자위행위는 육심이 주체요 생심이 대상이 되어 창조본연의 주체·대상관계가 전복이 된 마음의 작용이다. 생심이 주체요, 육심이 대상의 위치에 서서 하나님을 중심한 창조목적을 이루기 위한 마음의 작용이 본심으로서의 성행위는 하나님과 부부가 함께하는 거룩한 자리이다. 자위행위는 하나님이 함께할 수 없는 행위이므로 거룩한 성이 아니다.

하나님이 임재하는 사람은 속사람과 겉사람 그리고 하나님이 함께하는 트리오의 관계이지만 한 몸을 이룬 성전으로서 자신의 몸은 자신의 것이 아니라 하나님이 거하시는 성전이며 배우자의 것이다. 자위행위는 하나님이 머무를 수 없기 때문에 해서는 안 된다. 하나님의 허락 아래 자웅의 생식기가 하나 될 때 그곳에 하나님이 임재한다는 천법이 존재하기 때문이다. 그래서 절대 성의 개념에는 자위행위가 자리할 수 없다.

자위행위를 주관할 수 있는 방안

자위행위를 주관할 수 있는 방안은 자위행위가 개인, 가정, 학교, 사회 전반적인 교육과 문화로부터 영향을 받아 묵시적으로 인식하여 자행되는 행동이므로 개인적 차원으로부터 가정, 학교, 사회, 국가적 차원에서 함께 공동으로 노력해야 한다는 것이다. 다양한 차원 가운데 자위행위는 개인적 행동이기 때문에 스스로 주관하는 것이 가장 중요한 해결방안이다.

첫째, 개인적 차원에서 생식기에 대한 올바른 가치관 수립이 핵심이다. 나의 몸은 하나님으로부터 태어났기 때문에 하나님의 것인 동시에 나를 낳아 준 부모님의 것이라는 인식이 중요하다. 생식기 주인은 배우자끼리 서로 엇바뀌어 있으므로 건강하고 깨끗하게 잘 관리하는 관리인으로서 미래의 배우자의 허락 없이 내 몸을 함부로 다루어서는 안 된다는 인식이 있어야 한다.

둘째, 음란물에 탐닉하는 것을 단절한다. 야한 동영상 등의 음란물을 접하게 되면 성적 충동을 부추기게 되어 결국 결심이 무너지게 되고 자위행위를 하게 되기 때문에 음란물을 탐닉하지 않는 것이 매우 중요한 일이다.

셋째, 자신의 취미를 살리거나 공부에 집중하는 등의 생활 패턴으로 바꾼다. 이성에 대한 상상이나 자위행위에 대한 정신적인 유혹에 빠지지 않도록 가급적이면 운동, 독서, 공부, 취미생활 등 평소 자신이 좋아하는 일에 몰두하면서 매우 바쁜 일상생활을 부지런히 수행하게 되면 자위행위 등 잡념에서 벗어나려는 본인의 시도에 큰 도움이 될 수 있다.

넷째, 가정적 차원에서의 해결방안으로 부모가 자녀에게 올바른 성 정체감과 가치관을 교육하는 것이다. 가정 안에서 자녀들의 모든 가치관이 형성되므로 부모가 신체적·심리적인 순결에 대해서 교육해야 한다. 교육의 전제조건은 부부가 서로 사랑하고 순결을 지켜오면서 부부에게만 허락된 성적 쾌락과 행복을 실감하고 있다는 것이 자녀들에게도 공감대가 형성해야 된다. 자녀들은 부모를 그대로 닮아서 부모의 가치관도 닮기 때문이다.

다섯째, 부모는 대중매체의 자극을 막기 위해서 인터넷의 음란사이트 규제를 강화한다. 엑스키퍼(우리 아이 PC 지킴이 Xkeeper)라는 사이트와 해피모션Happy Motion에서는 한 달에 3천 원 정도로 다운을 받으면 유해 동영상 재생 차단, 유해 사이트 차단이 가능하다. 아이들은 스마트폰의 인터넷을 통하여 유해정보에 무방비로 노출되어 있기 때문에 자의가 아니더라도 유해 정보를 접할 수 있는 환경에 놓여있으며, 유해정보 접속 장소의 대부분이 가정이며, 친구들이다.

여섯째, 부모·자녀관계가 사랑과 신뢰의 관계를 형성하여 진실한 대화로 소통할 수 있는 환경 조성이 중요하다. 자녀의 심리적·신체적 상태를 파악할 수 있기 때문이다. 청소년들은 반항기에 들어가는 경우가 있으므로 부모·자녀가 함께하는 시간을 만들어서 잘못된 길로 빠지지 않도록 도와야 한다.

일곱, 부모는 자녀들의 성 욕구 극기를 위해 체험학습을 증가시키는 것이 바람직하다. 현대는 컴퓨터 앞에 앉아 있어야 하는 시간이 많아졌다. 부모는 자녀들이 체험학습에 참여하여 심신을 단련하고 단체봉사활동으로 햇빛을 받으면서 모내기를 하거나, 개펄에서 조개잡기, 과수원일 돕기 등의 봉사체험교육을 통해 자연법칙을 스스로 몸으로 체험하면서 진정한 행복을 얻을 수 있다는 것을 터득하도록 돕는다.

여덟째, 학교교육 차원에서 성교육시간에 순결가치관 교육을 반드시 실시한다. 현재 학교성교육지침서는 자위행위를 지지하고 격려하는 교육을 하고 있다. 성교육지침서를 만드는 교육자들과 학교 교사부터 올바른 성 가치관을 수립하여 학생들을 바르게 교육해야 한다.

아홉째, 학교에서 성 욕구를 조절할 수 있는 자아 성취 욕구 프로그램을 개발하여 청소년들 스스로 자신의 성 욕구를 주관할 수 있도록 훈련한다. 성 욕구란 순간의 유혹을 뿌리치고 극복하려고 노력하는 방향에서 정신력을 기르는 것이 중요하다. 청소년시기에는 성 욕구도 강하지만 더 큰 자아 성취 욕구가 있다. 자신의 미래에 대해서 큰 희망을 품고 강한 자아 성취 욕구를 가지고 공부와 활동에 집중할 수 있도록 도와야 한다. 자신이 이루고자하는 성취 욕구가 성 욕구보다 강하면 자위행위를 자제할 수 있는 에너지가 발산되게 된다.

열째, 사회적 차원에서 성을 상품화하는 과도한 노출의 광고, TV 프로그램들의 기획사들이 방향 전환을 해야 한다. 건전한 성 풍토를 창조하기 위해서 영상매체들에 출연하는 연예인들이 성적으로 건전한 순결의 모범을 보여주고, 미디어가 그것을 칭찬하고 격려하여 성적 가치관을 높인다면 과도한 노출의 광고나 의상, 포르노 모방 작품들을 자제하게 될 것이다. 그렇게 할 수 있는 것이 언론과 방송국의 힘이다. 기획사와 방송사, 자본주들이 지금의 성 개방의 흐름을 만들어 사회의 역기능적 역할을 해왔다면 역으로 건전한 성 문화가 정착할 수 있도록 순기능의 역할을 담당해야 할 것이다.

열한 번째, 국가적 차원에서 성 전문상담자와 교육자를 배출해야 한다. 청소년 상담 중에서 가장 높은 비율을 차지하는 것은 전화 상담을 통해 행해진다. 그들의 질문들은 자위행위가 무엇인지, 자위행위가 신체에 해로운 것은 아닌지, 자신의 자위행위 횟수가 너무 많아 줄이고 싶다거나 자위행위에 대한 적당한 횟수가 얼마인지, 자위행위로 인한 죄책감, 가족들에게 자위행위의 장면이 노출되고 난 뒤 사후처리 문제 등을 상담해 온다. 인터넷에서 상담하는 답변자들은 국가가 인정하는 전문가이어야 한다. 순결학적 시각에서 절대 성 가치관과 성 정체성을 전할 수 있는 전문적인 인재를 쓰는 것이 바람직하다.

열두 번째, 국가가 나서서 잘못된 성 지식을 바로잡을 수 있도록 소설과 대중매체들을 단속해야 한다. 전쟁 시 전쟁에 반대하는 문학작품들이 나오면 국가가 그것을 단속했던 것처럼 성적인 문제들도 더 심각하게 국가가 고려해야 한다. 프리섹스와의 전쟁이기 때문이다.

열세 번째, 법적 제도를 강화하는 것이다. 대중매체에서 성적 자극을 제거하는 법을 구성하고, 인터넷에서는 왜곡된 성지식이 유포되지 않도록 법적 강화가 필요하다. 음란사이트에 대한 법으로 다음과 같은 내용들이 있다. 사이버스페이스에서의 음란물을 규정하고 있는 특별법으로는 '정보통신망 이용 촉진 및 정보보호 등에 관한 법률' 제65조 제1항 제2호 등이 있으며 기타 '성폭력 범죄의 처벌 및 피해자 보호 등에 관한 법률' 제14조, '청소년의 성 보호에 관한 법률' 제8조 등이다. 음란사이트를 규제하는 법은 있지만 그것이 쉽게 단속되지 않는 이유는 그러한 사이트를 지워나가는 사람이 부족한데 그에 비례해서 음란사이트는 셀 수 없을 만큼 많기 때문이다. 음란물 사이트를 만드는 자들을 엄벌에 처하는 강화된 법이 필요하다.

인간의 본성은
어떤 성을 원하나?

"아버님 날 낳으시고 어머님 날 기르시니
두 분 곧 아니시면 이 몸이 살았을까,
하늘같은 은덕을 어디다가 갚으오리."

　송강 정철의 '훈민가' 한 부분이다. 초등학교에 다니면서 어버이날을 맞이할 때 선생님으로부터 들어서 외었던 시조이다. 그땐 무슨 내용인지 구체적으로 이해하지 못한 채 외어서 익힌 내용이다.

　자연과학의 발달로 여성의 생식세포인 난자가 발견된 것은 1827년이고, 정자와 난자의 수정작용을 통해서 모체와는 완전히 다른 새로운 생명체가 생긴다는 것은 약 50년이 지난 후인 1875년에 발견되었다. 그때부터 과학은 임신이란 이미 있는 생명체가 성장하는 것이 아니라 어떤 새로운 존재의 창조를 뜻함을 깨닫게 된 것이다.

　그 당시, 대부분의 신학자들과 과학자들 및 교회 당국이 수태 순간 영혼 주입설을 믿게 되었다. 수정란이 생김으로써 새로운 생명체가 생긴다면, 새 생명이 생기는 그 순간, 즉 수태 순간과 동시에 영혼이 주입될 것이라고 생각하게 된 것이다.

수정란으로 생겨난 시점이 인간의 출발점

인간은 어떻게 생겨날까 하는 문제는 오래전에 과학적으로 규명됐다. 그러나 인간은 하나님으로부터 영인체를 이어받은 것은 알지 못했다. '인명은 재천人命在天'이라는 말이 있듯이 태아가 생겨나면 영계에 태어날 자리가 생겨나게 된다. 그리고 아버지의 정자는 사랑의 씨앗으로 이어받고, 어머니의 난자는 생명의 몸으로 이어받아서 '하나님·인간=부 자관계'로서 인간은 하나님과 종적 관계로부터 출발하는 것이다.

따라서 태아는 미래에 자기가 어떠한 인물이 될 것인가 하는 모든 요소들을 가지고 있다. 그래서 수정란으로 생겨난 그 시점이 인간의 출발점이라는 의미다. 하나님과 인간은 혈통적 관계를 가지고 있기 때문에 하나님을 닮게 되는 것이며, 결국 인간은 하나님의 신상과 신성이 확장된 존재로 볼 수 있다.

인간은 누구나 심정적 존재로 태어나므로 생득적으로 주변에 관심과 호기심을 나타낸다. 성장하는 과정에서 "왜?"라는 질문을 지속적으로 하면서 주변에 대한 호기심을 나타내며, 사랑받고 싶어 한다. 인간은 대상적 존재로 태어나기 때문에 하나님과 부모, 주위 사람들로부터 사랑을 받고 크게 된다. 그것은 하나님이 인간을 그렇게 설계하셨기 때문이다.

인간은 대상적으로 태어나면서 사랑을 받아야 정서적으로 안정되지만 아기는 태어나는 그 자체가 하나님과 부모, 주변 사람들에게 큰 기쁨과 행복감을 부여한다. 즉 아기가 태어나면서 부부에게 부모라는 지위를 부여한다. 부모란 자녀를 선유조건으로 그 지위를 부여받는다.

그래서 밤잠을 못 자며 아기를 키우면서도 젖을 물리는 엄마는 눈을 마주보고 방긋 웃는 아기의 얼굴만 보아도 모든 어려움과 고통이 눈 녹듯이 사라지며 행복감을 느낀다. 아기도 방긋 웃는 얼굴로 잘 성장해주는 것으로 부모에게 사랑을 돌리고 있다. 인간은 사랑을 주고받는 구조로 설계되어서 마음이 그렇게 구조되어 있다. 유아시기에 '그 아이만의 단 한 사람'의 관계로서 부모와 친밀감이 없이 사랑을 받지 못하고 성장한 아이가 만일 어른으로 성장하는 과정에서도 '나는 당신만의 단 한 사람' 관계의 사랑을 주고받는 상대를 만나지 못하면 평생 사랑에 결핍된 삶을 살 가능성이 크다.

성 문제는 사랑 문제가 가장 크며, 규범적 열매, 미덕들을 일깨우는 삶이 크게 작용한다. 인간은 태어날 때부터 윤리적 미덕들의 존재로 성장하도록 설계되어 스스로 진, 선, 미 가치의 실체가 되기 위해 노력하도록 만들어졌다. 인간의 마음 한 가운데에 양심이라는 나침반이 판사의 역할을 하고 있다. 우리 마음에 대법원의 판사 한 분을 모시고 사는 셈이다.

성장하는 과정에서 먼저 때린 사람이 나쁘다고 항변하는 경우를 종종 본다. "저 아이가 나에게 먼저 욕했어요. 저 아이가 먼저 나를 때렸어요."라고 어른들에게 고한다. 자기의 정당성을 주장하는 것이다. 왜 인간은 이렇게 자신의 정당성을 말할까? 그것은 인간의 마음이 그렇게 만들어졌기 때문이다. 자신이 바르게 살아야 하며, 미덕들의 실체가 되어야 한다는 것을 알고 있다. 그래서 살인강도를 한 부모가 자신의 자식이 자기처럼 그렇게 사는 것을 원치 않는다.

인간은 양심이 있으므로 성행동을 함부로 하면 죄의식을 느끼게 되어있다. 그러나 문화가 양심의 기준을 그르치게 만들 때는 달라진다. 오늘의 대중문화가 성장하는 청소년들의 양심 의식의 기준을 비뚤어지게 만들고 있다. "남들이 다 하니까 괜찮다. 인기 연예인들이 그렇게 하니까 나도 그렇게 해도 괜찮다."라고 양심의 기준을 왜곡시킨다. 특히 TV프로그램의 영향은 대중들에게 정당성으로 받아들여져서 대중들이 쉽게 따라간다.

대중문화가 '성=놀이'라는 의식을 대중들의 무의식 저장고에 암묵적으로 저장시켜주고 있으므로 청소년들의 성의식이 프리섹스로 치닫고 있다. 성폭력을 저지르고도 죄의식을 느끼지 못하는 실정에 이르고 있다. 이제는 '프리섹스의 종언'을 선포할 때다. 창조 본연의 본성을 회복할 때다. 인간의 본성은 미덕들의 실체인 절대 성을 완성하도록 심정적으로나 규범적으로 살 수 있게 만들어졌다. 그러나 오늘의 우리들은 본성대로 살지 못한다.

그러므로 본성에 드리워진 왜곡된 의식을 분리시키는 노력을 기울여야 한다. 그래서 식별력, 분별력 교육이 필요하다. 인간은 자정 능력이 있어서 감동적인 교육을 통하여 스스로의 의식을 바꿀 수 있다. 하나님이 인간을 심정적으로, 규범적으로 하나님을 닮아 살도록 그렇게 설계하셨으므로 어른들이 인간의 마음속에 있는 미덕들을 일깨울 수 있는 촉진자, 안내자, 도우미 역할을 함으로써 아이들이 스스로 에너지를 발산하고 감동하여 자아의식이 개발하도록 구조돼 있다.

우리가 노력해야 할 일은 원칙을 안내하고, 잠자는 미덕들을 일깨울 수 있도록 격려하는 도우미 역할이다. 안내를 통하여 인간 스스로 깨닫도록 돕는 것이다. 미덕들을 일깨우는 방법은 다양하다. 문화적으로 왜곡된 의식을 심어주었으니 문화적으로 본심의 의식을 갖도록 일깨워야 한다.

그리고 대상에 따라서 눈높이에 맞게 대상 스스로 참여할 수 있는 안내방법을 가정에서, 학교에서, 사회공동체에서 다양하게 영역별로 찾아야 한다. 드라마나 영화, 만화, 상담, 명상, 자연요법, 음악 치료, 춤 치료, 미술 치료, 비폭력 대화법, 요리 치료법, 문화 체험, 원예, 여행, 현장 체험, 역할극, 참여 활동 프로그램 등 다양하게 많다.

우리 모두가 미덕들의 열매를 맺는 인격을 꽃피울 수 있도록 하나님이 그렇게 설계하셨으므로 전체가 합심하여 다양한 방법을 동원하여 노력함으로써 인간 스스로 변하도록 노력하면 우리 모두는 본연의 마음을 회복할 수 있다.

절대 성은 한 몸

일반적으로 성은 사적인 영역의 문제라고 이해하고 있다. 학교의 성 교육이나 심리학, 상담학은 물론 여성운동가들이나 성 교육자들의 교육 내용도 그렇다. 그리고 대중들의 인식이나 법정에서의 판결 기준, 성행위 당사자들의 성 의식도 성을 지극히 사적인 문제로 이해하기 때문에 은밀하게 두 사람, 당사자들 간의 합의하에 성행위가 이루어진다. 성행위가 지극히 사적으로 이루어진다고 생각하기 때문에 남의 간섭은 물론 불가침이며, 부모의 간섭조차도 불가침이다. 만일 합의한 당사자들 간의 성행위에 대하여 누군가가 평가하거나 언급하게 되면 개인의 행복권과 인권의 침해문제로 간주된다.

그러나 개인의 행복권과 인권문제의 허용범위가 법률적으로도 분명이 존재한다. 헌법 제 37조 2항에 근거하여 사회 질서 유지와 공공복리를 위해서 불가피한 경우에는 인간의 기본권이 제한받을 수 있다고 명시한다. 행복권과 인권보장에는 상대와 타인에게 해악을 끼치지 않아야 한다는 원칙이 존재한다. 이러한 법은 자연과 인간이 따라야 하는 우주의 보편적 법칙에 의해 나온 인간의 법이다.

우주의 보편적 법칙은 인간이 만든 법칙이 아니다. 인간이 태어나고 보니 그러한 자연의 법칙과 우주의 질서를 유지하는 보편적 법칙이 인간관계에도 적용이 되고 있음을 알게 된다. 그 우주의 보편적 법칙이 바로 창조주 하나님의 로고스에 의해서 나타난 법칙이다. 이 원칙은 인간이 부정하려야 할 수 없는 필연성의 천법으로 존재하고 있다.

많은 사람들이 삶에서 생명을 부여하고 생명이 존속·성장·발전하도록 보호하고 있는 창조주를 망각하고 모든 관계선상에서 배제하고 있다. 아니 오히려 신은 죽었다고 선포하거나 아예 신이 없다고 생각하며 살아가는 대중들이 많다. 하나님을 신앙하는 것은 신앙을 원하는 사람만의 부속물로 생각한다. 그런가 하면 하나님을 믿고 따르는 신앙인들조차 자신들의 행위를 일거수일투족 관계하고 계시는 하나님을 망각하고 당사자들 간에 둘이만 잘 지내면 된다고 생각하며 그것이 행복이라고 알며 살아간다. 인간이 자신의 몸과 마음, 그리고 우주를 설계한 실존자, 설계자를 아무리 부정한다 해도 설계자, 하나님은 존재한다. 자신이 미처 못 깨달았을 뿐이다. 미덕들을 일깨우다 보면 그 원인자, 설계자의 존재를 깨닫게 되며, 만나게 된다.

본연의 인간은 하나님과 일심·일체·일념·일핵·일화의 삶을 살도록 지음 받았다. 본연의 인간은 영인체와 몸으로 구성된 영의 사람과 육의 사람, 두 사람으로 존재하면서 하나님이 함께할 때 셋은 한 몸이다. 영의 사람은 하나님과 호흡하며 소통하면서 자신의 육신과 하나 된 삶을 살고 있다. 즉 모든 본연의 인간은 '하나님+영인체+육신=트리오' 관계로서 존재하면서 동시에 한 몸이다.

하나님과 인간의 생심이 일심·일체를 이루면 일념이 되고 새로운 핵이 생겨서 발전적이고 새로운 관계로서 일화의 관계가 되어 하나님과 인간의 관계는 하나님의 신성이 나의 몸 안에 거하심으로써 나의 몸은 성전이 된다. 하나님과 나와 뜻이 같고, 사정이 같으며, 심정이 하나 됨으로써 천법을 어기려야 어길 수 없는 존재로 살게 된다. 이런 사람은 하나님이 슬퍼하고 고통스러워하시는 일탈된 성행동을 할 수 없으며, 순결한 삶으로 살게 된다.

이렇게 하나님과 일화의 관계를 갖는 순결한 남자와 여자가 각기 하나님을 중심하여 가정을 이루어 하나님의 뜻과 사정, 심정의 공명권을 이루게 되면 하나님과 떨어지려야 떨어질 수 없는 트리오관계, 하나 된 존재로서 살게 된다. 이러한 선남선녀가 부부의 연을 맺어 서로 사랑을 나누는 관계는 자연스럽게 '하나님·부부=트리오관계'이자 한 마음과 한 몸을 이룬 삶을 살게 된다. 부부가 하나님을 중심하고 서로 성관계를 할 때 그 사랑의 중심에 하나님이 계심으로써 절대·유일·불변·영원한 성, 절대 성으로서 한 몸이다.

쾌락적 성, 순결한 성,
선택은 자기 몫

우리 사회 남녀의 성은 쾌락적 성을 탐닉하는 경향이 강하다. 쾌락적 성은 가변적이고, 충동적이고 자기중심적이어서 결국 서로 깨어지게 된다. 쾌락을 목적으로 남녀가 좋아하기 시작하면 상대는 나의 쾌락을 위해 이용되는 도구가 되기 때문이다.

도구적·수단적 관계란 상대를 나의 쾌락의 도구로 사용하다가 그 효용성이 떨어지면 버리는 관계를 말한다. 이러한 관계는 서로 사랑한다고 생각하며 관계를 맺지만 엄밀히 말하여 사랑하는 관계가 아니다. 상대의 외모, 성격, 취향, 배경 등이 내가 상대를 좋아하게 된 동기가 되어서 서로 만나 함께 있으면 즐겁고 행복하기 때문에 그 상대와 관계를 맺으면 이러한 만남은 내가 좋아하고 즐거워서 만나는 쾌락적 관계이다. 나에게 만족과 즐거움을 주는 상대의 아름다움과 매력은 시간이 흐름에 따라 변할 수 있으며 나의 성격, 나의 일, 나의 기분, 나의 상황에 따라 그 매력은 감소되기 마련이다.

최고 부부 사랑과 절대 성

상대를 좋아하는 마음이 변덕스러운 것은 자기중심의 쾌락추구이기 때문이다. 자기중심적 쾌락추구는 나의 느낌, 나의 정서, 나의 판단, 그리고 나이가 들어감에 따라 그 즐거움을 주는 대상도 달라진다. 그래서 쾌락의 대상을 바꾸려고 시도한다.

특히 자기중심의 성적 쾌락을 추구할 땐 더욱 상대를 자주 교체하기 마련이다. 자기중심적 쾌락이란 역설적 성격을 가지고 있어서 쾌락에 탐닉하면 할수록 쾌락의 느낌이 반감되는 성질이 있다. 그러므로 새롭고 더 강한 쾌락을 추구하게 되어 어느새 자신의 파트너에 대한 권태감을 느끼게 되며, 새로운 상대를 찾아 눈길을 돌리게 된다.

부부 관계에서도 자기중심의 쾌락적 성에 탐닉하여 상대를 쾌락추구의 도구로 여길 때 새로운 성적 대상을 모색하게 되어 '스와핑'이라는 비윤리적 성관계까지 이르게 된다. 남녀관계에서 스킨십, 혹은 느낌이나 성적 체험으로 자기중심의 쾌락적 탐닉에 빠진다면 예상되는 관계의 깨어짐을 통해 고통과 갈등을 감내해야 한다.

부부 관계에서 성적 쾌락이란 인간에게 부여된 특권으로서 부부의 사랑을 성숙시키는 촉진제 작용을 한다. 그러나 사랑하는 마음없는 육체적인 성관계는 그 어떤 성적 기교를 부려도 최고의 성적 쾌락과 행복을 누릴 수 없다. 왜냐면 부부 관계의 최고의 성적 쾌락을 위한 최고의 성감대는 서로 사랑하는 마음이기 때문이다.

사랑의 요소 가운데 가장 중요한 것은 봉사와 희생이다. 상대를 위해 봉사를 하려면 상대가 무엇을 원하는지 알아야 되며, 알기 위해서 상대에게 관심을 쏟으며, 상대를 알고 지성껏 위해주고 배려한다. 진정으로 사랑하는 부부는 기뻐서 봉사와 희생이 이루어지므로 마음의 변덕스러움을 넘어서는 절대적 관계가 형성될 수 있다. 절대성의 삶은 서로 사랑하기 때문에 상대를 위해서 희생하고 봉사하는 것이 힘들거나 고생스럽게 느껴지는 것이 아니라 그렇게 위해 주어야 기쁘고 행복해서 나의 정성과 시간, 그리고 가진 모든 것을 아낌없이 주는 그러한 삶이다.

기쁨에서 우러나는 희생과 봉사로 맺어지는 부부 관계는 우주의 공법과 하나님의 사랑을 닮았으므로 하나님의 사랑과 우주공법의 절대·유일·불변·영원한 성질을 닮게 된다. 따라서 인체에서 사랑의 대표기관인 남녀의 생식기가 절대 생식기가 되는 것이다.

절대 생식기란 남녀가 결혼하기 전에 수많은 유혹을 물리치고 순결하게 관리하여 결혼 후에 부부의 생식기가 합일되면서 마음과 몸이 하나 되는 관계를 의미한다. 부부가 하나 된다는 의미는 영원히 하나 됨을 내포한다. 부부 관계에서 어느 누구도, 부부 외의 제3자의 개입을 1%도 허용하지 않는다. 결혼 전이나 후에도 영원히 개입할 수 없다.

절대 성의 삶은 상대가 더 이상 매력이 없어져도, 경제적 부담을 주어도, 병이 들어 평생 수발을 하게 되어도, 자신에게 잘 맞추어 주지 못해도, 상대의 역할과 기능을 못 해도, 희생과 봉사로서 상대가 힘들어할 때 땀을 닦아 주고, 슬퍼할 때 눈물을 닦아주며, 고통과 아픔을 함께 나누며, 따뜻함을 나누어서 행복한 삶을 사는 것을 말한다.

절대 성의 삶은 자신의 쾌락을 추구하기 위해 현재의 상대가 마음에 들지 않아서 다른 매력적인 상대를 찾아 곁눈질을 한다거나, 다른 행복의 대상을 모색한다거나, 자신의 고통스러운 삶을 팔자소관으로 여긴다거나 상대가 짐을 자신에게 지운 것에 대해 한숨으로 나날들을 보내는 삶을 살지 않는다. 오히려 나의 장점과 능력으로 상대를 위해 봉사하고 희생할 수 있는 기회가 주어짐을 감사하며 기쁘게 사는 삶이다.

모든 자연만물이 인간을 위해 존재하듯이 물고기가 밥상에 올라와서 주인에게 먹힐 때, 그 희생이 최고의 가치를 드러내는 것과 같은 이치이다. 물고기는 주인에게 먹혀주어서 그 가치가 드러나고, 사람은 물고기를 먹어서 영양을 섭취하게 되어 더 큰 전체를 위할 수 있는 힘이 생겨서 기쁘니 두 존재가 함께 존재목적을 이루는 것이다.

절대 성의 삶은 상대를 사랑하므로 마음 깊은 곳에서 솟아나는 기쁨으로 희생과 봉사를 하게 되니 부부 관계의 영원한 사랑을 점령할 뿐만 아니라 하나님의 사랑을 점령할 수 있어서 '하나님적 가치'로 드러나게 된다. 부부의 성적 쾌락은 절대 성 안에서 서로 진정으로 사랑할 때 최고의 기쁨으로 표현되며 무한한 행복을 누리게 된다. 부부의 서로 사랑하는 마음이 최고의 성감대이기 때문이다.

'강남 스타일'과
'절대 성 스타일'

대중매체의 영향력은 쓰나미, 태풍과도 맞먹는 힘을 가지고 있다. 특히 영상미디어는 불특정 다수의 대중들이 쉽고 재미있게 즐기도록 일방적이고 획일적인 메시지를 전달함으로써 자신도 모르게 시청각적인 영상내용이 뇌신경에 영속적인 기억으로 각인되고 결국 행동으로 표출되게 하는 힘을 가지고 있다.

오늘날 대중매체들은 '성=오락, 게임'이라는 성의식을 대중들에게 무차별적으로 심어줌으로써 언제부터인가 도덕성이 배제된 성을 재미있게 즐기는 놀이문화로 너무도 자연스럽게 인식하게 만들고 있다. 특히 성 가치관이 형성되는 과정에 있는 청소년들에게 영상미디어의 왜곡된 교육적 기능은 지대하다.

요즈음 청소년들의 놀이문화의 특징은 과거와는 크게 다르다. 과거에는 어른과 아이의 놀이문화에 차별성이 존재하고 있었으나 현재 영상미디어의 위력은 어른과 아이의 놀이문화를 점차 통합시키고 있다. 이렇게 양산되는 통합된 놀이문화의 특징은 '성적 놀이문화'로서 상당히 위험하고 심각한 문제로 부각되고 있다. 또래집단에서 동영상을 통해서 학습하게 되는 어른들의 유흥문화가 무의식적으로 아이들의 성적 놀이문화로 모방되고 있다. 포르노물에 의해 자신과 상대의 성 기관을 장난감으로 여기는 위험천만한 놀이가 확산되고 있다. 청소년들이 성폭력을 감행하고도 죄의식 없이 가벼운 장난으로 여기는 사례들이 적잖게 보고되고 있는 실정이다.

그 동영상들 가운데 폭발적인 인기를 불러일으키고 세계적인 스타로 등장하여 한류바람을 일으킨 싸이의 '강남스타일'이 있다. '강남스타일'은 아동으로부터 노인에 이르기까지 전 대중들의 인기를 누리고 있다. 농촌의 순수한 아낙네로부터 전문직업인에 이르기까지 함께 춤추며 노래하면서 일상생활의 무료함을 씻어주는 카타르시스적 영향을 주면서 '성은 즐기는 오락'이라는 왜곡된 인식을 무의식적으로 교육하는 거대한 성 교육자의 역할을 하고 있다.

'강남스타일' 가사를 보면 "정숙해 보이지만 놀 땐 노는 여자, 이때다 싶으면 묶었던 머리 푸는 여자, 가렸지만 웬만한 노출보다 야한 여자, 그런 감각적인 여자, 나는 사나이, 점잖아 보이지만 놀 땐 노는 사나이, 때가 되면 완전 미쳐버리는 사나이, 근육보다 사상이 울퉁불퉁한 사나이, 그런 사나이, 아름다워 사랑스러워, 그래 너 hey 그래 바로 너 hey, 지금부터 갈 데까지 가볼까…. 오빠 강남스타일, Eh- Sexy Lady"로 이어진다.

가사에서 성적 매력이 가장 매력적인 남녀를 부각시키고 있고 그 매력의 발산을 위해 성적인 열정으로 즐겁게 노는 것을 강조하면서 성 충동을 불러일으키고 있다. 두 남녀가 갈 데까지 가보자는 것이 어디로 가자는 것인지 알 사람은 다 안다는 것이다.

성충동 불러일으키는 '강남스타일'

'강남스타일'에서 말춤을 추는 것도 강남스타일 뮤직비디오를 제작한 기획사의 고도의 의도가 내면화되어 있다. 말은 동물 가운데 음경이 큰 동물 중의 하나로서 성적 충동을 주기에 충분한 상징성이 있는 동물이다. 뮤직비디오 속 평화롭고 천진난만하게 노는 어린이 놀이터에서 아동이 싸이와 함께 강남스타일 춤과 노래를 부르며 등장하는 장면은 어른과 아이들의 놀이문화 장벽을 무너뜨리고 있다.

문화산업과 기술만능주의교육 사이에서 아이들이 정서적·도덕적으로 위험해지고 있는 현 실정에서 아이들의 성性적 기대와 성적 기능의 조숙화 현상이 성적 첫 경험을 앞당긴다는 연구들이 있다. 이 연구는 성장기 아이들이 일찍 이성교제나 성에 주목하면 할수록 생물학적 아동기가 축소되는 개연성이 크다는 확실한 근거를 제공하고 있다.

'강남스타일'이 그 실제적 예라고 볼 수 있다. '강남스타일'의 뮤직비디오는 아이들이 어른들의 노랫말을 그대로 따라 부르게 하고 노래의 메시지가 자연스럽게 무의식적으로 몸에 배어 행동으로 나오게 됨으로써 성적 호기심과 성적 관심의 조숙화를 자극한다.

'강남스타일' 뮤직비디오의 내용을 보면, 건전한 스포츠로서 요가를 하는 장면을 장난기 섞인 성적 놀이로 느끼게 하는 장면과 평범한 아줌마들이 관광버스를 타고 일상생활을 벗어나서 자유로움을 만끽하고자 하는 분위기를 성적 놀이로 이끄는 장면, 노인까지 성적 충동에서 폭발해버리는 장면, 엘리베이터 안에서 노홍철이 성적 충동의 춤을 추는 다리 사이에 싸이가 엎드려있는 장면들은 모두가 성적 호기심과 성 충동을 자극하는 단면들로서 성적 놀이의 일상화로 대중들을 무의식화하고 있다.

지하철 안에서 현아가 봉춤을 추고 있을 때 싸이가 무엇인가에 홀린 것처럼 다가가는 시선의 벽에 노란색 A4용지에 '69'라는 검정색 숫자가 보인다. '69'의 숫자는 초등학생들까지도 포르노물을 본 학생들은 그 의미가 무엇인지를 알고 있다. 그것은 포르노물의 서브 코드이며 변태적 성 행태를 상징한다는 것을 알고 있다는 것이다.

찜질방에서 싸이가 머리를 어깨에 기대고 있는 남자는 그 눈빛이 제3의 남자를 바라보고 있다. 세 명의 남성 동성애자들을 비추어주는 장면은 동성애를 간접적으로 자연스러운 현상으로 받아들이게 하는 의도가 엿보인다.

유재석이 지하주차장에서 싸이와 말춤 추는 장면에서 입고 있는 옷은 'One night club'에서 입는 옷이다. 유재석이 남녀가 즐겁게 춤추고, 성행위를 하룻밤 놀이로 즐긴 뒤에 헤어지는 클럽에서 입는 옷을 왜 입고 나왔을까? 기획사가 이 장면을 통하여 무엇을 암시하고 싶은 것일까? 알 사람은 안다는 것이다.

싸이의 '강남스타일'은 포르노물에 살짝 베일을 가린 영상물임을 알 수 있다. 그러나 대중들은 대부분이 영상물이 주고 있는 메시지를 의식하지 못한 채 즐겁게 춤추며 노래하며 대중문화에 합류하고 있다. '강남스타일'은 한류 영상물로서 거액의 돈을 벌어들이고 있다. 정부마저도 박수치고 있으며 창조경제의 본보기로 이야기하고 있다.

'강남스타일'을 비롯해 다양한 선정적 인기 영상물들로 인해 청소년들이 성행위를 가볍게 노는 놀이로 생각하여 성관계의 문턱이 낮아져서 자신의 의지와 호기심으로 빚어진 첫 성경험의 나이가 10세로 낮아지고 있다는 것을 우리가 미처 생각하지 못하거나 외면하고 있다. 영상물은 쾌락적 성만을 아름답고 즐겁게 강조하고 청소년들이 성 호기심과 성충동에 의해 성행위 이후에 일어날 현실적 고통과 아픔은 숨겨져 있으니 이 문제의 책임소재는 누구에게 있는가?

청소년들이 성적 호기심과 성 충동으로 성행위를 하고 난 후 낙태를 하거나 혹은 미혼모, 미혼부가 되어 일생을 아픔과 슬픔 속에서 고통당하는 그들의 미래는 누가 책임질 것이며 무고한 새 생명이 낙태로 죽어가고 있는 것을 보고만 있을 것인가? 그 문제들에 대한 미래의 사회복지비용이 현재 싸이가 벌어들이는 돈의 액수보다 훨씬 많은 지출이 된다는 것을 예측하고 대비해야 한다. 이러한 영상들을 만들어내는 기획사들과 방송사들에게 성장하는 청소년들로 하여금 성관계의 문턱을 쉽게 넘을 수 있도록 부추기고 있는 책임을 물어야 할 때다.

대중문화의 영향에 피해를 입은 학생의 단적인 예를 들어본다. 대학에서 필자의 강의 '성과 사랑' 과목에서 대중문화(TV, 영화, 뮤직비디오, 만화, 게임, 드라마, 광고물 등)에 대한 분석과 비판, 그리고 그 대안에 대한 수업에 참여한 한 남학생이 필자에게 편지를 보내왔다. 그 편지는 "지금까지 자신이 대중문화의 왜곡된 무의식 성교육에 의해 '성은 놀이'라고 생각하여 성적으로 무분별하게 살아온 결과 모든 여성을 믿을 수 없어 진솔한 사랑을 할 수 없게 된 자신의 삶에 대해 깊이 후회하면서 이러한 성교육을 중학교 때 받았더라면 자신의 인생은 달라졌을 것"이라는 깊은 회한의 내용을 담고 있었다.

'강남스타일'이 대중들로 하여금 성은 하룻밤의 즐겁고 쾌락적인 가치로서 '성=오락의 가치'라는 왜곡된 메시지를 심어준다면 '절대 성 스타일'은 '성=가장 신성한 가치'라는 숭고한 가치를 부여하는 메시지이다. 절대 성은 성행위가 결코 하룻밤에 남녀가 서로 즐기다가 헤어지는 놀이가 아니라 남녀의 가장 아름답고 고귀한 사랑의 표현으로서 지속적이며, 불변의 사랑을 성숙시켜가는 행위이며 새로운 생명 탄생의 행위라는 가치관을 심어준다.

절대 성은 숙명의 '부모·자녀' 관계 창조

절대 성은 태어난 자녀가 '엄마, 아빠'라는 새로운 지위를 부여함으로써 사랑하는 가족관계를 창조하는 행위이며, 가족의 역사가 이어지는 계대가 형성됨으로써 그 부모는 태어난 자녀의 울타리가 될 뿐만 아니라 분명한 자녀의 정체성을 부여하는 가치를 강조한다. 절대 성은 '부모·자녀' 관계로서 영원히 끊을 수 없는 혈연적 숙명의 관계가 창조되며, 부모·자녀가 서로 든든한 버팀목이 되어주면서 행복을 안겨주는 거룩한 사랑과 성의 가치를 지닌 것을 인식한다. 절대 성은 인간의 행위 가운데 가장 숭고하고 창조적인 아름다운 행위다.

철학자이며 인류학자인 샤르뎅은 그의 글에서 "한 쌍의 남녀는 그들 앞에 서 있는 제3의 존재인 하나님에 의존할 때 비로소 그들의 조화로운 균형을 발견할 수 있습니다. 사랑은 트리오, 곧 남자와 여자와 하나님의 트리오 운행입니다. 모든 완성과 성취는 이 3요소의 조화적 균형에 달려있습니다."라고 하면서 하나님을 중심하고 남편과 아내가 사랑의 트리오를 이루면 사랑의 완성에 도달할 수 있다고 증언한다.

절대 성은 절대자 하나님의 사랑의 속성을 닮은 성이다. 우리는 진정으로 사랑하는 사람을 만나면 그를 결코 놓치고 싶지 않으며 그와 변함없는 영원한 사랑을 원한다. 진정 사랑하는 사람과 하룻밤 쾌락으로 끝나고 싶은 사람은 아무도 없을 것이다. 절대 성은 사랑하는 사람을 다른 사람으로 결코 대체할 수 없는, 반드시 그 사람이어야 하며 불변의 영원한 사랑을 나누고 싶은 속성이 있다. 그것은 절대·유일·불변·영원한 사랑의 속성이다. 그러한 사랑을 남녀가 나눌 때 하나님이 두 사람에게 찾아와 그 안에 임재하신다. 그것이 하나님의 신성을 이어받은 하나님과 남녀, 트리오의 사랑 관계이다.

절대 성은 절대·유일·불변·영원한 사랑의 속성

사회심리학자 에리히 프롬은 사랑에 대해 다음과 같이 말하고 있다. "만일 사람이 한 사람만을 사랑하고 다른 친구들에게 냉담하다고 한다면, 그 사랑은 상징적 집착이거나 확대된 이기심에 불과합니다. 만일 내가 한 사람을 사랑할 수 있다면 모든 사람을 사랑할 것이며 세계를 사랑할 것이며 모든 생명을 사랑할 것입니다."

에리히 프롬의 사랑의 의미는 절대 성을 이해할 때 쉽게 알 수 있다. 절대 성은 가족 관계에서 네 가지 사랑의 영역(자녀사랑—올리사랑(효), 형제자매사랑—횡적 사랑(우애), 부부 사랑—횡적 사랑(성과 애), 부모사랑—내리사랑(자애))이 사회공동체로 확장한다는 가치관을 지닌 성이다. 부부 사랑은 나머지 세 가지 사랑의 영역과 달리 남녀 간의 성관계가 허용되는 사랑이다. 그리고 남녀, '1대1'의 관계만을 허용한다. 결코 제3의 남자나 여자가 부부 사이에 개입하는 것을 용납하지 않는다. 만일 제3의 존재가 성행위나 사랑으로 개입하면 불륜이 되는 것이다.

가족관계에서 세 가지 사랑의 영역은 성관계가 허용되지 않으며 만일 성관계가 있다면 근친상간이 되는 것이다. 가정에서 자녀 사랑, 형제자매 사랑, 부모 사랑의 영역은 사회 공동체로 확대되어 많은 사람을 사랑할수록 박애주의적인 사랑으로 사회에 기여하게 된다. 이웃의 자녀들을 나의 자녀처럼, 이웃의 노인들을 나의 부모처럼, 동료관계가 깊고 넓을수록 이러한 사랑은 가족 관계를 넘어서 사회공동체로 더 나아가 국가적·세계적으로 확대하면 할수록 아름답고 숭고한 하나님을 닮은 아가페적 사랑의 가치를 지니게 된다.

'강남 스타일'이 '절대 성 스타일'로 전환될 때 가정에서 사랑과 성의 질서가 바로 세워지고 우리 사회 공동체가 성의 질서 속에서 안정되고 번영하는 사회로 나아가게 될 것이다. 어른이 어른다운 고귀한 성과 사랑의 문화, 아이가 아이다운 순수하고 아름다운 놀이문화, 가정의 성과 사랑의 질서와 안정 속에서 다함께 웃으며 발전할 수 있는 행복한 절대 성 문화를 꽃피울 그날을 우리 모두가 함께 손잡고 만들어가야 할 것이다.

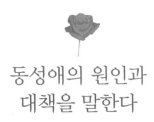

동성애의 원인과
대책을 말한다

역사적으로 동성애는 선천적이고 유전적이기 때문에 평범한 사람들의 성 정체성인 이성애로 전환하는 것이 불가능하다고 여겨왔다. 그러나 조선일보 2014년 12월 12일자 기사에 동성애는 후천적이라는 주장을 한 부산대학교 물리학교수 길원평의 인터뷰 기사가 실렸다.

길 교수에 의하면 "동성애는 유전도, 선천적인 것도 아니다. 동성애를 옹호하는 교육은 다음 세대의 성의식을 왜곡시킨다. 동성애에 대한 정확한 지식을 알리는 것이 시급하다고 생각한다."면서 동성애의 선천성에 관한 서구의 왜곡된 정보가 국내에 전해진 이후 '동성애는 유전된다'는 오해와 편견을 만들어냈다고 주장했다.

길 교수는 주간조선과의 인터뷰에서 동성애가 타고난 것인지 아닌지를 확인할 수 있는 결정적 증거는 '일란성 쌍둥이의 동성애 일치 비율'이라고 말했다. 일란성 쌍둥이는 한 개의 수정란이 나누어져 두 사람이 되었기 때문에 동일한 유전자를 갖는다. 또 한 어머니의 자궁에서 동일한 호르몬의 영향을 받았기 때문에 동성애가 유전자와 태아기 호르몬에 의해 결정된다면 일란성 쌍둥이는 당연히 높은 동성애 일치비율을 가져야 한다는 것이다.

동성애의 국내외 연구실태

미국의 유전의학자 칼 만은 1952년 "일란성 쌍둥이 중 한쪽이 동성애자일 경우 다른 한 명도 동성애자인 비율은 100%이고, 이란성 쌍둥이의 동성애 일치비율은 15%"라는 연구 결과를 발표했다. 길 교수는 "이 결과는 교도소와 정신병원 수감자를 대상으로 한 것이기 때문에 신뢰성이 떨어진다."고 말했다.

길 교수는 칼 만 연구에 대한 반박으로 2000년 이후 발표된 켄들러(미국), 베일리(호주), 랑스트롬(스웨덴) 연구를 예로 들었다. 1천 512명을 조사한 켄들러 연구(1995~1996년 · 응답률 60%)에 따르면 동성애자 비율은 2~3%였으며, 그중 쌍둥이 모두 동성애인 비율은 18.8%로 나타났다. 1992년에 응답률 53.8%의 베일리 연구는 3천 782명을 조사하여 남성 11.1%, 여성 14.6%에서 동성애 일치 비율을 보였고, 7천 652명을 조사한 랑스트롬 연구(2005~2006년 · 응답률 59.6%)는 남성 9.9%, 여성 12.1%로 나타났다.

길 교수는 "3차례의 대규모 조사에서 일란성 쌍둥이가 모두 동성애인 비율은 10% 정도밖에 되지 않기 때문에 유전에 의해 동성애가 결정되지 않는다는 것을 분명히 보여주고 있다"고 주장했다.

동성애 유발 유전자의 존재 여부도 논란의 대상이다. 1993년 미국립 암 연구소의 딘 해머 박사는 "동성애 유전자인 Xq28이 존재한다."고 발표하면서 세상을 발칵 뒤집어놓았다. 그러나 그 후 해머의 발표에 의혹을 제기하는 연구들이 계속해서 나왔다.

1999년 윌리엄 라이스 미국 샌타바버라 캘리포니아대 진화유전학 교수팀은 Xq28에 존재하는 네 개의 표지 유전자를 조사했다. 52쌍의 동성애자인 형제 사이의 유전자 공유 결과와 동성애자가 아닌 33쌍의 일반 형제 사이의 유전자 공유 결과를 비교해 보고 Xq28이 남성 동성애와 관련이 없다는 결론을 사이언스지에 발표했다.

이후 2005년 '무스탄스키 연구', 2010년 '라마고파란 연구'도 Xq28과 동성애는 관련이 없다는 결론을 냈다. 길 교수는 "동성애 유전자에 대해 부정적 결론을 얻은 연구 결과는 거의 소개되지 않으면서 일반인들에게 왜곡된 정보를 심어주었다."고 말했다.

또한 길 교수 팀은 1991년 영국의 신경과학자 사이먼 리베이가 발표한 "동성애자와 이성애자는 시상하부의 INAH3의 크기가 다르다."는 연구 결과에 대해서도 2001년 바인의 연구를 반박 자료로 제시했다.

바인에 따르면 남성 동성애자가 이성애자에 비해 INAH3의 크기는 작았지만 그 안에 있는 뉴런의 개수는 남성 동성애자와 이성애자가 비슷하고 여성에 비해서는 훨씬 많은 것으로 조사됐다. 따라서 동성애자의 INHA3의 크기가 작은 이유는 후천적 이유로 인한 신경망 감소 때문이라는 추론이 가능하다는 것이다. 바인 연구팀은 INHA3의 크기만으로 동성애와 연관성이 있다고 보는 것은 잘못이라는 결론을 내렸다.

어머니의 자궁 안에서 태아기의 성 호르몬 이상으로 동성애자가 될 가능성은 없을까. 윌리엄 라이스 미국 샌타바버라 캘리포니아대 진화유전학 교수는 2000년 네이처 지에 동성애자의 손가락 길이를 조사한 결과 태아기의 호르몬이 동성애 형성에 아주 약한 영향을 주었다고 발표했다.

길 교수팀은 태아기의 호르몬이 아닌 다른 이유로도 손가락 길이의 비 사이에 상관 관계가 존재할 수 있기 때문에 결정적 원인이라는 증거는 될 수 없다고 주장한다. 또 윌리엄의 논문 이후 두 번의 연구결과에서 일관성 있는 상관 관계가 발견되지 않았다는 것이다.

태아기 호르몬이 동성애 형성에 영향을 미치지 않는다는 연구결과는 또 있다. 1940년과 1970년 사이 유산 위기의 임산부에 합성 여성호르몬의 일종인 디에틸스틸베스트롤을 대량 투여한 적이 있었다. 이들의 2세들을 조사한 결과 딸에게서는 일반인보다 약간 높은 동성애 성향이 나타났지만 아들의 경우 20명을 조사해 보니 아무도 동성애 성향이 나타나지 않았다고 한다.

또 외부성기의 모양이 남성처럼 보일 정도로 태아기에 과다하게 남성호르몬이 분비되는 질환을 가진 여성이 동성애 성향을 나타낼 확률이 일반 여성에 비해 크게 높지 않은 것으로 조사됐다는 것이다. 길 교수팀은 태아기에 노출된 남성호르몬과 동성애 사이에 상관 관계를 입증하는 직접적인 조사결과는 없다고 결론짓고 있다.

동성애 조장하는 유해환경

동성애가 타고난 것이 아니라면 동성애를 유발하는 후천적 요인은 뭘까. 길 교수팀은 부모의 잘못된 성 역할 모델, 유년기의 불안정한 성 정체성, 잘못된 성 경험, 음란물, 동성애를 인정하는 사회풍토 등을 꼽고 있다.

성과학협회장 민성길 연세대 명예교수(신경정신과전문의 · 효자병원장)는 "동성애는 유전이라는 논리가 확산되면서 동성애는 내 탓이 아닌 유전자나 부모 탓이 되었다. 또한 동성애는 잘못된 선택이 아니라는 논리가 동성애를 확산시키고 있다. 그 책임은 잘못된 연구결과만 발표하는 언론에도 있다."고 말하고 실제 동성애로 병원을 찾은 30대 남자를 치료한 경험을 들려주었다.

"아주 잘생기고 패션 감각도 뛰어난 청년이 자신의 성 정체성에 대해 괴로워하다 병원을 찾았다. 30회 정도 정신분석 치료를 하면서 원인을 찾아보니 어린 시절 남자 어른으로부터 성폭행을 당한 경험이 있었다. 피해자들의 심리를 보면 그런 일을 당했을 때 자신의 탓으로 돌리는 경향이 있다. 내가 동성애자인가, 동성애자로 살아야 하나 보다, 스스로를 그 생각 속에 가두고 믿게 된다. 여성에 대해서는 어떤 느낌도 거부하게 된다. 그 환자도 여성을 만나봤지만 전혀 감정이 느껴지지 않고 불편하고 무섭다고 했다. 계속 치료를 하면서 자신이 이해받고 있다는 생각이 들자 스스로 마음을 열기 시작했다. 어느 날 여성이랑 데이트도 하고 스킨십도 했다면서 좋아서 찾아왔다. 그 후 결혼하고 자신의 아이도 낳았다고 말했다."

민 교수는 "동성애가 어린 시절 성적 트라우마가 원인이라는 정신의학계의 연구논문이 많다. 충격적인 성적 경험이 스스로를 동성애의 테두리에 가두는 것이다. 그 틀을 깨고 마음을 열면 동성애는 얼마든지 바꿀 수 있다."고 말한다.

동성애는 우주의 보편적 법칙을 벗어나 출산을 못 한다는 것과 에이즈AIDS의 확산이 가장 심각한 문제이다. 피에서 피로 전염되는 에이즈는 남성 동성애자들의 항문성교를 통해 가장 많이 확산된다. 동성애가 역사적으로 터부시돼 온 것은 순리가 아니기 때문이다.

그럼에도 불구하고 동성애의 인권문제 차원에서 우리나라 초·중·고등학교 성교육 지침서에서 동성애 지향성에 대하여 긍정적 시각의 교육을 하고 있으므로 우주의 보편적 원리인 쌍쌍제도(양성과 음성의 조화)를 무시하는 동성애를 지지하는 교육을 중단해야 하며, 동성애를 조장하는 유해환경과 문화를 바로 세우는 교육과 운동이 전개되어야 한다.

동성애의 성 정체성과 지향성은 가역적

동성애자를 포함한 모든 인간은 하나님의 자녀로서 하나님의 성상과 형상을 닮았으며, 양음의 조화체이고, 개성진리체로서 심정적 존재요, 로고스적 존재이며 창조성을 지닌 존재로 태어났다.

동성애의 정체성과 지향성의 근본적인 원인은 인간 시조 아담과 해와의 타락에 의해 일탈된 남녀의 성적 사랑이 가족 사랑 전체 속에 혼입하게 된 것이다. 그 결과 근친상간과 동성애가 생기고, 오이디푸스 콤플렉스 같은 것도 생기게 되었다.

동성애의 성 정체성과 지향성은 심리적 변화와 치료를 통하여 치유가 가능하다. 인간의 심리적 근저에서 움직이고 있는 것은 성적 에너지가 아니라 심정이기 때문이다. 심정의 욕구는 성적 욕구를 능가하는, 억누르려야 억누를 수 없는, 사랑하고 싶고 사랑받고 싶은 충동이다. 심정의 욕구가 성적 욕구보다 더욱 강렬하고 근원적이기 때문에 동성애 정체성과 지향성의 치유가 가능한 것이다.

동성애자의 성 정체성과 지향성은 심리적·신체적·정서적 상처의 경험으로부터 오는 심정적 상처의 결과이며 사랑의 상처의 결과이므로 심정의 상처를 치유하면 보편적 쌍의 원리(양성과 음성의 조화체)에 순응할 수 있게 된다. 동성애의 정체성과 지향성은 성장하면서 자신의 부모로부터 형제자매로부터 혹은 주위의 사람들로부터 성적으로 폭력을 당하거나 학대를 받았거나 성적 좌절을 경험한 사랑의 상처가 그 원인이므로 상처받은 사람과의 관계를 사랑의 관계로 회복하면 동성애의 치유가 가능하다. 치료에는 당사자의 심리적 치료뿐만 아니라 부모·자녀관계의 문제 해결, 영계의 선조 해원, 정신 요법, 그리고 최첨단 의학에 의한 생리학적 치료도 병행되어야 한다.

칼 융은 개인의 의식 밑에는 무의식 경험에서 유래하는 억압당한 기억이나 욕망이 가로놓여 있지만 더욱 깊은 곳에 집단적 무의식으로서 부모와 선조로부터 상속된 기억이나 행동 패턴이 있다고 생각했다. 융의 심리학은 우주의 보편적 원리 시각의 심정의 원리를 뒷받침하고 있다.

동성애자의 변화사례가 많지만 지면상 대표적으로 몇 사람을 소개한다. 첫 번째로 좌파 동성애자(레즈비언) 교수의 변화사례는 동성애가 후천적이며 보편적 원리에 순응하는 삶으로 전환의 가능성을 보여준다. 이 사례는 '크리스채너티 코리아' 2013년 10월호에 게재되어 있는 내용이다.

로사리아 샴페인 버터필드는 대학 교수였고, 좌파의 열렬한 추종자였다. 그녀는 종신 전임교수로 보장받은 영문학, 여성학 교수였다. 그녀는 정의와 도덕의 신봉자였으며, 프로이드, 헤겔, 다윈, 마르크스의 신봉자였다. 그녀는 항상 소외된 계층의 힘없는 사람들의 편을 대변하였다. 그녀는 레즈비언 파트너와 함께 에이즈 퇴치운동, 아동보건과 문맹 퇴치, 보편구원교파 활동 등에 심취하였다. LGBT 공동체(레즈비언, 게이, 양성애자, 트렌스젠더)는 가부장제와 삼위일체론을 비판하는 내용을 지역신문에 게재하였는데 이에 대해 비판하거나 지지하는 편지의 두 종류와는 다른 어느 목사에게서 전달된 한 편지를 읽게 되었다.

"당신은 어떻게 그런 결론에 도달하게 되었습니까? 당신이 옳다는 사실을 어떻게 확신합니까? 하나님의 존재를 믿습니까?"라는 내용이었다. 그녀는 지금까지 자신이 유물론의 신봉자였는데 기독교는 초자연적 세계관을 갖고 있는 것에 마음이 흔들렸으며, 그 후 자신에게 편지를 썼던 목사, 켄과 친구가 되었다. 그리고 성경책을 읽기 시작했다.

그의 연인이었던 레즈비언이 중간에 경고도 했지만 그녀는 계속 성경을 읽었고 어느 순간 켄이 목회하는 교회에까지 나가게 되었다. 그리고 그녀는 계속해서 교회를 다니고 성경을 읽다가 동성애의 삶에서 빠져나오게 되었다. 그녀는 현재 한 목사와 결혼하여 가정을 이루고 있으며, 자신의 이러한 변화된 삶을 일반서적으로 출간 과정에 있다.

동성애에서 벗어난 두 번째 사례는 게이 대니이다. 대니는 6살 때 아버지로부터 강간을 당했다. 그 이후로도 계속적으로 아버지로부터 성적 학대를 당했고 아버지는 동네의 많은 사람들에게도 대니와 성관계를 맺도록 시켰다. 그런 성폭력이 17세까지 계속되었다.

아버지의 이런 성폭력과 상처들로 인해서 대니는 동성애자가 되었다. 그리고 결혼도 했지만 이 동성애 문제는 아내에게 속이며 양성애자로서 이중적 삶을 숨길 수밖에 없었고 계속적으로 은밀하게 할 수밖에 없었다. 이러한 대니를 안타깝게 여긴 한 분의 소개로 상담센터에서 상담을 받고, 자신을 믿어주고 지지해주는 심정적 관계에 의해 대니는 자유롭고 싶어서 동성애에서 벗어나게 된다.

대니의 인생을 생각하면 매우 비참하여 우리를 마음 아프게 하지만 이제는 동성애에서 벗어나 진정으로 자유롭다고 말하는 대니를 보면 한편으로 감동적이다. 가족들이 그를 이해해 주고 용납해주고 기다려 주는 심정적 관계에서 동성애의 유혹을 벗어날 수 있었다는 것이 참으로 감동적이다.

세 번째 사례는 건강한 사회를 위한 국민연대에 실린 국내 모 방송사에서의 동성애자(레즈비언)의 변화 사례 2건에 대한 내용이다. 우리나라 방송에서 동성애자들의 변화된 사례들이 방송된 것은 이요나 목사 이후 처음이다. 그리고 2명의 변화 사례를 방송한다는 것은 매우 고무적인 일이다. 실제로 탈 동성애자들은 훨씬 더 많다.

건사연(건강한 사회를 위한 국민연대) 회원들과 친분이 있는 사람들 중에서도 탈 동성애자가 있다. 하지만 탈 동성애자들 역시 커밍아웃을 하지 않으려는 속성이 있다. 그렇기에 이 두 명의 탈 동성애자 분들의 용기 있는 행동에 큰 박수를 보낸다!

이 방송을 보면 모두 동성애자가 된 계기가 후천적이다. 가정불화와 남자에 대한 혐오감 등 어렸을 때의 상처들로 인해서 동성애자(레즈비언)가 되었다. 건사연 블로그에도 여러 동성애자들의 변화사례가 있는데 공통점은 후천적으로 동성애자가 되었다는 것이다.

청소년들이 호기심에 동성애를 접했다가 동성애자로 고착되는 경우도 많다. 그렇게 동성애자가 되면서 여러 힘든 시기들을 보내게 된다. 상처와 배신, 고민과 갈등, 자살 충동 등을 겪는 것이다. 그러다가 종교의 사랑의 힘을 통해서 동성애에서 벗어나게 된다.

동성애자들의 변화사례에서 알 수 있는 것은 동성애 성적지향은 고정된 것이 아니라 가역성이라는 것이다. 변할 수 있으며 동성애에서 벗어날 수 있다는 것이다. 성적 지향성보다 더욱 강한 심정적 관계를 통하여 새로운 삶을 선택할 수 있게 된다. 우리 사회에서 절대 성 가치관 교육이 확산되어 동성애자들 모두가 해방되는 그날이 하루 빨리 올 수 있도록 사회를 구하는 절대 성에 대한 안내와 촉진운동, 참사랑 실천운동을 확산해야 한다.

동성애는 강한 심정적 관계 통해 극복 가능

동성애의 정의에 대해서 학자들 간에 여러 의견이 있지만, 일반적으로 다음과 같은 세 가지 특징이 있을 때에 동성애자로 분류한다. 첫째, 마음 안에 동성을 향한 성적 끌림Sexual attraction을 가지고 있는 것이다. 둘째, 실제로 행동으로 옮겨서 동성과의 성관계Sexual behavior를 가지는 것이다. 셋째, 자신을 동성애자로 인정하는 동성애자로서의 성 정체성Sexual identity을 가지는 것이다.

동성애자에 대한 설문조사를 할 때에 위의 세 가지 특징 중에서 어느 정도까지 가지는 것을 동성애자로 볼 것이냐에 따라 설문조사의 결과가 달라진다. 예를 들어서 세 가지 특징을 모두 가질 때 혹은 셋째 특징인 동성애자로서의 성 정체성을 가질 때에야 동성애자로 간주하면 동성애자의 비율은 상대적으로 작은 값을 가지게 된다. 반면에 첫째 특징인 성적 끌림만 있을 때에도 동성애자로 간주하면 동성애자의 비율은 상대적으로 큰 값을 가지게 된다. 그래서 설문조사를 하는 주체가 동성애자의 비율을 높게 하려고 하는지 혹은 낮게 하려고 하는지에 따라 설문조사에서 동성애자로 간주하는 기준을 다르게 한다.

첫째 특징인 성적 끌림은 주관적인 생각이기에 어느 정도 모호성을 가지고 있으며 자신의 마음이 만들어낸 공상일 수도 있다. 따라서 첫째 특징만 가지고 있을 때에도 동성애자로 분류하면 동성애자의 비율이 과장되는 결과를 낳을 수 있다. 둘째 특징은 실제로 행동을 옮겨서 성적 관계를 맺고 있기에 좀 더 분명한 동성애자라고 볼 수 있다. 하지만 성적 관계를 얼마나 주기적으로 반복하느냐에 따라 동성애자로서의 확실성은 달라진다.

예를 들어서 어린 시절의 단순한 성적 호기심에 의해서 동성과의 성적 관계를 가질 수 있기 때문이다. 셋째 특징은 자기 스스로 동성애자로 인식하는 단계에 들어와 있기에 어느 정도 깊이 있는 동성애자로서의 삶을 살고 있다고 볼 수 있다. 따라서 동성애자로서의 성정체성이 있는 경우에만 동성애자로 간주하면 동성애자의 비율은 적어진다.

동성애자 비율과 그 기준

쉽게 비유를 들어서 설명을 하면 첫째 특징은 가끔 술을 마시고 싶다는 생각이 드는 단계에 대응이 되며, 둘째 특징은 실제로 술을 주기적으로 마시는 단계에 대응이 되며, 셋째 특징은 자신이 술이 없으면 살 수 없는 존재라고 스스로 인식을 하는, 즉 알코올 중독 환자와 같은 단계에 대응이 된다고 볼 수 있다. 남성 동성애자는 구강섹스와 항문성교, 여성 동성애자는 구강섹스와 성구를 사용함으로써 상대방의 성기를 자극하고 성적 쾌감을 느낀다. 동성애에 대한 대조어로서 남자와 여자와의 성관계를 이성애라 부르고 동성애와 이성애를 함께 하는 경우를 양성애라고 부른다. 최근 들어서 학자들은 동성애, 이성애, 양성애를 총칭하여 성적 지향이라고 부르고 있다.

첫째, 아버지의 잘못된 성역할 모델의 영향일 수 있다. 예를 들면 약하고 리더십이 없는 아버지, 사랑이 없고 무관심하거나 적대적인 아버지, 강하고 아들의 성다움을 낙담시키는 어머니, 남편의 사랑을 받지 못하고 무시를 당하여서 아들을 과잉보호하거나 사랑의 대상으로 삼는 어머니와 같은 영향이 자녀를 동성애자로 만들 수 있다고 본다. 즉 정상적인 가정에서 올바른 성역할 모델을 하는 아버지 밑에서 충분한 사랑을 받으면서 자라지 않았기 때문에 동성애가 생길 수 있다는 것이다.

둘째, 유년기의 불안정한 성정체성이 요인일 수 있다. 발육 부진이나 비만과 같은 신체적인 문제를 갖고 있어서 또래 집단으로부터 놀림과 거절을 경험함으로써 불안정한 성 정체성이 형성될 수 있다. 동성애의 뿌리는 성적인 것이 아니라 인정의 결핍, 소속감의 결핍, 박탈감, 오랜 거절감, 불안정감 등이라고 본다. 전 동성애자인 앤디 코미스키는 "대부분 동성에 대한 호감은 열 살 이전에 시작되며, 이러한 호감은 감정적이고, 성적이지 않으며, 무의식적인 것이다. 이러한 느낌이 나중에는 성적 친밀감이 사랑받고 인정을 받고 있다고 느끼는 중요 수단으로 자리매김하게 만든다."고 말했다.

셋째, 동성과의 만족스러웠던 성 경험 또는 이성과의 불만족스러웠던 성 경험이 요인일 수 있다. 성에 의한 성 학대가 여성 동성애를 야기하기도 한다. 어떤 설문 조사에서 이성애 여성의 성 학대 경험은 28%인 반면에 동성애 여성의 성 학대 경험은 75~85%에 달했다. 1994년 미국의 조사에 의하면 여성 동성애자의 41%가 성폭행과 같은 성적 학대를 경험했다고 한다. 교도소, 군대, 기숙사와 같이 동성끼리 장기 숙식하는 환경 속에서 우연히 동성애를 경험함으로써 동성애자가 될 수도 있다. 1982년 미국의 조사에 의하면 교도소 성 수감자 2,500명의 65%가 수감 생활 중에 성관계를 경험했다고 한다.

넷째, 동성애를 우호적으로 표현하는 영화, 동성애자의 성적 행위를 묘사하는 비디오, 동성애자인 친구들의 이야기 등을 통하여 동성애에 대한 호기심을 갖게 되고 행동으로 옮김으로써 동성애자가 될 수도 있다. 현대 사회로 올수록 이러한 문화의 영향에 의해서 동성애 행동을 갖는 경우가 더 많아지고 있다. 예를 들면 동성애자들의 성관계를 리얼하게 묘사하는 음란물을 청소년들이 쉽게 접할 수 있으며, 그 안에서 배우들이 묘사하는 쾌락의 모습이 청소년들로 하여금 한번 동성애를 해 보고 싶다는 열망을 가지게 만든다. 그러한 열망이 결국 한두 번 경험하게 만들고, 그 후에는 친구들에게 동성애를 권유하고 동참하게 만들어서 동성애가 청소년들에게 확산되게 된다.

다섯째, 동성애를 정상이라고 인정하는 사회 풍토가 동성애를 행동으로 옮기게 만든다. 특히 학교에서 동성애를 성교육 시간에 가르치면, 더욱 담대하게 아무런 죄책감 없이 동성 친구와 실제적으로 동성애를 경험하게 된다. 동성애가 인정되고 성적으로 자유방임적인 서구 사회에서는 마치 윤락여성과 성관계를 맺는 것처럼 정상적인 가정을 이루고 사는 남성들이 잠깐 시간을 내어서 동성과의 성관계를 맺고 있으며 아무런 죄책감을 느끼지 않는다. 동성애를 묘사하는 음란물과 동성애를 인정하는 사회 풍토가 최근 서구 사회에서 동성애자의 비율을 증가하게 만드는 주요 원인이라고 볼 수 있다.

동성애를 정상으로 인정해야 한다는 일부 학자들의 주장을 받아들여 법에 의해 동성애를 정상이라고 인정하고 학교와 사회에서 동성애를 정상으로 간주하고 가르치게 됨에 따라 급속히 다음 세대에서의 동성애자의 숫자가 증가하게 되고, 그렇게 증가한 동성애자들이 정치적인 압력단체가 되어 동성애를 정상으로 더욱 인정하게 만드는 악순환을 초래한다. 비유를 들면, 담배가 수많은 발암물질을 가진 백해무익한 것임에도 불구하고 담배를 사회적으로 묵인하고 근절하지 못하는 이유는 이미 담배에 중독된 사람의 숫자가 사회 구성원의 상당수를 차지하고 있기 때문이다.

여섯째, 다른 사람보다 더 쉽게 동성애에 빠지게 만드는 성이나 경향을 심리적으로 타고나든지 혹은 신체적인 요소를 타고나는 경우도 있다. 선천적으로 반대의 성에 가까운 외모, 소리, 체형 등의 신체적인 것을 가지고 태어난 경우이다.

일곱째, 동성애가 생기는 가장 큰 이유 중의 하나는 동성애 자체가 주는 성적 쾌감과 강한 중독성 때문이다. 동성 간의 성관계에서도 이성 간의 성관계와 비슷한 정도의 성적 쾌감을 얻을 수 있으므로 동성애를 우연히 경험한 후에 다시 하고 싶은 중독현상을 나타낸다. 알코올 마약 도박 등에 중독되는 이유가 그것들을 경험했을 때에 느끼는 쾌감 때문인 것처럼 동성애로부터 얻는 쾌감이 동성애에 빠지게 만드는 것이다. 그렇지만 동성애로부터 쾌감을 얻었고, 다시 하고 싶은 마음이 생긴다고 해서 선천적으로 동성애 경향을 타고났다고 오해하면 안 된다.

대부분의 일반인도 동성에 의한 성기 자극을 하면 쾌감을 느끼게 되어있다. 즉 동성애로부터 얻는 쾌감의 대부분도 이성애처럼 모든 사람에게 보편적으로 주어지는 것이다. 또한 동성애는 두 인체 사이에 이루어지기에 육체적 쾌감뿐만 아니라 서로 정서적 친밀감을 나눌 수 있고 동성애 상대자로부터 보호, 배려, 경제적 도움 등을 받을 수 있다. 이러한 이유와 또 동성애 상대자가 관계를 지속하기 원하며 유혹하기에 동성애는 다른 중독보다도 훨씬 더 끊기 어렵다.

위에서 열거한 요인들을 크게 선천적인 요인과 후천적인 요인으로 나눌 수 있다. 아버지의 잘못된 성역할 모델, 유년기의 불안정한 성 정체성, 왜곡된 성경험, 동성애를 미화하는 문화적 유혹과 친구의 유혹, 동성애를 인정하는 사회적 풍토와 교육 등은 후천적인 요인이라고 볼 수 있고, 반대의 성에 가까운 외모, 소리, 체형 등의 신체적인 것과 성 등의 심리적인 경향은 선천적인 요인이라고 볼 수 있다.

열거된 요인을 살펴보면, 현대 사회에서는 후천적인 요인에 의한 영향이 선천적인 요인에 의한 영향보다 더 직접적이며 크다고 볼 수 있다. 하지만 실제의 경우에서는 선천적인 요인과 후천적인 요인이 결합하여 동성애적 경향을 강화하고 증폭시키기도 한다. 예로서 타고난 심리적인 경향이 있는데다가 잘못된 아버지의 성역할 모델이 있으면 더 쉽게 동성애자가 될 수 있다. 그래서 엄밀하게 어느 정도가 후천적이며 어느 정도가 선천적인지를 분간하기 어려운 경우가 많다. 선천적인 요인은 동성애자가 되는 데 결정적인 영향을 주는 것은 아니고 후천적인 요인을 증폭시키는 역할을 한다고 보는 것이 안전하다.

나의 행복은
사랑의 질서에서

　가정에서 사랑의 영역이 네 가지가 있다. 자녀 사랑, 형제자매 사랑, 부부 사랑, 부모 사랑의 영역을 말하는 것이다. 이 네 가지 사랑의 영역 가운데 절대로 나누어 줄 수 없는 사랑의 영역과 나눌수록 좋은 사랑의 영역이 있다.

　자기 배우자 외의 다른 상대와 절대로 나눌 수 없는 사랑은 부부의 사랑이며, 나눌수록 좋은 사랑은 자녀의 사랑, 형제자매 사랑, 부모 사랑이 있다. 부부 사랑의 영역 외의 3대 사랑 영역이 사회공동체와 국가, 세계적 차원의 공동체로 확대되어 실천될 때 박애주의적 사랑, 사해동포주의적 사랑이 이루어지는 것이다.

　가족 관계는 남편과 아내로서 부부 사랑에서부터 출발한다. 가정에서 사랑의 중심은 부부 사랑이기 때문이다. 부부 사랑은 남편과 아내가 각기 한 사람의 배우자와만 사랑 관계를 맺을 수 있는 정절을 요구하게 된다.

다른 상대와 절대로 나눌 수 없는 부부의 사랑

부부의 사랑은 성관계가 허락된 유일한 사랑 관계이기 때문에 '나는 당신만의 단 한 사람'으로서 배우자와 성적 관계를 갖는 것을 요구한다. 왜냐하면 부부 사랑과 성의 관계는 부부 관계 외의 어느 제3자도 허락하지 않는 사랑의 속성이 있기 때문이며 그 속성은 보편적 법칙의 질서를 이루는 관계이기 때문이다.

부부 사랑 외의 모든 사랑의 유형은 다른 상대와 사랑을 많이 나눌수록 그 사랑의 폭과 깊이가 넓어지고, 깊고, 높아져서 확대해가는 아름다운 사랑이다. 이러한 가정의 사랑이 사회공동체로 확대하면 인류애가 되는 것이다.

이웃의 부모를 나의 부모처럼, 이웃의 청소년들을 나의 자녀처럼, 이웃을 나의 형제자매처럼 사랑을 나눈다면 그 사랑의 범위가 넓어질수록 아름다운 사랑이 될 수 있다. 이러한 사랑 관계에서는 성관계가 절대로 허용될 수 없다.

왜냐면 부모 사랑, 형제자매 사랑, 자녀 사랑은 국가, 세계, 천주까지 확대시키는 사랑이지 부부 사랑처럼 성관계에 의하여 남녀를 일체로 합일시켜서 자녀 출산과 혈통 보존의 역할을 하는 사랑의 영역이 아니기 때문이다. 만일 이 원칙을 어기게 되면 사랑의 질서가 무너짐은 물론이거니와 가족 관계가 깨어지게 됨으로써 가족의 고통과 갈등이 심화되기 시작한다.

오늘날 우리 사회는 나누어서는 안 되는 부부의 사랑을 자기 배우자 모르게 다른 상대와 혼전, 혹은 결혼 후에도 나누고 있으며, 나누면 나눌수록 아름다운 사랑의 관계에서는 사랑을 되도록 나누지 않으려고 한다.

그 가장 좋은 실례를 들면 시부모를 한 집에서 모시기 싫어서 맏아들에게 시집가는 것을 꺼리는 풍토이다. 그 남자가 좋아서 어쩔수 없이 맏아들에게 시집가게 되어도 한 집에서 시부모를 모시는 것이 싫어서 분가해서 살려고 한다.

우리 사회는 완전히 사랑의 질서가 거꾸로 가고 있다. 그렇기 때문에 부부의 이혼율이 점점 증가하게 되며, 가정 파탄이 끊임없이 증가하고 있다. 청소년들의 가출 문제, 미혼모 문제, 낙태 문제, 성폭력 문제들은 가정에서부터 사랑의 질서가 회복되지 않는 한 해결되지 않는다.

우리 모두는 행복한 가족 관계를 꿈꾸고 있다. 그러나 행복의 원천이 사랑의 질서 회복에 있다는 것을 간과하고 있다. 나 자신의 행복은 배우자를 포함한 가족들이 함께 행복해야 하며, 사회의 안정과 발전은 가정의 행복의 토대에서 출발한다는 간단한 진리를 무시하고 그렇게 실천하지 않는 사람들이 많다는 것이다.

나의 행복과 사회의 발전은 가족 관계의 사랑의 질서로부터 시작되며, 그 사랑의 질서는 혼전 순결과 결혼 후 정절 그리고 위하는 삶에서 시작된다는 간단한 진리를 잊고 살고 있다. 순결한 삶은 부부의 신뢰 관계를 형성하는 데 가장 중요한 토대가 되며, 신뢰 관계는 평화와 안정과 행복의 원천이 되는 것이다.

결국 많은 미덕들 가운데 순결의 미덕이 가족 관계의 사랑의 질서

유지의 출발점이자 토대가 되는 것이며, 가족의 사랑의 질서유지가 가족 관계의 행복을 만들어 주는 원천이다. 가족들이 행복해야 나 자신이 행복하고 사회의 안정과 평화, 그리고 발전이 가능하다는 사실을 아무리 강조해도 부족하다.

참된 프리섹스와 사랑의 질서

프리섹스의 사전적 의미는 사회적, 도덕적인 관습에 구애되지 아니하고 자유롭게 즐기는 성애이다. 프리섹스는 보편적 법칙에서 벗어난 미덕이 없는 성행위를 뜻한다. 보편적 법칙을 따른 행동의 미덕들은 문화, 인종, 시대, 사상, 종교, 국경 등을 초월해서 모든 인류에게 적용되는 인간 행동의 덕목을 말한다.

그 원칙은 '인간이 해서는 안 되는 것, 해야만 하는 것'들이며, 이것은 인간이 만든 법칙이 아닌 하나님의 로고스에서 나온 자연법칙과 가치 법칙의 열매들이다. 이러한 보편적 법칙의 미덕들을 일깨우는 데 필요한 자유 의지는 원칙에서 벗어나지 않아야 하며, 책임지는 행위여야 하고, 행위의 결과가 반드시 좋은 열매를 맺어야 한다는 뜻을 내포하고 있다.

남녀관계의 삶에서 가장 귀한 핵심가치는 성이다. 만일 성의 가치의 신성함과 고귀함을 깨닫지 못한다면 그 인생은 결국 무가치한 삶을 살게 된다. 성의 실마리를 끌어내면 줄줄이 달려 올라오는 것이 있다. 그것은 사랑, 생명, 혈통이다. 성관계를 하면 생명이 탄생되고 그 새로운 생명은 자기를 낳아 준 남녀에게 부모라는 지위를 부여한다. 즉 새로운 가족이 형성되고 친족의 혈연관계가 이어진다.

성이 사랑, 생명, 혈통이 따라다니는 가장 고귀하고 신성한 가치를 지닌 것을 놓치면서 사는 인생은 불쌍한 삶을 살게 될 것이다. 첫 경험, 즉 첫 키스, 첫사랑, 첫날밤의 신성함과 고귀함을 아무하고나 놀이처럼 가볍게 경험해 버리고 흘려버리는 인생은 후회 속에서 아름다운 기억을 더듬을 수 없는 얼마나 허무한 삶을 살게 될 것인가?

성의 신성함과 가치를 알고, 아직 누구일지 모르는 배우자를 위하여 순결을 지키는 마음은 상대를 위한 가장 크고 귀한 선물이다. 그 어떤 물질적 가치보다 귀한 순결을 간직한 마음과 몸을 첫날밤에 서로 선물하는 두 남녀의 인생은 출발부터 숭고한 가치로서 축제의 밤이 될 것이다.

순결한 남녀는 서로가 마음과 몸의 숨김이 없고, 걸림돌이 없으며, 가릴 것이 없고, 어느 누구와 비교될 것도 없고, 있는 그대로의 자신의 모습을 모두 드러내는 사랑이 가능하다. 이러한 자유로운 부부의 섹스야말로 천국을 경험하는 가장 최고의 사랑을 즐길 수 있는 참된 프리섹스가 될 것이다.

하나님이 허락한 축복 안에서 부부의 성은 진정으로 자유롭고 즐겁고 평화롭고 고귀한 행복을 만끽하는 섹스가 될 수 있을 것이다. 이러한 섹스는 자녀를 낳고 부모가 되어서 서로 진정으로 사랑하는 모습을 자녀들이 보는 앞에서 보여주어도 참된 교육이 될 것이다.

창조 본연의 성을 즐기는 부부의 모습은 하나님이 함께하는 트리오의 관계 속에서 성을 즐기니 당연히 신성하고 참된 프리섹스가 된다. 이러한 성은 우주의 쌍쌍제도에 박자를 맞추는 섹스이니 자연만물도 함께 축복하며 새소리와 바람 소리, 물소리들이 리듬을 맞추어주는 섹스가 될 것이다. 부부의 90%의 성감대는 미덕들의 열매가 가득한 마음이므로 순결한 성, 정결한 성은 그러한 부부만이 누릴 수 있는 하나님이 축복한 가장 참된 프리섹스를 즐기는 행복한 성의 특권이다.

배우자 선택기준과 절대 성

인본주의적 시각에서 배우자를 선택하는 기원을 살펴보면 사회진화론적 배우자 선택이라고 말할 수 있다. 진화론의 핵심인 적자생존의 원칙 아래 자신의 생존과 행복을 이루기 위한 배우자 선택으로 일맥상통하기 때문이다.

이 시대를 살아가는 대부분 사람들의 배우자 선택의식은 지극히 자연스럽게 자신의 행복을 위해서 배우자를 선택한다. 심리학적 시각, 상담학적 시각이 모두 개인의 행복추구를 위해 발전해온 학문이다. 즉 개인의 행복추구를 위한 인본주의적 학문의 대표적 학문이라고 말할 수 있다.

심리학과 상담학에서 인간 삶에 대한 화두는 가장 먼저 자신을 사랑할 수 있어야 상대를 사랑할 수 있다고 강조한다. 자신의 행복을 위해 자신이 동기가 된다. 자신이 자신을 사랑하는 동기가 되어 자신을 행복하게 만드는 것이다. 자신이 행복하지 않으면 남을 행복하게 해줄 수 없다는 것이다.

인본주의적 시각에서 배우자를 선택할 때 상대의 가족배경, 학력, 외모, 능력, 성격, 취미, 성향, 건강 등을 살핀다. 상대가 나의 행복을 위해 어느 정도 만족시켜줄 수 있는 조건을 갖추었느냐를 따져보는 것이다. 나를 만족시켜줄 수 있는 조건들이 구비되었을 때 나의 배우자감으로 합격이 되는 것이다.

현대 대부분의 사람들이 결혼할 배우자를 선택할 때 자신의 만족을 채워줄 수 있고, 자신의 삶을 행복하게 해줄 수 있는 조건을 갖춘 자를 찾는 것이 배우자 선택의 기준이다. 즉 자기중심의 행복조건을 중요하게 여긴다.

이렇게 만난 부부는 결혼 이후 삶에서 배우자가 자신의 만족을 기대했던 만큼 채워주지 못하면 상대를 공격하고 비난하고 무시하면서 서로의 관계에서 갈등이 시작되어 급기야 이혼의 길로 접어든다. 상대를 선택한 동기에 있어 나에게 상대가 맞추어 주어야 하고 나를 위해 살아주기를 기대하면서 배우자를 선택하였기 때문이다.

심리학과 상담학은 이렇게 위기에 처해 있는 부부들로 하여금 상대를 위해 살 수 있도록 도우면서 개인의 행복 추구를 돕는 학문이다. 그러나 한계에 부딪친다. 관계의 동기가 자신이고 하나님이 배제되었기 때문이다. 심리학과 상담학이 한계를 벗어나기 위해서는 관계 형성에서 하나님이 동기가 되어 그 관계 형성에 임재해야 한다.

인본주의적 배우자 관계는 하나님이 배제되어 있어서 남편과 아내, 둘만의 관계이므로 안전하게 정착하기가 어렵다. 둘만의 관계는 횡적이요, 직선 관계이므로 정착하기 어렵다. 평면에 정착할 수 있는 관계는 최소한 트리오의 관계를 이루어야 가능하다. 3점을 이루어야 평면이 된다.

사랑은 남자, 여자, 하나님의 트리오 운행

절대 성(나는 당신만의 단 한 사람)에서 배우자 선택은 그 출발이 근본적으로 인본주의 시각과 다르다. 절대 성의 시각은 자신을 사랑하는 동기가 하나님으로부터 온다. 하나님과 부자 관계로서 대상적 입장에서 자기 사랑이 시작된다. 하나님께 감사하고 겸손한 자세로서 자기사랑이다. 하나님의 신성이 머무는 자신으로서의 자기사랑이다. 하나님의 성전으로서 사랑해야 한다는 입장이다. 그래서 내 몸은 내 것이 아니라 하나님의 것이다.

절대 성 시각의 자기 사랑은 자기 부정으로부터 시작한다. 하나님의 신성이 임하려면 자기 자신을 비워야 하기 때문이다. 그래서 천도 앞에서 자기 부정으로 절대 신앙, 절대 사랑, 절대 복종이다. 하나님까지도 천도 앞에서 절대 신앙, 절대 사랑, 절대 복종하셨다. 인간조상 아담과 해와가 자체 자각으로 자신을 중심한 자기만족으로 시작한 것이 타락의 동기이므로 이것을 복귀시키는 길은 하나님을 중심하여 자기 자신의 마음을 비우는 것이다.

절대 성의 배우자 선택은 먼저 자신의 마음을 비우고 상대를 기쁘게 하기 위해서 실력과 능력을 연마하고 외모를 가꾸고 인격을 도야하면서 결혼을 준비한다. 나의 모든 갖추어진 내용들은 상대를 기쁘고 행복하도록 준비하였으므로 부부가 싸울 일이 없다.

결혼 준비와 두 사람이 만나는 출발점은 하나님을 중심에 모시고 상대와의 관계를 맺는 것이다. 그래서 상대를 위할 수밖에 없으며, 상대를 만족시키기 위해서 노력하고, 상대가 기쁘도록 투입하게 된다. 상대가 아파하는 일을 할 수 없다. 상대가 아파하면 하나님이 아프고 하나님이 아프면 내가 아프기 때문이다. 하나님이 중심에 계시면 트리오의 관계이므로 부부가 싸울 수 없으며, 이혼할 수 없다.

사랑은 트리오, 곧 남자와 여자 그리고 하나님의 트리오 운행이다. 격위로는 트리오관계이지만 심정적으로 공명권을 이루면 트리오가 아니라 하나다. 그래서 일심·일체·일념·일핵·일화가 가능하다.

배우자 선택에 있어서 절대 성의 시각에선 상대가 어떤 사람이라도 그는 하나님을 닮은 개성진리체요, 하나님의 분신체이다. 그가 행복할 수 있다면 무엇이든지 할 수 있는 마음의 준비를 하는 것이다. 즉 자기 자신을 비우고 하나님의 선택에 맡기는 것이다. 하나님이 나를 잘 아시고 상대를 잘 아시기 때문이다. 그리고 두 사람의 행복을 가장 바라시는 분이기 때문이다. 하나님의 선택이란 부모나 웃어른들이 선택해주는 것을 의미한다. 웃어른들이 상대를 선택하는 시각은 입체적으로 볼 수 있으나 내가 상대를 선택하는 시각은 일직선상의 시각으로 바라볼 수 있으므로 입체적인 배후의 모습을 알기 어렵다. 그래서 자신의 생각을 비우고 웃어른들의 시각을 통해서 영원한 배우자를 선택하는 것이 현명할 수 있다. 여러 통로를 통하여 배우자를 만날 수 있지만 결국 상대를 선택하는 것은 자기결정권에 의해서 배우자 선택을 하게 된다.

참사랑은 '그럼에도 불구하고' 사랑하는 것

진정한 행복은 상대가 만족해하고 기뻐하고 행복해할 때 나의 행복이 시작되는 것이다. 내가 조금 불편하고 힘들어도 양보하면서 상대를 위하고 사랑할 때 참사랑이 시작된다. 그 참사랑은 하나님이 임재해야 일시적이 아니라 지속적으로 가능하다. 그 대표적 사랑이 부모의 사랑이다. 부모는 자녀를 위해서 자신의 어렵고 힘든 삶은 아랑곳하지 않는다. 자녀가 행복하고 기뻐하면 그런 모습을 보면서 행복한 것이다. 부부 사랑도 다를 바 없다.

부부 사랑 안에는 자녀 사랑, 형제자매 사랑, 부부 사랑, 부모 사랑의 모든 사랑이 포함되어진다. 부부 사랑은 남편 입장에서 때로는 아내가 딸같이, 친구같이, 아내같이, 엄마같이 느끼게 하는 사랑을 나누는 관계다. 아내 입장에서는 남편이 아들같이, 친구같이, 남편같이, 아버지 같이 느끼는 그런 사랑이므로 부부 사랑이 가정의 사랑에서 중심에 서 있다.

참사랑이란 '그럼에도 불구하고' 사랑하는 것이다. 사랑할 수 없는 대상을 사랑하는 것이 참사랑이다. 내가 좋아하는 조건을 모두 갖춘 대상을 사랑하는 것은 세상 사람 누구나 다 할 수 있는 사랑이다. 내가 좋아하지 않고 나하고 잘 맞지 않는 사람을 위하고 그를 기쁘게 할 수 있는 사람은 이 세상 모든 사람을 사랑할 수 있는 사람이다. 그래서 자기 마음을 비우고 만난 부부가 참사랑으로 하나 된 삶은 천국의 직단 거리를 통할 수 있는 사랑이다.

Chapter 3

올바른 성 문화
정착을 위해

대중들의 가치관과 성의식은 가정에서 부모 교육으로부터 싹트기 시작하며,
학교공동체에서 또래 문화를 통하여 성의식을 공유하면서 온전한 성의식으로 형성된다.

대중매체 속에서
아이들 놀이는?

2014년 5월 21일자 중앙일보 보도에 따르면, 대학생들의 성의식 조사를 해보니 25세 이상의 대학생들 가운데 성 경험자가 82.1%가 되었다고 한다. 대학생 10명 가운데 8명 이상이 성관계를 하고 있다는 사실을 보도하고 있다. 순결한 청년들을 찾기가 쉽지 않는 상황이다. 이 보도에서 더욱 심각한 것은 제목이 '순결=시대착오적 의식'이었다. 이 제목이 말하는 것은 순결의식이 이 시대에 폐기되어야 할 의식이며, 경멸의 대상으로서의 의식이며, 구시대의 악덕이라는 것을 시사하고 있다.

대중들의 가치관과 성의식은 가정에서 부모 교육으로부터 싹트기 시작하며, 학교공동체에서 또래 문화를 통하여 성의식을 공유하면서 온전한 성의식으로 형성된다. 그러나 한국 문화의 특성은 가정에서 전통적으로 부모로부터 자연스러운 성의식 교육이 잘 이루어지지 않고 있다.

부모가 자녀들에게 전문적인 성의식 교육에 자신도 없을 뿐만 아니라 섣불리 성 담론에 대해 말하는 것을 쑥스러워하고 부자연스러워한다. 학교에서의 성의식 교육은 더욱 기대하기 어렵다. 성교육지침서에는 주로 피임교육과 생물학적 지식교육이며, 성행동에 대하여는 가치중립적 성교육을 실시하고 있고, 양성평등 교육이 성 가치관 교육으로 전부이기 때문이다.

대중매체가 '섹스 이데올로기' 교육 담당

그렇다면 대한민국에서 성장하는 자녀들의 성의식 교육을 누가 담당하고 있는가? 우리나라 현실은 대중매체, 특히 영상미디어가 거대한 성 교육자 역할을 하고 있다. 젊은 세대들이 성관계를 재미있는 쾌락의 놀이로 가볍게 생각하고 즐기게 되는 현상은 저절로 생긴 성 문화가 아니다. 청소년들이 애인이 있거나 남녀 친구가 있으면 당연히 성관계하는 것이며, 친구나 애인이 없으면 '원 나이트 스탠드 One night stand'에서 하룻밤의 섹스를 즐기지 않으면 안 되도록 몰아가며, 성 욕구가 없어도 성 충동을 일으키게 하여 강박증으로 몰고 가는 기여자는 바로 대중매체이다.

연애하면 성관계를 당연히 해야 한다는 강박증과 실행성은 대중문화가 만든 '섹스 이데올로기' 때문이다. '섹스 이데올로기'란 대중 누구에게나 좋든 싫든 무의식 저장고에 '섹스는 성 욕구를 충족시키는 쾌락의 도구'라는 성 태도를 저장시키는 것이다. '섹스 이데올로기'의 핵심은 "성욕을 가진 인간은 어떠한 방법으로라도 그 성적 욕망을 충족시켜야 한다."는 것이다. 즉 '섹스 이데올로기'는 성적 쾌락을 위해 섹스 행동이 목적이다.

'섹스 이데올로기'의 이론적 토대를 마련하고 주장한 원조 학자가 바로 정신분석심리학자 프로이드이다. 프로이드는 인간의 근본적인 에너지인 성적 에너지, 리비도에 의해 인간성장이 촉구되며, 그 성적 욕구를 어떠한 수단과 방법을 동원해서라도 분출해야만 정상적인 인간의 성장이 가능하다는 이론을 펼친 바 있다.

'섹스 이데올로기' 이론을 바탕으로 면면히 역사적으로 내려온 왜곡된 성 문화를 오늘의 대중문화가 그대로 답습하면서 불특정 다수의 대중들에게 획일적으로 '섹스 이데올로기'를 무의식적으로 교육하고 있다. TV의 기능은 사회적 공인의 기능을 하고 있다. 사회적 공인의 기능이란 TV에서 방영하는 내용들을 대중들이 그대로 믿고 수용하는 기능이 지대하다는 의미이다. 아무리 생소한 내용이라도 반복해서 방영되면 대중들은 그대로 믿고 따르는 경향이 매우 크다.

TV는 가치관이 정립되는 과정에 있는 청소년들에게는 특히 그 각인되는 정도가 강력하다. 인간의 뇌신경세포는 시청각을 통하여 들어오는 정보들을 영속적으로 전환시키는 기능이 있으므로 호기심이 극대화된 성장하는 청소년들에게는 인기 연예인들이 재미로 흘리는 이야기들의 정보들이 강력하게 각인이 될 수밖에 없다.

실제로 TV 매체는 방영하는 드라마나 인기 연예인들의 토크쇼에서 자연스럽게 이야기하는 내용들을 통하여 '놀이화된 가벼운 섹스'를 보편타당한 가치로 일반화, 보편화시키는 데 성공하였다. 즉 '섹스 이데올로기'를 보편화시키는 것에 성공한 것이다. 그런데 심각한 문제는 이러한 내용에 대하여 동의하지 못하는 대중들에게는 TV가 심각한 사회적 폭력을 행사하고 있는 것이다.

죽음의 덫으로 유인하는 TV

'섹스 이데올로기'에 대해 동의하지 않는 대중들뿐만 아니라 동의하는 대중들에게도 TV 매체는 폭력을 가하고 있는 것이다. 왜냐면 무의식적인 강력한 침투력을 가지고 대중들을 속이고 있으며 죽음의 덫으로 유인하는 왜곡된 성의식을 심어주고 있기 때문이다.

JTBC방송의 '마녀사냥' 토크쇼는 2013년 8월에 방영을 시작한 후 2015년 12월에 종방한 프로그램이다. 이 프로그램은 인기폭발의 프로그램으로서 중학생들까지도 꼬박꼬박 챙겨보는 프로그램이었다. 한 여성이 남자친구가 성관계를 하려 하지 않는다는 상담을 할 때 진행자들이 '강제순결'을 하려 한다고 새로운 단어를 만들어 내면서 시청자의 폭소를 자아내게 하고, '남자의 건강에 문제가 있기 때문'이라며 멀쩡한 남자를 '성불구자'로 만들어 폭소를 끌어내는 대중매체의 폭력적 내용을 그대로 방관해서는 안 될 것이다.

영상매체의 JTBC방송과 같은 회사인 인쇄매체 중앙일보의 보도는 "요즘 20대들의 섹스는 엄숙한 의식이 아니라 당당하고 즐거운 유희입니다. 성 인식은 인간에 대한 가장 근원적인 인식과 통합니다. 요즘 20대가 생각하는 인간에 대한 근본 자세로 읽어도 무방할 것입니다."라고 JTBC방송의 '마녀사냥'에 대해 공감한다는 의미의 기사를 보도하고 있었다.

인쇄매체와 영상매체가 한 목소리를 내면서 대중들에게 왜곡된 성 문화를 확산시킨다. 이러한 매체들은 대중들에게 폭력을 행사하는 것이다. 중앙일보 기사내용이 말하듯이 성은 당당하게 즐기는 유희라면 '성=즐거운 오락'이란 말인가? 이러한 의식에 따르면 '타인=나의 성적 즐거움의 도구'가 되는 것이다. 그렇다면 이 기사는 나를 포함한 우리 모두가 쾌락의 수단이 된다는 것을 간과하고 있다.

성을 가벼운 놀이로 웃고 말하면서 진행하는 방송인들이 그들의 말대로 살면서 쉽게 성관계하고 임신은 얼마나 했으며, 낙태를 통하여 얼마나 생명을 죽였으며, 수많은 섹스 파트너와 헤어지면서 진심으로 행복했는지 의식이 있는 대중들은 진실을 꿰뚫어 볼 수 있어야 한다. 그리고 속아 넘어가는 대중들에게 그들의 거짓을 알려주어야 한다.

대중매체가 한 방향에서 인간의 성적 욕망을 자극시키면서 성을 즐거운 놀이로만 인식시키는 '섹스 이데올로기'적 행위는 '생명을 죽이는 덫'이라는 현실이 도사리고 있다는 것을 속이는 것이다. 그러나 모든 사람을 속일 수는 없다. 분별력과 식별력이 있으며 깨어 있는 사람들을 함께 속일 수 없는 것이다. 깨어 있는 사람들은 미디어가 보여주고 있는 화려한 죽음의 덫을 분별할 줄 안다. 깨어 있는 자들의 사명은 모든 대중들이 화려한 죽음의 덫을 밟지 않도록 지속적으로 절대 성의 아름다운 열매가 있다는 사실의 깃발을 흔들면서 목소리를 내어야 한다는 것이다.

절대 성(당신만의 단 한 사람)의 열매에는 인간의 참사랑·참생명·참혈통의 아름답고 고귀한 열매가 맺는 행복이 기다리고 있다. 절대 성의 열매가 '섹스 이데올로기'의 화려한 죽음의 덫의 숲에 가려서 잘 보이지 않지만 영성의 빛을 받아 똑바로 눈을 뜨고 정신을 차려서 본다면 누구나 다 거짓과 진실이 무엇인지 분별이 가능하다.

'섹스 이데올로기'의 화려한 눈속임의 길은 보기에 탐스럽고 먹음직스럽지만 죽음의 덫이 도사리고 있다. 절대 성의 가는 길이 아무리 험난하고 고통이 따르는 어려운 길이라도 아름답고 고귀한 사랑, 생명, 혈통의 행복한 삶이 기다리고 있다. 죽음의 덫인지 아니면 생명의 열매인지, 어느 길을 선택하는가는 각기 대중들의 몫이다.

인기 끄는 성적 역기능적 프로그램

현재는 종방된 JTBC방송의 '마녀사냥'은 매주 금요일 밤, 2년 이상 지속되던 방송프로그램이다. 마녀사냥은 안방에서 청소년들이 즐겁게 지켜보는 프로그램인데도 인기 연예인들의 19금 입담이 오가는 '연애=성관계'의 등식이 당연시되는 프로그램이었다. 이 프로그램에서 연애하면 당연히 성관계하는 것이고, 만일 연애가 진도가 잘 안 나가고 정체된다고 상담하면 진행자들이 포르노, 음란물을 보라고 권한다.

이 프로그램의 내용을 보면 연애와 성을 매우 환상적인 것으로 인식하게 하면서 청소년들의 성적 충동과 호기심을 자극한다. 성관계 이후 일어나는 다양한 역기능적 현상들, 원치 않는 임신, 낙태, 미혼모, 미혼부, 성병, 잦은 성행위 결과 결혼 이후 부부갈등 등에 대한 내용들은 뒤로 숨긴 채 성적 쾌락을 부추기는 이야기들이 오간다.

마녀사냥은 청소년들의 성관계 연령이 점점 낮아지도록 부추기는 큰 몫을 담당하고 있는 프로그램이다. 이런 프로그램이 건강한 청소년들과 가정과 사회의 미래를 위해서 폐지된 것은 대단히 고무적이다. 그 이유는 우리 사회의 가정의 질서를 흔드는 역기능적 내용들을 무의식적이고 암묵적으로 교육하기 때문이다. 가정의 질서가 무너지면 사회의 안정과 질서가 무너지게 된다.

이러한 성적 역기능 프로그램이 인기를 누리고 있었던 연유는 무엇일까? 그것은 성의 기원과 본체가 무엇인가를 정확하게 모르는 무지의 결과다. 프로그램을 이끌어가는 사람들이나 그 프로그램을 시청하면서 즐거워하는 방청객, 모두가 성의 본체의 거룩함과 고귀함을 모르고 인간의 성의 기원이 어디서 시작되었는가를 모르기 때문이다. 그들은 인간의 성이 동물로부터 진화한 것이라고 인식하기 때문이다. 그래서 동물적 성 행태를 당연시하는 것이다. 인간의 성을 동물처럼 당연히 즐기는 도구로 여기는 것이다. 아니 오히려 동물보다 못하다. 동물의 세계는 엄격한 질서를 유지하고 있으니 말이다.

성의 기원과 하나님의 인간창조

인간의 성의 기원은 학교 교과서에서 배우는 진화론이 주장하는 동물로부터 진화한 것이 아니다. 또한 기존의 창조론이 설명하는 성의 기원의 과정도 아니다. 기독교 근본주의에 의하면 하나님은 문자 그대로 흙에서 순간적으로 배꼽이 없는 성인을 창조하였다고 한다. 과연 그러할까?

하나님의 창조는 먼저 환경을 준비한 후 그 환경에서 살 수 있는 생물이 형성되는 방식으로 순차적으로 진행되었다. 만물의 주관주인 인간은 그의 자연환경이 형성된 후 마지막 단계에 창조된 것이다. 지질학자나 인류학자가 밝힌 과학적 사실을 그대로 인정하지만 그 사실에 대한 해석 방식은 진화론과 차원이 다르다.

진화론은 돌연변이나 자연선택에 의해서 생물이 진화하였다고 주장하지만 하나님의 인간 창조는 인간의 창조를 목표로 하여 인간을 가장 먼저 하나님의 형상을 그대로 닮은 형상으로 구상한 후에 실제 창조과정에서는 저급한 생물에서 고급의 생물로 단계적인 창조가 이루어졌다. 모든 생물의 현상만을 볼 때 진화한 것처럼 보이나 그 과정은 진화가 아닌 하나님의 창조의 2단 구조에 의한 것이다. 먼저 구상 후 창조과정이 있었다.

인간은 하나님의 형상대로 창조되었고 광물, 식물, 동물 등의 요소와 재료로 창조되었다. 그러나 모든 생물이 6천 년 전에 일순간에 창조되었다는 기독교 근본주의 견해에 동의하지 않는다. 성서기록의 6일간이나, 6천 년이란 숫자가 문자 그대로 정확한 기간을 나타내고 있다고 보지 않기 때문이다.

인류학적으로 이성적 인간Homo Sapience이 출현하기 전에 오스트랄로피테쿠스Australopithecus의 원인猿人이나 직립원인直立原人: Homo Erectus의 단계가 있었다고 알려지고 있다. 그러나 그것은 인간의 육신을 창조하는 과정에서 필요하였던 존재라고 보며, 인간 시조 아담과 해와를 창조하기까지는 많은 비약이 있었다. 특히 아담과 해와에게는 영인체가 주어졌다는 차원에서 아담·해와의 창조는 원인猿人과는 차원이 다른 새로운 창조다.

인간이 남자와 여자로 존재하는 이유는 그 본체인 하나님을 닮아 창조되었기 때문이다. 창조주 하나님이 양성과 음성의 특성을 지닌 본체로서 존재하고 있기 때문에 인간을 포함한 모든 만물은 남성, 여성, 수컷, 암컷, 수술, 암술, 그리고 양이온, 음이온 등으로 존재양상을 취하고 있는 것이다.

분자인류학에 의하면 인류는 공통의 조상에서 출생하였다는 주장이 대두되고 있다. 세포 내에 미토콘드리아라는 작은 기관이 있는데 그 속의 어떤 DNA는 양친의 유전인자 속 혼합물인 핵의 DNA와 다르며, 모친의 DNA만을 통해서 전해지고 또 돌연변이에 의해서만 변화한다고 하면서 미토콘드리아의 DNA의 변이를 비교함으로써 인류의 순수한 계통수를 찾을 수 있다고 한다.

하와이대학의 칸Rebecca Cann 교수와 그의 동료인 캘리포니아대학의 윌슨A. Wilson 교수, 스토니킹M.S. Stoneking 교수는 출산 후의 임산부에서 얻은 태반을 공동으로 연구하였다. 그들은 미국에 거주하는 아프리카계, 구주계, 중동계, 아시아계의 임산부 147명에서 태반을 얻어 미토콘드리아의 DNA를 추출하고 그것을 연구 조사하였다.

그 결과 현대인의 미토콘드리아의 DNA가 지닌 변이는 20만 년 전 아프리카에 있었던 한 여성의 미토콘드리아의 DNA에서 유래하였다는 결론에 도달한 것이다. 이 연구의 성과는 1987년 미국의 인류학회에서 발표되어 격렬한 논쟁을 불러일으켰다. 1988년 1월 뉴스위크지가 이것을 특집으로 다루었는데 그 내용은 다음과 같다.

"아메리카의 과학자들이 해와의 족적을 발견하였다고 발표했을 때 인류학 사상 최고의 논쟁의 불이 다시 붙었다. 그것은 인류의 기원을 에워싼 논의이다…. 그 결과 최대의 논의를 불러일으킨 것은 현대인이 세계의 여러 곳곳에서 일정한 과정을 거쳐서 진화한 것이 아니라는 것이다. 지금까지 인류학자들의 통설이 부정되었던 것이다. 고대형 인류가 이른바 현대 인류인 이성적 인간에 이른 과정은 '해와가'라는 한정된 일점에서 일어났던 것이다."

이것은 '해와 가설' 또는 '에덴동산 가설'이라고 불리는데 과학자의 입장에서 아담·해와가 인류 시조라는 창조론을 지지하는 의미 깊은 연구였다고 볼 수 있다. 이러한 연구는 더욱 활성화될 것으로 기대하며 과학자들의 연구 성과는 창조론을 지지하는 방향으로 선회하여 종교와 과학은 진정한 의미에서 하나 되어 소통할 것이다.

인간의 성의 기원에 대해서는 위에서 말한 바와 같이 진화에 의해 인간의 성이 출현한 것이 아니라 과학적으로나 신학적으로나 신빙성 있는 창조에 의한 하나님의 본체를 닮아서 인간의 성이 출현했다고 이해할 수 있다. 닮기 법칙에 따라 창조주 하나님을 닮아서 인간의 성, 남자와 여자를 포함한 만물은 수컷, 암컷, 수술, 암술, 그리고 양이온, 음이온 등으로 쌍쌍제의 존재양상을 취하고 있다.

이러한 자웅의 존재목적은 서로 사랑하기 위함이다. 창조 전에 하나님이 제일 중요하게 생각하시고 모든 것을 투입하여 마음을 다하여 정성껏 노력하여 만든 것은 인간의 가장 중요한 생식기다. 인간의 생식기는 그 본체인 무형의 하나님의 사랑, 생명, 혈통의 궁전으로서 하나님이 거할 수 있는 가장 신성하고 거룩한 곳이다. 그러나 인간의 타락으로 생식기가 거짓 사랑, 거짓 생명, 거짓 혈통을 이어가는 가장 추하고 부끄러운 장소가 되어버렸다. 현대인들이 아무런 양심의 가책 없이 당연한 것처럼 공공연하게 TV프로그램에서 생식기를 상품화하여 쾌락의 도구로, 놀이의 도구로 추락시키고 있다.

창조 본연의 인간의 성은 하나님이 임재하신 가운데 남자와 여자가 남편과 아내로서 서로 사랑 완성을 실현하여 가족을 형성하고 일족을 이루어 종족으로 번성하여 세계적 인류로서 확대됨으로써 하나님 아래 인류 대가족을 형성한 하나님을 닮은 절대 성의 문화와 역사가 존속하게 되어 있었다.

이제 창조 본연의 생식기의 신성함을 되돌려 놓아야 한다. 하나님의 절대 성을 닮은 인간의 성으로서 절대 성, 유일 성, 불변 성, 영원한 성으로 회복해야 한다. 그 길은 성의 기원과 본체를 정확하게 알고 순결한 성, 정결한 성을 지킴으로써 절대 성의 완성을 이루는 것이다.

동성애자의 인권인가?
동성애의 인권인가?

유엔UN 헌장에서는 "인종, 성, 언어, 종교에 상관없이 인간의 권리와 기본적인 권리를 존중하고 준수할 것"을 서약하고 있다. 따라서 동성애 인권이란, 동성애자에 대하여 똑같은 인간의 기본적 권리를 부여하여 생명, 자유, 평등에 대한 기본적인 인권을 보장해야 함을 뜻하는 것이다.

인권운동은 차별에 반대하고, 인간의 존엄성을 옹호하고 높이기 위한 실천을 그 덕목으로 삼는다. 인권운동은 문서로 확인된 권리들을 현실에서 확보해나가는 운동인 동시에 새롭게 그 개념과 폭을 확대하면서 재창조해간다.

인권운동은 사회적 약자들의 삶과 주장에 주목하며 다양한 사회적 약자들의 문제를 제기한다. 사회적으로 소수자이며 차별대우를 받고 있는 약자들인 노동자, 농민, 여성, 아동, 장애자, 소수민족, 선주민(원주민), 이주노동자 등의 권리 증진을 위해 노력한다.

이런 사회적 약자들은 보통 경제·사회·문화적인 구조에 의해 차별받기 때문에 주로 사회적 운동의 영역이다. 소수자는 수적인 소수를 일컫는 것이 아니라 다수를 차지하고 있더라도 그들이 사회적 구조 안에서 약한 위치에 있음으로써 정치적·사회적 영향력이 적은 상태를 말한다. 이들의 권리를 옹호함으로써 사회 전체적으로 평등을 지향하게 된다.

동성애자가 주장하고 있는 인권 문제에 대해서 사회는 어떻게 이해하고 대응해야 하는가? 우리는 여기서 '인권'의 진정한 의미를 재고할 필요가 있다. 천륜적 이해는 천도天道, 즉 참사랑의 보편적 법칙을 벗어난 행위에 대해서 인권이라는 이름으로 묵인할 수 없다는 시각이다.

자유행동은 자유의지에 의해 나타난다. 본연의 인간은 천도를 벗어나서 그 마음이 움직일 수 없기 때문에 원리를 벗어난 자유의지나 그로 인한 자유행동은 있을 수 없다. 따라서 인권은 천도 내에서의 인권, 원리법도 내에서의 인권이 되어야 하며, 천륜 안에서 자유로워야 하며, 결과적으로 책임성을 지니고, 좋은 결과를 가져와야 하는 것이다.

인간의 사랑은 천도의 질서에 따라 작용한다. 천도에는 몸의 원리와 관련된 자연법칙과 사랑의 원리나 규범, 윤리, 도덕 등과 관계된 가치법칙이 있다. 동성애자들은 동성애를 하나의 선택적 기호라고 보며, 우리가 먹을 것과 입는 것들을 기호나 취향에 따라 선택하는 것처럼 사랑의 방법도 선택할 수 있는 것이라고 정당화한다.

동성애자들은 동성애를 자유의지로서 선택한 정당한 사랑의 행위라는 것으로 주장한다. 그러나 먹고 입는 것의 선택의 결과는 개인 자신의 건강의 결과나 인격의 표현으로서 그 영향력이 나타나지만 사랑의 행위는 두 사람의 공동체인 관계성에서 이루어지는 행위이기 때문에 사적으로 비밀스러운 관계에서 이루어진 행위이지만 그 결과의 영향력은 가족과 사회공동체 전반에 파급된다.

동성애는 참사랑의 원리를 일탈한 행위이고, 성을 완성시킬 수 있는 성의 4대 구성요소를 충족시키지 못하는 행위요, 인간의 존재 목적을 간과한 행위이며, 생식기의 존재법칙과 주인의식에 위배된 행위이며, 가정의 4대 사랑의 완성에서 벗어난 행위이다.

동성애 당사자들은 동성애 행위를 통해 일시적 개인의 쾌락을 즐길 수 있을지라도 천도를 벗어난 행위이므로 결국 갈등과 고통에서 자유롭지 못하다. 건강하려면 몸의 법칙인 자연의 법칙을 반드시 따라야 하는 것처럼 마음의 안정과 행복을 누리기 위해서 마음의 법칙인 가치법칙, 즉 참사랑의 원리를 따라야 진정한 정서적 평화로운 삶을 누릴 수 있다는 것을 부인할 수 없다.

참사랑의 원리에서 벗어난 동성애 행동

동성애의 행동은 우주의 보편적 법칙인 자연법칙과 가치법칙을 모두 벗어난 방종으로 이해할 수 있기 때문에 천륜의 기준으로 보아 인권적 차원에서 다루어질 수 없는 것이다. 그러나 동성애의 당사자는 개인의 인격체로서 존중을 받아야 하며 동성애 행동의 방향전환으로써 인권을 보호받을 수 있을 것이다.

결혼 제도는 헌법이 보장하고 있는 가족 제도의 기본이다. 가정은 사회의 존속과 발전을 위하여 사회구성원을 지속적으로 재생산한다. 그리고 자녀를 보호하고 양육하고 교육하여서 사회의 구성원으로 배출하며, 가정 안에서의 부부 사이의 정상적인 성행위를 할 수 있도록 반사회적인 성행동을 규제한다.

결혼제도는 가족 간의 관심과 사랑으로 가족 구성원들을 보호하고 정서적 만족을 충족시키는 등 다양한 기능을 한다. 동성 간의 혼인은 이러한 가정의 기능 대부분을 이행하지 못하고 있다. 만일 동성애 결혼을 합법화한다면 정상적 부부 관계의 기능과 자녀교육 기능에 있어서 가족관계의 화목과 발전을 위한 가족 간의 원만한 기능을 기대하기가 어려울 것이다.

인간은 누구나 가정에서 4가지 사랑의 영역을 경험하면서 성장·성숙하게 된다. 가정의 4대 사랑이란, 부모 사랑, 부부 사랑, 자녀 사랑, 형제자매 사랑을 말하는 것인데, 이 4영역의 사랑을 경험함으로써 완전한 사랑의 성숙이 가능하다.

동성결혼을 통해 맺어진 가정은 이러한 사랑이 온전히 진행될 수가 없다. 동성으로서 부부의 사랑이 성립되었다고 할지라도 그 자녀는 온전한 부모의 사랑을 체휼하기 어려우며, 게이나 레즈비언 부부의 경우 이성애자들이 사랑의 결실체로서 출산의 고통을 느끼며 형성되는 인간 본성의 모성애와 부성애 형태의 사랑을 기대하기가 어렵다.

동성애가족은 양자로 자녀를 형성하기 때문에 그 자녀들 간의 형제자매의 사랑을 맺어간다는 것은 혈연적 형제자매 사랑처럼 끈끈한 정의 관계를 맺기 어려운 일이다. 따라서 동성 결혼을 통해 결성된 가족은 이성애자들의 가정에서 요구되는 가족 내의 사랑의 기능이 결핍될 가능성이 높다.

인간의 생식기는 남녀, 음양의 구조에 따른 오목·볼록의 구조를 가지고 있다. 즉 남자의 생식기와 여자의 생식기가 서로 다른 형태를 가지고 존재하기 때문에 똑같은 모양끼리는 서로 합치될 수 없는 구조이다. 생식기 구조의 작용은 자연법칙에 따르며 그의 사용방법은 가치법칙에 따라서 그 구조에 맞게 사용하도록 되어있다. 남녀생식기의 존재구조 자체가 상대와 참사랑으로 조화와 통합을 이루어 기쁨을 주도록 구조되어 있다. 생식기가 존재하는 목적은 사랑·생명·혈통·양심의 작용을 통하여 참사랑을 완성하고 생명을 잉태하고 혈통을 이어가기 위한 것이다.

동성애의 사랑은 본래 생식기의 존재목적을 일탈한 것이며, 그에 따른 부작용으로 정상적으로 자녀를 낳을 수 없으며, 잘못된 생식기의 사용으로 인한 성병 감염과 항문의 괄약근 고장으로 인한 변실금에 의해 평생을 고통 속에서 지내는 것에 노출되어 있다.

동성애에서 분명하게 나타나는 문제는 인간의 가장 고귀하면서도 기본적인 권한이며 창조적인 능력인 종족번식의 권리를 누리지 못한다는 것이다. 자녀를 낳기 위해 인공수정이나 입양 등을 한다고 하더라도 이것에는 어디까지나 한계가 있는 것이다.

동성애 결혼이 합법화 되어 입양이나 인공수정으로 인한 가족구성원 형성이 보편적으로 인정되어 동성애자들로 채워지면 인류는 1세기도 되지 않아 멸망의 위기에 놓이게 될 것이며, 역사는 더 이상 존속할 수 없을 것이다. 동성애의 가장 큰 해악은 자녀를 재생산하지 않으므로써 우리 사회를 경제적, 교육적, 사회적인 위기로 몰아가는 행위이다.

여자의 선유조건은 남자이고, 남자의 선유조건은 여자이다. 우주의 모든 존재는 쌍쌍제도로 이루어져 있다. 동성애자들 역시 둘의 관계에서 한 사람은 남자 역할 나머지는 여자 역할을 하고 있다. 남자가 아닌 여자가 남자 구실을 한다는 것은 한계가 있으며 여자가 아닌 남자가 여자 구실을 하는 것 역시 한계성이 있다. 동성애자들의 관계가 지속적이지 못하고 쉽게 파국을 맞이하는 이유가 여기에 있다.

유념해야 할 것은 동성애자로서의 성 정체성이 확립되기까지 타인은 알 수 없는 무수한 고민과 회의를 반복한 상처와 아픔을 안고 살아가는 인격체라는 점이다. 그렇다고 동성애 행동을 합법적으로 인정할 수 없다. 동성애 행동 자체는 천륜을 어기는 행동이기 때문에 가정의 질서와 사회의 질서를 위해 동성애자들로 하여금 천륜에 따라 생활할 수 있도록 모두가 도와야 할 것이다. 만일 동성애 행동을 허용한다면 지구촌의 재앙을 재촉하는 일이 될 것이다.

동성애와 법

　연합뉴스의 심인성, 임화섭, 장현구 미국 특파원에 의하면, 미국 연방대법원은 2015년 6월 26일 동성결혼 합헌 판정을 내리고 미국 전역에 동성결혼 허용을 결정하였다. 미국 전역은 성적 소수자의 권리 보장을 지지하는 무지갯빛 물결로 뒤덮였다.

　연방대법원의 판결이 즉각 효력을 발휘함에 따라 그간 동성결혼 허가증을 발급하지 않은 미국 14개 주에 거주하던 동성 연인들은 당장 법원으로 달려가 서둘러 행정 절차를 밟기 시작했다. 미국 언론에 따르면, 연방대법원의 판결을 듣자마자 가장 먼저 결혼 허가증을 받으려고 동성커플 20~25쌍이 미국 텍사스 주 트래비스 카운티 법원에 득달같이 달려가는 등 텍사스, 네브래스카, 조지아, 미시시피, 루이지애나, 아칸소, 미시간, 오하이오 등 14개 주 법원에 동성애 커플이 운집했다. 워싱턴포스트는 동성결혼의 전국적인 허용에 따라 그간 불허된 주에 살던 300만 명의 동성커플이 결혼권을 획득했다고 추산했다.

미국민 60% 동성결혼에 호의적

버락 오바마 미국 대통령은 연방대법원의 역사적인 판결에 대해 '미국의 승리'라고 치켜세우고 "모든 미국인이 평등하게 대우받을 때, 우리는 더욱 자유로울 수 있다."며 반색했다. 아울러 오바마는 "느리지만, 지속적인 노력이 벼락처럼 다가오는 공정함으로 오늘처럼 보상받는 날이 있다."고 평가했다.

CNN 방송으로 생중계된 전화 통화에서 오바마 대통령은 게이이자 이번 재판의 원고인 짐 오버게펠에게 "당신의 지도력이 미국을 바꿨다."고 축하와 경의를 동시에 표했고, 오버게펠은 "감격스러운 순간으로 대통령의 전화를 받아 영광"이라고 화답했다.

에드윈 리 샌프란시스코 시장은 트위터에서 "이제 사랑하는 동성 커플 모두가 다른 이들과 마찬가지로 결혼할 수 있는 권리를 보장받게 됐습니다!"라는 의견을 밝히고 '사랑이 승리하다'는 뜻의 '#LoveWins'라는 해시태그를 달았다.

워싱턴 D.C. 인근 버지니아 주 알링턴에 사는 크리스털 하딘은 각각 3, 5살 먹은 아이들과 함께 연방대법원 청사로 달려와 새 역사의 순간을 함께했다. 그는 NBC 방송과의 인터뷰에서 "오랫동안 결혼 평등권을 지지해온 사람으로서 아이들과 이 순간을 만끽하고자 나왔다."면서 "아이들이 어떻게 성장할지는 모르지만, 역사의 순간을 이 자리에서 함께했다는 사실이 아이들의 미래에 무척 소중할 것"이라고 의미를 뒀다.

그러나 이날 소수 의견을 낸 대법관 일부와 공화당의 차기 대통령 선거 출마 정치인 등 보수파들은 "전통적인 결혼의 의미가 정치적인 판결로 퇴색했다."며 연방대법원의 판결에 강력히 반발해 이 문제를 둘러싼 진보, 보수 간의 논란이 앞으로도 한동안 계속될 것임을 예고했다. 일부 기독교 신자와 이번 결정에 반대한 대법관, 공화당의 차기 대선 주자 등 보수파 인사들은 동성결혼 합헌 결정에 강하게 불만을 나타내는 성명을 잇달아 발표했다.

존 로버츠 대법원장은 이날은 '보수 본색'으로 돌아와 "결혼을 남녀 간의 결합으로 본 보편적인 정의는 역사적인 우연이 아닌 자연적인 필연에 의해 나온 것"이라면서 동성결혼 합헌 결정이 많은 이들의 마음을 아프게 할 것이라고 했다.

보수 성향의 안토닌 스칼리아 대법관도 동성결혼에 대한 민주적인 토론을 법리적인 의견이 빠진 상태로 대법원이 끝냈다면서 이번 결정을 미국 민주주의에 대한 위협으로 간주했다. 침례교 목사 출신으로 공화당 대선 주자인 마이크 허커비 전 아칸소 주지사도 "사법 독재에 맞서 싸우자."면서 미국의 기초를 다시 세워야 한다며 대법원을 비난했다.

NBC 방송은 1996년 갤럽 여론 조사에서 동성결혼 찬성 응답률이 27%에 불과했으나 최근 조사에서 60%로 급상승했다면서 다른 어떠한 사회 의제보다 미국민이 동성결혼에 호의적으로 돌아선 것이 대법원 판결에 영향을 끼친 것으로 분석했다.

동성애 합헌을 결정한 나라들은 다음과 같다. 2001년 네덜란드, 2003년 벨기에, 2005년 스페인, 2006년 남아프리카공화국, 2009

년 노르웨이, 스웨덴, 2010년 아이슬란드, 아르헨티나, 포르투갈, 2012년 덴마크, 2013년 프랑스, 브라질, 우루과이, 뉴질랜드, 잉글랜드 웨일스, 2014년 스코틀랜드, 2015년 룩셈부르크, 멕시코, 아일랜드에서 동성애 합법화가 이루어졌다. 미국은 오바마 대통령이 취임한 2009년에는 2개 주만 합법화하였는데 2015년에는 인구의 70%를 차지하는 38개 주가 동성애를 합법화한 상황에서의 기대 속에 2015년 6월 26일에 연방정부 대법원에서 동성결혼 합헌 결정을 내렸다.

동성애 합헌 추세는 세계적인 추세에 놓여있다. 이렇듯 서구세계가 거의 인권평등이라는 미명 아래 동성결혼을 합헌으로 인정하여 게이, 레즈비언의 자유로운 세상으로 물들여지고 있다.

동성애자와 결혼한 이성의 부부 관계를 비교해보면 첫째, 부부 관계 비교에서 국립보건통계센터National Center for Health Statistics과 미국 통계청의 연구결과에 의하면, 66퍼센트의 부부 관계는 10년 이상이며 50퍼센트의 부부 관계는 20년 이상인 것으로 나왔다. 그러나 동성애자들의 경우 Gay/Lesbian Consumer Online Census가 7천 862명의 동성애자들을 대상으로 실시한 설문조사에서 그 관계가 12년 이상인 커플은 15퍼센트에서 그쳤고 20년 이상인 커플은 5퍼센트에 불과했다. 동성애자들의 관계가 길게 지속하지 못한다는 사실이다.

둘째, 정조생활 비교에서 'Laumann, The Social Organization of Sexuality, 216; McWhirter and Mattison, The Male Couple: How Relationships Develop'의 연구에 따르면 이성결혼의 커플들

의 정조 생활은 약 78%로서 한 배우자에게 충실하지만 동성커플들은 약 2.7%만이 동성배우자에게 충실하다고 밝혔다. "동성애자들은 (…) 결혼 관계가 덧없다는 신념을 가지고 있다. 그들에게 있어 성관계는 출산의 의미가 아닌 쾌락을 뜻하고 그들은 일부일처제가 '표준'이 아니라고 주장하며 이것은 좋은 부부 관계를 위하여 오히려 철폐되어야 한다."고 말한다.

셋째, 자녀양육을 비교해보면 남자 동성애 및 레즈비언의 추산된 성인 인구 전체의 92퍼센트는 아이들이 없다. 게이 활동가들은 동성애를 가능한 정상으로 보이도록 하고자 동성애 및 이성 가정 간의 차이를 최소화하려는 시도를 꾀한다. 동성애자 가정의 극히 적은 비율만이 실제로 아이들을 가지고 있다. 많은 수의 동성애자들이 아이들을 위한 안정적인 가정을 가지고 싶어 한다는 주장을 지지하지 않고 있다.

넷째, 건강의 문제에서 에이즈 성병을 보면 네덜란드 보건환경부에 의한 선행 연구는 30살 이하 HIV 양성반응 남성의 67퍼센트가 일정한 동성애 파트너에 의해 감염되었다는 내용이었다. 그 연구의 결론은 다음과 같았다. "최근 몇 년 동안, 젊은 게이 남성들은 일정하지 않은 관계에서보다는 일정한 동성애 파트너로부터 HIV에 감염되는 경우가 더욱 잦아지고 있다."

건강한 사회를 위한 국민연대(건사연)의 연구보고에 의하면 동성애자들의 20~30%가 알코올 중독자이고, 그들의 78%는 성병STD을 가지고 있다. 그들이 인구의 1~4%밖에 되지 않지만 자살하는 사람들의 50%는 동성애자들로부터 이루어진다. 그들의 자살 확률이 25배라고 말한다. 화이트헤드Whitehead 박사는 8배라고 주장한다.

위의 비교에서 알 수 있듯이 동성애자들의 삶은 일시적 쾌락에 젖어 결국 불행한 삶을 자초하고 있음을 알게 된다. 개인의 자유, 권리 평등의 주장은 사회공동체의 안정과 질서를 파괴하지 않는 터 위에서 가능하다. 즉 전체 목적을 무시한 개체 목적은 파멸을 자초하는 행동이다. 남녀 개인이 자녀를 출산하지 않는다면 가족공동체 형성의 파멸은 물론이고 역사의 존속에 종말을 고하게 될 것이다.

이 세상이 동성애자들로 채워진다면 인류역사의 존속은 끝을 고하게 될 것이다. 그리고 자살과 에이즈, 성병에서 신음하게 될 것이며, 인류의 안정, 질서, 평화, 발전, 행복은 요원한 이상에 그치게 될 것이다.

미국의 지도자들은 우주의 보편적 법칙에 눈을 뜨길 바라며, 연방 대법원의 법관들은 당신 마음속에 있는 판사, 양심의 소리를 들을 줄 아는 진정한 법관이 되길 간절히 바라는 마음이다. 인류의 정의가 무엇인지 방향감각을 일깨우고, 진정한 자유, 안정, 인권평등, 질서가 무엇인지 다시 공부하길 바라는 마음이 간절하다. 선례를 보아 한국은 미국이 결정하면 따라하는 경향이 있으므로 미국의 동성애 합헌 결정이 대한민국의 전철이 될까 심히 염려되는 마음이다.

동성결혼의 합헌이 가져올 파장

결혼과 정책에 대해서 연구하고 있는 미국의 페트리시아 모건 Patricia Morgan은 동성결혼이 합법화된 후 결혼에 미치는 영향에 대해서 연구해왔다. 그녀는 스웨덴, 노르웨이, 덴마크, 네덜란드, 스페인, 캐나다, 그리고 미국에서 조사된 데이터를 바탕으로 다음과 같은 내용을 정리하였다.

첫째, 동성커플을 수용하는 결혼관이 재정립됨으로써 결혼과 부모는 무관하다고 주장하게 되었다. 즉 동성결혼은 기존의 이성 간의 결혼을 비정형화할 뿐만 아니라 자신을 낳아주고 키워 준 부모에 대한 개념조차 비정형화시키고 있다. 동성커플들은 자신의 동성결혼을 정형화함으로써 오히려 정형화된 이성커플의 결혼을 비정형화시키는 영향을 미치고 있다. 그 예로 스페인에서는 동성결혼이 나타난 이후에 결혼율의 감소화가 가속되고 있으며, 부모·자녀관계가 단절되는 경우가 많다는 것이 확인되고 있다.

둘째, 동성결혼을 합법화하면 동성커플들 간의 싸움을 감소시키고 이들을 보호한다는 생각과 전혀 연관성이 성립되지 않았음이 합법화한 나라들을 분석해 본 결과 드러났다. 합법화한 이후에도 여전히 동성커플들의 갈등관계가 줄어들지 않으며 고통이 줄어들지 않고 있다고 드러났다.

셋째, 동성결혼의 흐름에 따라 이성 간의 관계는 반대로 동성애자들의 기준을 따라야 하는 새로운 풍속도가 나타나기 시작하였다. 공적문서 표기에서도 남성, 여성의 표기 대신에 X성으로서 자신의 성을 드러내지 않는 란에 표기하게 되며, 분명히 남성인데 여성복장을 한 동성애자가 여성 화장실을 이용해도 묵인해야 하는 매우 불편한 경우가 비일비재하게 일어나게 되었다.

넷째, 공개적으로 공언된 동성커플의 파트너십이 오히려 이성커플보다 자주 헤어지는 것으로 나타나면서 동성커플이 합법화되었다 하여 헤어지는 것을 줄어들게 하는 효과가 전혀 나타나지 않았다. 즉 동성혼 합헌이 그들의 파트너십을 전혀 법적으로 보호하지 않는다는 것이 밝혀졌다.

다섯째, 동성혼 합헌은 가족으로부터 이성결혼을 단절시키는 과정의 시작이 될 수 있었다. 즉 동성결혼은 가족친화적인 사회에서 가족이라는 구조의 분열을 촉발시켰다.

이상의 결과들로 보아 동성혼 합헌은 건강한 사회의 기본단위인 가족구조를 파괴시키는 큰 해악을 끼치고 있음이 드러나게 되었다. 각 나라의 헌법재판소에서 성적 자기결정권과 소수성의 인권을 주장하는 개인의 행복권에 손을 들어 준 결과, 사회의 기본단위인 가족에서 부부를 보호하는 가족의 울타리가 무너지는 결과를 초래하게 되었다.

가정에서 중심이 되는 부부 관계가 무너지면 가족 관계가 붕괴되기 시작하고, 가족 관계가 무너지면 사회가 파멸된다는 의미이다. 인체의 3분의 1의 세포가 병이 들면 중병환자로서 자신의 신체기능들이 스스로 자정운동하기 어려워져 병원에 누워서 치료를 받아야 하는 상황이다.

마찬가지로 사회를 구성하고 있는 기본단위인 가정들 가운데 3분의 1의 가정에서 부부 관계와 부모·자녀 관계가 붕괴된다면, 그 사회는 다양한 가치영역의 안전과 발전을 기대하기 어렵게 된다. 정치, 경제, 사회, 교육, 예술, 스포츠, 사상, 인구구조에 이르기까지 그 역기능적 영향이 지대하게 미친다는 것을 부정할 수 없다. 따라서 동성애합헌을 결정한 각 나라가 안정과 발전을 원한다면, 그 나라의 헌법재판소들은 동성혼 합헌은 불법이라는 것으로 환원시킴으로써 원점으로 돌아가야 한다.

우리나라 헌법재판소는 동성애 합헌을 결정한 각 나라의 선례를 거울삼아야 한다. 동성애 합헌이 가족과 사회에 미치는 역기능을 인지해야 하며, 이미 동성애 합헌이라고 결정한 내용을 뒤집기는 두 배 이상 노력을 기울여야 한다는 것을 인식할 때, 부디 혜안을 가지고 동성혼 합헌을 결정하는 우를 범하지 않기를 간절히 바라는 바다.

간통죄 폐지의 백지화와
미혼부 책임 법제화의 필요성

　헌법재판소는 간통죄가 성적 자기결정권을 침해한다며 위헌 결정을 냈다. 2015년 2월 26일 오후 2시 헌법재판소는 간통죄에 대한 헌법소원과 위헌법률심판제청 등 모두 17건의 사건에 대한 선고에서 재판관 9인 중 7인이 간통죄에 대해 위헌이라고 결정했다.

　재판관 7명은 간통죄가 국민의 성적 자기결정권과 사생활의 비밀 자유를 침해하며 죄질이 다른 수많은 간통 행위를 징역형으로만 응징하는 것은 비례원칙에 위반된다며 간통죄가 위헌이라는 의견을 냈다.

　성적 자기결정권이란 개인이 사회적 관행이나 타인에 의해 강요받거나 지배받지 않으면서 자신의 의지나 판단에 따라 자율적이고 책임 있게 자신의 성적 행동을 결정하고 선택할 권리를 말한다.

　간통죄가 위헌이라는 데 찬성한 헌법재판관들의 핵심 논리는 간통은 비도덕적이지만 개인의 문제일 뿐, 법으로 처벌할 사항이 아니라는 것이다. 부부간의 정조 의무보다 헌법이 보장하는 개인의 행복과 사생활 보호가 더 중요한 시대로 변해가고 있다는 것이 간통죄가 62년 만에 폐지된 이유다.

간통죄 폐지했어도 민사책임은 여전히 존재

간통죄 존치의 가장 큰 명분인 사회적 약자인 여성 보호 기능도 이젠 실효성이 없다고 보았다. 여성의 활동이 활발해지면서 경제적 능력이 향상돼 과거와는 상황이 달라졌고, 오히려 간통죄로 처벌할 경우 부부 관계가 파탄 날 가능성이 크다며 혼인 제도를 보호하는 데 도움이 되지 않는다고 밝혔다. 지금까지 실질적으로 가족 제도를 지켜주는 실익이 있다 하여 많은 사람들이 이 법의 존속에 찬성을 했었다. 특히 법학과 여학생들은 대부분 존속에 찬성하는 표를 던졌다.

간통으로 고소당하는 확률이 여성에 비해 확연하게 남성이 많아 일종의 여성보호법으로 착각 할 수 있으나 실질적으로 형을 받아 복역하는 확률은 남성보다 오히려 여성이 많았다. 왜냐면 남편이 아내에게 부정을 저지르고도 잘못했다고 싹싹 빌면, 여성들은 대부분 남편을 용서하여 죄를 면하게 되었으나 여성이 죄를 저질렀을 경우 남편은 절대로 아내를 용서하지 않았기 때문이다.

이정미 재판관과 안창호 재판관은 사생활의 자유만을 앞세워 간통죄를 폐지할 경우 수많은 가족공동체가 파괴될 것이라며 합헌 의견을 냈다.

간통죄 폐지로 인해 2008년 10월 31일 이후 간통 혐의로 기소되거나 형을 확정 받은 5천여 명이 구제를 받았다고 한다. 간통죄가 헌법재판소의 위헌 결정으로 폐지됨에 따라 기혼자와 간통한 상대방(상간자)도 형사처벌을 면하게 됐지만, 여전히 민사책임은 존재한다. 기혼자의 배우자로부터 손해배상 등 민사 소송을 당하게 되면 상간자도 부부공동생활을 침해한 데 따른 손해나 위자료를 물어줘야 한다.

법원 등에 따르면 대법원은 지난해 11월 판결에서 "제3자도 타인의 부부공동생활에 개입해 부부공동생활의 파탄을 초래하는 등 혼인의 본질에 해당하는 부부공동생활을 방해해서는 안 된다"며 "제3자가 부부의 어느 한쪽과 부정행위를 함으로써 혼인의 본질에 해당하는 부부공동생활을 침해하거나 유지를 방해하고 그에 대한 배우자로서의 권리를 침해해 배우자에게 정신적 고통을 가하는 행위는 원칙적으로 불법행위를 구성한다."고 밝힌 바 있다.

예를 들면, "15년 전 결혼해 남편과 사이에 아들 둘을 둔 A씨는 남편과 상간녀인 20대 여성 B씨를 함께 고소했다. 남편은 2013년 12월 유흥주점에서 일하던 B씨와 처음 만나 이듬해 3월까지 13차례에 걸쳐 간통했다. 남편은 B씨에게 2억 원을 송금해 집 전세금 등으로 사용하게 하기도 했다."는 것이다. 두 사람은 유죄 판결로 각각 징역 6월에 집행유예 2년을 선고받았다.

A씨는 또한 남편을 상대로 이혼소송을 낸 데 이어 B씨를 상대로 위자료 3억 5천만 원을 청구하는 소송을 냈다. 재판을 담당한 서울중앙지법 민사합의25부(장준현 부장판사)는 A씨가 남편과 간통한 B씨를 상대로 낸 손해배상 청구소송에서 B씨에게 3천만 원을 지급하라고

판결했다.

재판부는 "피고는 상대방이 유부남인 사실을 알면서 장기간 부정한 관계를 맺었고 이로 인해 원고가 상당한 정신적 고통을 겪었음이 명백하다."고 밝혔다. 재판부가 부부간 지켜야 할 정조의무를 저버린 A씨 남편의 부정행위에 가담한 B씨에 대해 일정부분 책임을 인정한 것이다.

이와 관련해 법조계에서는 간통죄 폐지 이후 위자료나 손해배상액이 줄어들 여지가 있다는 의견도 나온다. 박원경 법무법인 변호사는 "민사 소송에서의 배상책임은 부정행위까지 폭넓게 판단하고 있다."며 "간통죄가 유지됐던 당시에는 성관계 여부에 대한 증거까지 이미 형사 재판 등을 통해서도 드러나 부정행위 중에서도 심각한 부정행위로 받아들여져 배상액이 많이 인정되는 측면도 있었다."고 말했다.

하지만 박 변호사는 "간통죄 폐지 이후에는 그러한 구체적인 증거를 확보하기가 어려운 측면이 있다."며 "간통을 이유로 하는 손해배상 소송에서 성관계에 대한 명확한 증거가 없는 이상 부적절한 행위가 있었다는 선에서 배상액을 결정할 경우 위자료나 배상액수가 줄어들 여지도 있다."고 설명했다.

간통죄 폐지 이유에 대한 논의에서 첫째, '간통은 비도덕적이지만 개인의 문제일 뿐'이라는 주장은 비도덕적이지만 개인의 문제이므로 법률로 다루지 않는다는 것이다. 이는 타인에게 해악을 끼치거나 질서를 무너트리거나 공공의 이익에 반하는 행동은 헌법 제 37조 2항에서 제한을 받는다고 밝히고 있는 내용과 모순되는 주장이다.

둘째, '사적인 비도덕적 문제행위는 법으로 처벌할 사항이 아니다.'라는 주장 역시 모순된다. 우리 사회에 난무하는 모든 범죄는 사적으로 저질러지는 행동들에 대한 처벌이다. 간통이란 부부의 한쪽에서 볼 때 자신의 사랑과 행복을 송두리째 탈취당하는 입장으로서 가장 강력한 고통을 주는 사랑과 행복을 도둑당하는 행위이므로 법으로 처벌받아 마땅하다.

셋째, '부부간의 정조의무보다 헌법이 보장하는 개인의 행복과 사생활 보호가 더 중요한 시대로 변해가고 있다.'는 주장 역시 모순된 논리이다. 개인의 행복과 사생활보호를 위해서는 가장 먼저 개인이 지켜야 할 의무와 책임에 충실해야 한다. 자신의 행복의 권리는 자신의 의무와 책임을 먼저 수행할 때 보장되는 것은 자명한 이치이다.

국민이 국가에 지켜야 할 의무와 책임을 수행할 때, 국민의 권리가 국가로부터 보장되는 것과 같다. 가정의 부부 관계의 가장 중요한 핵심적 요소는 성과 사랑이다. 성과 사랑의 핵심적 요소는 일부일처제로서 쌍의 합일의 원칙이다. 쌍의 합일의 원칙은 생식기의 합일의 원칙이다. 그래서 부부 외의 어떤 제3의 사람과 생식기가 합일되어서는 안 된다는 우주의 쌍쌍제도의 보편적 원칙이 있다.

그 근거는 사랑의 속성에 있다. 참사랑의 관계는 한번 만나면 절대, 유일, 불변, 영원한 성질을 가지고 있다. 부부 사랑에서 1%도 제3자가 성과 사랑에 개입하는 것을 원치 않는 속성이 있다. 하나님의 참사랑의 속성을 닮아 지음 받은 인간이기 때문에 하나님의 절대 성을 닮아 부부일체를 이루는 천법이 그렇게 구조되어 있다.

따라서 결혼한 부부 관계에서 가장 중요한 의무는 정조의 의무이다. 이 의무를 벗어난 배우자는 법의 처벌을 받아야 하며, 가정을 지킨 배우자는 법의 보호를 받아야 한다. 결혼의 의미는 부부간의 성행동과 사랑을 공식적으로 보호받고 공인받는 절차이다.

동거부부와 결혼한 부부는 공식적으로 법으로 보호받느냐 못 받느냐의 차이가 분명히 주어져있다. 대한민국의 법은 분명히 일부일처제이며 결혼을 통하여 공식적인 성행동을 인정받으며, 상속권, 재산권을 보호받는 것이다.

간통죄 폐지가 위헌인 이유는 헌재가 2003년 10월 20일 헌법 제37조 2항에 근거하여 질서유지와 공공복리를 위해서 불가피한 경우에는 인간의 기본권이 제한 받을 수 있다고 간통죄를 명시한 형법 제241조가 합헌이라고 결정한 내용과 완전히 반대되는 판결이기 때문이다. 이는 '성적 자기결정권'이 인간이라면 누구나 갖는 기본권이 아니라 사회질서와 공공복리에 부응하는 경우에 한하여 인정되는 권리로서 설명되어 진다는 논의를 부정한 결론이기 때문이다.

즉 간통죄 폐지는 다른 조항의 헌법내용에 모순되는 결론을 내렸다. 성적 자기결정권의 개인의 행복과 권리를 보호하는 기준은 남에게 해악을 끼치지 않는 범위에서 허용되어야 한다. 자신의 행복과 권리를 위해 남의 가정을 파탄시키는 행위를 용납할 수 없는 것이다. 이는 자신의 사랑을 위해 남의 사랑을 훔치는 도둑을 용납한다는 의미이다.

간통죄는 극도의 이기심에서 나오는 불륜행위

이런 맥락에서 볼 때 간통죄가 도둑질과 강도행위와 유사한 행위임에도 불구하고 남의 물건이나 돈을 훔치는 것은 죄가 되고, 인간의 가장 소중한 사랑과 성행동을 훔치는 것은 죄가 아니라는 논리이다. 도둑질이 지극히 개인의 이기심에서 저지르는 죄라면 간통죄 역시 극도의 이기심에서 나오는 불륜행위이다. 불륜의 상간자는 분명히 부부의 어느 한 방향에서 볼 때, 부부의 사랑과 성을 도둑질하는 도둑이요, 강도의 행위보다 더욱 고통을 주는 행위이기 때문이다.

자신의 행복을 위해 남의 불행을 초래하게 한다는 것은 인륜, 도덕에서 어긋날 뿐만 아니라 '위하여 살아야 한다'는 천도를 일탈하는 행동이므로 처벌받아야 마땅하다. 인간에게 전체 목적을 무시한 개체 목적이 있을 수 없다. 또한 인간은 연체적 존재이므로 너와 나의 공동체의 질서와 안정, 그리고 번영에 책임과 의무가 주어진다.

성적 자기결정권의 핵심적 문제는 객관적이고 보편적인 성적 행동을 위한 판단의 원칙과 기준이 없다는 것이다. 개인이 자신의 주체성, 자율성, 책임성 안에서 성행동의 대상과 시기를 결정한다는 것이다. 성행동의 책임의 기준과 범위도 모호하며, 성행동의 자율성의 원칙도 없다. 진정한 자유란 원리법도 내에서 책임을 지며, 좋은 결과가 있어야 한다. 그 원칙에서 벗어난 성행동은 모두 방종에 해당한다.

간통죄 폐지 과정을 지켜보면서 민주주의의 '다수의 원칙'의 맹점을 다시 확인하게 된다. 7명의 재판관이 간통죄를 위헌으로, 2명의 재판관이 합헌으로 결정하여 다수의 의견이 잘못된 판단임에도 불구하고 다수의 원칙 때문에 소수자 2명의 진실된 주장이 사장된 것이다. 단 한 명의 주장이라도 그 주장이 옳으면 인정받을 수 있는 정의가 살아있는 사회를 국민 대다수는 원한다.

간통죄 폐지 이후 국민 대다수가 느끼는 것은 이제 마음 놓고 간통 행위가 가능하다는 개연성이다. 그 실례로 간통죄 위헌 결정에 외신들이 '콘돔업체 주식 급증' 보도를 하고 있다. 가족제도를 보호하려면 부부 외도로 가정이 무너지는 것에 박차를 가하는 간통죄 폐지의 헌재 결정은 다시 원점으로 백지화해야 한다.

위험한 아이들을 구하기 위한 '미혼부책임 법제화' 촉구

미혼모, 미혼부의 문제는 나날이 심각해져 가는 실정이다. 성이 하나의 놀이요, 오락이라는 사회적 분위기는 청소년들이 잘못된 경로로서 성을 습득하게 하여 단편적인 쾌락의 모습에 집중하게 된다. 우리나라의 미혼모, 미혼부들의 연령층이 점점 낮아져서 최저 연령, 13.6세(초등 6학년~중1)로 내려가고 있는 현 실태를 볼 때 하루 빨리 우리의 청소년들을 구해내야 한다. 아이들이 위험하다.

현재 우리나라의 초·중·고교에서 학생들에게 가르치고 있는 성교육은 성 개념을 생물학적 성Sex, 사회문화적 성Gender 의미로 교육하고 있으나 기본적으로 '내 몸의 주인은 나'라는 주체의식을 강조하고, 분리적 성을 교육하고, 성적 자기결정권을 청소년들에게 가지도록 교육하기 때문에 청소년들 스스로가 자신의 몸을 관리하도록 책임이 주어져 있다.

이는 자신의 의지에 따라 본인 스스로 성에 대한 결정력을 가지며 타인에게 피해를 주지 않는 선에서, 그리고 성관계 대상과의 합의에 의해서 성을 자유롭게 사용할 수 있다고 보는 것이다. 성행동에 있어 구체적이고 보편적이며, 개관적인 가치결정의 기준이 없을 뿐 아니라 성적 행위에 따르는 가치판단적인 결과를 모두 피교육자의 결정에 맡기는 입장이다.

또한 단편적인 피임방법만을 알려주어 성관계로 인해 생기는 결과들을 예방하고자 하지만 이것은 가치관이 올바르게 세워지지 않은 청소년들에게 성관계를 부추기는 결과로서 발생하고 있다. 따라서 피임교육을 하기에 앞서 청소년들이 올바른 절대 성 가치관이 정착할 수 있도록 가치관 교육이 필요하다.

성이 너와 나의 관계이기에 지극히 사적인 것이라고 주장하지만 너와 나의 관계는 이미 연체로서 공동체의미를 갖는다. 관계에서 일어나는 결과는 그 주변에 영향을 미치게 된다. 가족관계, 사회문제로서 확대 적용되기 때문에 성을 사적인 부분으로서만 보는 것은 심각한 오류를 범할 수 있다. 그러므로 청소년들에게 성을 사적인 것으로 이해하여 스스로 책임지도록 하는 성적 자기결정권은 문제가 있다.

청소년들이 성적 자기결정권에 의해 일찍 성행동에 탐닉하게 되는 경우는 다음과 같다.

첫째, 문제 아이가 아니더라도 단순한 호기심과 성충동에 의해 뒷

일은 생각지 않고 저지르고 만다(우수한 아이의 경우에도 대중문화 영향에 의해 점점 늘어나는 추세다).

둘째, 좋아하는 친구를 사랑한다고 착각해서 빠져든다.

셋째, 정서적 친밀감을 곧 육체적 친밀감으로 여겨 스킨십으로 시작하여 선을 넘는다.

넷째, 대부분이 성격 검사에서 독립적인 성격이다.

다섯째, 학문적 성취 기대가 없는 아이들이 많다.

여섯째, 매사에 부정적 시각이 있으며, 종교적 신앙심이 약하다.

일곱째, 일탈된 행동에 대해 문제의식을 별로 크게 느끼지 않는다.

여덟째, 가정에서 부모나 가족, 친지로부터 학대받는 환경이다.

아홉째, 부모의 영향력이 잘 미치지 못하는 아이들이다.

열째, 조기 성행위가 인정되는 환경에서 성장하는 아이들이다.

열한 번째, 흡연이나 약물을 사용하는 아이들이 성적으로 탐닉하게 된다.

열두 번째, 전통적인 학교 활동에 참여율이 낮다.

이러한 아이들은 가정에서 손을 놓고 있는 아이들이 많지만 가정환경이 좋고 우수한 학생들도 예외가 아니다. 결국엔 가족과 학교, 사회공동체, 교단, 그리고 국가가 더불어 아이들을 책임져야 한다. 호기심과 충동적인 이끌림에 의해 순간의 만족을 위해 잘못된 판단을 하게 되면, 그로 인해 생길 결과까지는 미처 생각지도 못한 채 미혼모, 미혼부, 성폭행과 같은 성 문제를 일으킬 수 있다.

성 욕구는 충족시키는 것을 넘어서서 절제할 수 있고 조절할 수 있는 것이다. 성 욕구는 성 가치관을 바르게 하여 자신의 몸과 생식기를 소중히 관리하고, 진정으로 필요하고 책임질 수 있을 때까지의 기다림의 아름다움을 경험할 수 있도록 창조되었다. 왜냐면 하나님께서는 성 욕구보다 존재목적을 성취하는 욕구를 더욱 강하게 창조하셨기 때문이다. 존재목적 성취가 주체라면 성 욕구는 그 대상적, 수단적, 도구적 욕구이다.

인간의 타락으로 수단적 욕구가 주체적 욕구로 전복되어 성 문제가 발생하는 것이다. 이것을 바르게 세워주는 것이 절대 성 가치관이다. 원인적이고 동기적인 면에서 마음을 다스릴 수 있는 가치관을 교육할 뿐만 아니라 성 문제 발생을 방지하기 위한 결과에 대한 책임을 지우는 법제화도 동시에 필요하다.

우리나라는 '미혼부 책임 법제화'가 이루어지고 있지 않아서 미혼모, 미혼부 발생이 더욱 심각하다. 미국의 경우 결혼을 하지 않았어도 생부의 경우, 책임의 강제력을 국가가 관리한다. 미혼부가 10대라면, 사회복지제도가 개입하여 양육비를 벌 수 있도록 아르바이트를 알선하거나 아니면 우선 국가에서 지원하고 졸업 후 갚을 수 있도록 제도화되어 있다.

만일 미혼부가 양육비를 책임지지 않으면, 국가가 공개수배하고 체포 작전을 펼친다. 캐나다는 양육비를 책임지지 않을 경우 운전면허 정지, 여권 사용금지, 벌금과 구속이 단계적으로 시행된다. OECD 국가에서도 70~80%의 나라가 이 같은 '미혼부 책임 법제화'가 이루어지고 있다.

네덜란드 경우는 '미혼부 책임 법제화'가 이루어지기 전에는 미혼부의 최하연령이 12.7세였는데 이 법을 실행한 후에는 18세로 늦추어져서 성관계에 대한 책임을 느끼고 자제하는 경향을 볼 수 있다. 우리나라가 이 법을 시행하면 우리 사회에 긍정적인 효과가 기대된다.

첫째, 성을 충동적 해소로 생각하는 것에서 책임지는 방향으로 선회할 것이다.

둘째, 미혼부의 양육 책임에 의해 미혼모가 임신 후, 낙태보다는 출산의 방향으로 나아갈 가능성이 크다. 서구의 나라들이 낙태가 합법화되어 있으나 낙태율이 현저하게 작은 이유는 이러한 미혼부 법제화 때문이다.

셋째, 성관계는 성 욕구 해소이기 전에 아버지로서 양육할 준비가 되어 있을 때 가능하다는 것을 깊이 인식하도록 하여 청소년들이 책임지도록 법으로 통제하는 것이다.

피임의 마음은 생명을 죽이겠다는 범죄의 출발

우리나라는 영아낙태, 영아살해, 영아유기, 미혼모, 미혼부가 심각하게 증가추세에 있다. 지금까지 학교 성교육에서 대처법은 피임법에 의존해왔으나 피임은 근본적인 해결책이 아님을 지속적으로 강조해 왔다. 낙태 문제와 미혼모, 미혼부 문제가 거시적으로 확대되고 있는 때에 대처방안은 너무 소극적이고 미온적이다. 완벽한 피임은 존재할 수 없을 뿐만 아니라 피임하겠다는 마음은 원치 않는 임신은 낙태하겠다는, 생명을 죽이겠다는 생각으로서 범죄의 출발이다.

낙태 예방과 미혼모, 미혼부의 근본적인 문제해결 방안은 성관계의 동기를 없애는 순결가치관을 정착시키는 일이며, 또 다른 하나의 방안으로서 '미혼부 책임 법제화'가 반드시 이루어져야한다. 비록 법제도는 행위의 결과를 놓고 책임을 묻게 되고 처벌을 하게 되는 것이지만 '미혼부 책임 법제화'는 청소년들로 하여금 신중한 성 태도를 갖게 하는 데 긍정적인 도움을 줄 것으로 기대된다.

위험한 아이들을 구하기 위해 절대 성 가치관 교육과 더불어서 우리나라도 하루 속히 '미혼부 책임 법제화'를 앞당겨야 함을 촉구한다. 앞으로 우리 아이들을 구하기 위해 '미혼부 책임 법제화'를 위한 공청회와 국회에 그 안을 발의하도록 촉구하는 움직임이 지속적으로 나타나야 할 것이다.

성적 자기결정권이란?

2015년 2월 26일 헌법재판소의 간통죄 위헌이라는 판결의 근거는 성적 자기결정권에 의한 결정이었다. 성적 자기결정권이란 자신의 성행위 여부와 성적 대상자를 자신이 선택하여 결정할 권리가 있다는 주장이다. 헌법 제10조는 개인의 인격권과 행복추구권을 보장하고 있다. 즉 개인의 인격권과 행복추구권은 개인이 그 운명을 선택한다는 전제가 주어진다.

오늘 우리 사회는 성적 자기결정권의 자유에 의해 가정에서 부부의 정조 보호권이 무너져 내리고 있다. 부부 관계의 보호보다 개인의 존엄과 행복 추구에 더욱 힘을 실어주는 사회로 변하였다. 헌법재판소가 앞장서서 가정에서 부부의 성과 사랑의 질서 보호보다 개인의 권익을 주장하는 성적 자기결정권을 근거로 간통죄 위헌이라는 판결을 내린 것이다. 헌재는 이러한 판결의 파장이 어디까지 갈 것이며, 그 파장의 결과에 대해 예측하지 못하였을 것이다.

성적 자기결정권의 위험성

성적 자기결정권에 의해 개인의 자유선택에 따라 혼전동거의 선택은 물론이고, 동성애 자유화, 성 매매의 자유화, 근친상간의 자유화, 수간의 자유화, 스와핑의 자유화 등 활용범위가 끝이 보이지 않게 되었다. 어떠한 성행태도 가능할 수 있다는 개연성이 열려있다. 그 예로 결혼한 기혼자 간의 데이트 신청 사이트가 크게 붐이 일어나고 있으며, 동성애자들의 자위행위 도구 판매 자유화의 움직임이 일어나고 있다.

이러한 추세는 세계적인 추세에 놓여 있다. 독일은 90% 이상이 혼전 성관계 경험자로서 자기 상대를 찾고 있으며, 근친 남매간에 결혼하여 자녀를 넷 낳고 법적으로 허가를 받기 위해 법적 투쟁 끝에 반대 의견보다 찬성 의견 쪽에 힘을 싣고 있다. 아직 법적으로 통과된 것은 아니지만 이미 그 길을 열어 놓고 있어서 법적 통과는 시간문제이다.

전 서울대 교수 로버트 파우저는 2015년 4월 25일 동아일보 기사에서 한국은 이런 면에서 변화 속의 대응이 느리고 서투르다고 빈정대고 있다. 2014년 말의 '서울 시민 인권헌장' 논란이 갈등의 대표적 사례로서 한국에서 동성결혼 합법화가 새로운 패러다임이 될 것이라고 주장한다.

파우저가 주장하는 핵심논의는 인권이다. 한국 헌법이 모든 영역에서 균등한 기회는 물론 인간으로서 존엄과 가치, 행복 추구 권리를 주어야 한다는 것이다. 이런 의미에서 동성결혼을 합법화하지 않은 것은 위헌이라고 주장하고 있다. 한국민의 20대는 이미 약 50%

이상이 동의를 하였으니 노인층이 사라지면 동성혼 합법화는 시간 문제라고 말한다.

동성혼이 합법화된 미국의 실례를 들어보면 꽃가게 주인, 피자가게 주인, 케이크 가게 주인들이 동성결혼 반대자로서 동성애자들에게 물건을 판매하지 않은 이유로 동성애자들에게 피습을 당했을 뿐만 아니라 법적 위반으로 결국 문을 닫게 되었다. 동성결혼이 합법화된 나라에서 일어나는 동성애 인권이 타자에게 주는 해악의 단면을 보여주는 현실이다.

성적 자기결정권은 우주의 보편적 법칙인 모든 존재의 생존, 번식, 발전하는 자연법칙과 가치법칙의 원칙과 상관없는 개념이다. 어떠한 성 행태라도 자신이 결정하여 행하면 그가 선택한 성적 자기결정이므로 타인이 내밀한 개인의 일을 간섭할 수 없다.

성적 자기결정권은 '모든 존재는 객관적이고 보편적이며, 일반적인 누구나 반드시 해서는 안 되는 것과 반드시 해야 할 것'이 있다는 도덕과 윤리의 기준을 모르는 무지에서 나온 개인의 권익이다. 또한 성적 자기결정권은 "모든 존재는 이중 목적을 가지고 존재하며, 인간과 만물의 존재 목적은 개체 목적과 전체 목적의 이중 목적을 수행함으로써 달성할 수 있다."는 우주의 보편적 법칙을 간과한 주장이다. 여기서 개체 목적이란 자신의 생존, 번식, 성장을 추구하는 것이고 전체목 적이란 좀 더 고차원적인 존재를 위해서 존재한다. 즉 만물은 인간을 기쁘게 하기 위해서 존재하며, 인간의 전체 목적은 개인은 가족을 위해서, 가족은 사회를 위해서, 사회는 국가를 위해서, 국가는 세계를, 세계는 하나님을 위해서, 하나님은 인간과 만물 전체를 기쁘게 하기 위해서 존재한다.

자연계의 다채로운 색깔과 모양, 아름다운 새들의 모양, 깃털, 소리, 나비의 다양한 아름다운 무늬, 모양, 과일들의 다양한 향과 맛, 과즙 등은 자체의 존재 목적도 있지만 인간을 기쁘게 하기 위한 목적이 더욱 크다. 과일의 개체 생존만을 위해 존재한다면 씨만 맺으면 될 것이지, 다양한 맛과 과즙 그리고 향을 지니고 있는 이유가 무엇일까?

인간의 경우 가정에서 부모는 자녀를 위해 끝없는 봉사와 희생을 하면서도 즐거워하며 행복감을 느낀다. 아기가 엄마의 젖을 빨아 먹는 행위는 엄마의 영양을 빼앗아 먹는 행위이지만 엄마는 아기가 먹지 않을까 봐 걱정을 하며 잘 먹고 무럭무럭 자라기를 간절히 바라면서 젖을 먹인다. 인간에게 개체 목적만 있다면 조물주가 아기를 위한 모유가 나오도록 창조하였을까?

개인은 보다 더 전체를 위한 목적을 수행할 때 가장 큰 행복을 느끼도록 창조되었다. 부부 정조는 부부 당사자 관계를 위해서도 중요하지만 가족을 보호하고 가족관계 전체가 행복하기 위해 보호받아야 한다. 부부가 갈등관계에 있을 때 자녀들도 함께 갈등 관계에 놓이게 되며, 부부가 행복하면 자녀들도 함께 행복감을 누리게 되기 때문이다.

개인의 전체 목적을 벗어난 개체 목적은 보편적 법칙에서 일탈된 목적이다. 성적 자기결정권은 개인의 행복만을 주장하는 권리로서 타인에게 해악이 되는 것을 무시하는 극도의 이기주의적 행태이다. 가족공동체와 사회공동체의 안정과 화합을 위해서 개인의 권익은 타인에게 해악을 끼치지 않는 범위 내에서 허용될 수 있다. 개인의 인권 주장은 상대자와 사회에 해악을 주지 않아야 한다는 전제 조건이 있다.

보편적 존재법칙을 따르지 않는 성적 자기결정권은 가정의 질서를 파괴하고, 사회를 어지럽히며, 국가의 안정과 질서를 뿌리째 흔드는 이기적 권익이다. 헌재가 '간통죄 위헌'이라고 결정한 성적자기결정권의 인정은 개인의 이기적 주장에 손을 들어준 것이다. 헌재가 앞으로 다가올 성적 자기결정권에 따른 성 문제의 끝없는 무질서의 파장들과 그 결과들을 예측하였을까?

부부나 가족, 사회, 국가의 안정과 질서보다 개인의 권익을 앞세우는 성적 자기결정권은 동성결혼 합법, 일부다처제 합법, 근친혼 합법, 스와핑 합법을 '세계적 추세'로 만들어낼 가능성이 다분하다. 원칙 없는 '세계적 추세'의 꽁무니를 좇기 급급한 헌재가 앞으로 더욱 어려운 난제들을 두고 올바른 판단을 할 수 있을지 의문이다. 헌재는 전체 목적을 벗어난 개체 목적이 없다는 보편적 원칙을 상기해야 할 것이다.

자유주의 철학에 기초한 성적 자기결정권의 한계와 대안

자유주의 철학자 데카르트는 육체와 정신의 이원론의 기반에서 인간을 설명하고 있다. 인간은 육체와 정신이 분리된 실체로서 육체와 정신의 상호 연관성을 명확하게 해명할 수 없을 뿐만 아니라 인간과 인간, 인간과 사회, 육체와 외부와의 관련성을 외면하는 자아중심적 논리에 귀결한다.

데카르트적 사유는 사회적 현상으로서의 몸을 보지 못한다. 데카르트적 자유주의 사유는 성적 자기결정권에 있어서 성적 행위가 육체적 침해인 동시에 정신적 침해를 수반할 수 있다는 사유가 배제되어 있다. 즉 정신적, 육체적 상호주관성이 제거된 형태일 뿐만 아니라 사회적 현상으로서의 몸을 배제하게 되어 지극히 개인적이고 자유권적인 것으로 축소되어 버린다.

각기 개인이 스스로 선택한 인생관, 사회관에 따라 공동체 내에서 자신의 성적 가치관과 지향성이 수립되고 이에 따른 사생활 영역에서 성적 결정을 내린 것에 대해 책임을 진다는 전제조건으로 상대방을 선택하고 성관계를 가질 권리를 행사하는 자유주의적 성적 자기결정권은 성의 자기 개인 소유화 이상의 논의는 할 수 없게 된다.

자유주의 철학에서 보는 성은 오로지 나의 것이고 나의 완전한 자유에 의해서 상대방이 나에게 성적으로 접근하는 것이 허용이 된다. 내가 다른 사람의 성적 자기결정권을 침해하지 않는 한, 나의 성은 완전히 나의 것으로서 누릴 수 있다는 '성의 개인주의와 소유주의' 이상이 아니다. 이러한 사고는 부부 강제추행을 인정하는 판례에서 부부간의 성관계도 완전히 개인주의와 소유주의의 관점에서 볼 때 부부강간이 가능하다고 주장하게 된다.

자유주의 철학자 맥퍼슨은 소유적 개인주의를 주장하면서 자신의 신체와 재능에 한해서 완전히 자신의 소유이며, 그러한 특성은 사회와 무관하며, 개인이란 도덕적 완벽성이 있는 것이 아니며, 더 큰 사회 전체의 부분도 아니라고 강조한다. 따라서 개인의 신체와 재능에 한해서 온전히 자신의 소유로서 자유를 누릴 수 있는 것이라고 주장한다.

맥퍼슨의 자유주의적 해석의 틀 안에서는 성적 가해자와 피해자의 각각의 입장에서 극렬하게 충돌한다. 남성 자신은 성 욕구의 추구와 그 결정권을 주장하고 여성 자신의 성적 욕구의 추구와 그 결정권도 주장되어 극렬하게 충돌하는 논리적 악순환이 이루어지게 된다. 여성이 강간과 성폭력의 피해자로서 주장하면 남성은 여성과 합의한 성관계라는 것과 친밀감의 표현에 대하여 주장하면서 강간 사실 자체를 부정하면서 맞선다. 이러한 경우 법이 누구의 입장에서 판단을 내릴 것인가는 매우 어려운 일이다.

자유주의 시각의 성적 자기결정권은 온전히 개인의 자유의지에 의해 선택되는 계약적 관계의 구속력만 있을 뿐이지 사회적 맥락 관계는 전혀 고려하지 않으므로 자유주의 시각의 성적 자기결정권은 이러한 점에서 한계점을 드러내고 있다.

자유주의 사유의 한계점은 첫째, 자유주의 사유는 성적 자기결정권에 있어서 성적 행위가 육체적 침해인 동시에 정신적 침해를 수반할 수 있다는 사유가 배제된다. 정신적, 육체적 상호주관성 내지 상호신체성이 제거된 형태일 뿐만 아니라 사회적 현상으로서의 몸을 배제하게 되어 지극히 개인적이고 자유권적인 것으로 축소되어버리는 한계를 지닌다. 따라서 사생활의 영역에서 각기 개인이 스스로 책임을 진다는 전제조건 하에서 상대방을 선택하고 성관계를 가질 권리를 행사하는 성적 자기결정권은 성의 자기 개인 소유화 이상의 논의는 할 수 없게 되는 한계가 있다.

둘째, 자유주의 철학에서 보는 성은 완전히 나의 것으로서 누릴 수 있다는 '성의 개인주의와 소유주의' 이상이 아니다. 따라서 부부 간의 성관계도 완전히 개인주의와 소유주의의 관점에서 볼 때 부부 강간이 가능하다고 주장하게 된다. 이러한 맥락에서 볼 때 부부가 극명하게 대립되는 성적 자기결정권으로 가정의 평화와 안정과 질서가 이루어질 수 있겠는가?

셋째, 자유주의 철학의 성적 자기결정권의 또 다른 영역의 한계는 성적 가해자와 피해자가 각각의 입장에서 극렬하게 충돌한다는 것이다. 남성 자신이 성 욕구의 추구와 그 결정권을 주장하고 여성 자신도 성적 욕구의 추구와 그 결정권을 주장해 극렬하게 충돌하는 논리적 악순환이 이루어지게 된다. 여성이 강간과 성폭력의 피해자로서 주장하면 남성은 여성과 합의한 성관계라는 점과 친밀감의 표현에 대하여 주장하고 강간 사실 자체를 부정하면서 맞선다. 이러한 경우 법이 누구의 입장에서 판단을 내릴 것인가는 매우 어려운 한계점에 도달한다.

넷째, 자유주의 시각의 성적 자기결정권은 온전히 개인의 자유의지에 의해 선택되는 계약적 관계의 구속력만 있을 뿐이지 사회적 맥락관계는 전혀 고려하지 않는다. 이는 사회에서 일어나는 성 문제는 자신과 전혀 상관없는 문제라는 점에서 사회의 성적 무질서를 방관하는 태도의 한계점을 드러내고 있다.

다섯째, 성적 자기결정권에서 선택한 상대와 성관계나 성행동은 너와 나와의 관계에서 일어나는 행위이므로 그 출발부터 두 사람 이상의 공동체라는 것을 부정하는 한계를 지닌다. 성행동 결과도 당사자들과 가족공동체 그리고 사회공동체에 영향을 미치게 된다. 자유주의적 성적 자기결정권은 개인의 성행위, 성관계, 모두를 사적영역으로 간주하는 억지주장을 하고 있다.

자유주의적 성적 자기결정권은 모든 성행동을 사적문제로 간주하기 때문에 개체목적만을 위해서 성적 자기결정을 하는 성행동으로서 스와핑, 혼전성관계, 프리섹스, 집단 혼음 등의 사회적 성 문제를 수반하게 되었다.

우주의 보편적 법칙에 의하면 개개인 모두가 개성진리체이면서 연체이다. 너와 나의 관계는 모두가 연체로서 공동체 의미를 지닌다. 또한 인간은 개체 목적과 전체 목적을 동시에 충족시키면서 존재, 보존, 번식, 발전하게 되어 있다.

전체 목적을 벗어난 개체 목적이 있을 수 없다. 그러므로 개개인의 성행동은 가족, 사회문제로 연결되어 있다. 인간이 연체관계와 전체목적을 위해 존재, 번식, 발전함을 재인식할 때, 자유주의 사유의 성적 자기결정권이 불식될 것이다.

헌법의 인간상에 기초한 성적 자기결정권의 한계와 대안

1990년 9월 10일 헌법재판소 전원재판부는 헌법상 '성적 자기결정권'은 개인의 성행위 여부와 그 상대를 결정하는 권리로서 개인의 선택권, 행복추구권, 자기운명결정권을 포함한 개인의 자율성을 개인의 인권으로 보았다. 헌법상 자기결정권은 이성적이고 책임감 있는 인간이라면 자기에 관한 사항은 스스로 처리할 수 있다는 전제가 있다.

헌법질서가 예정하고 있는 인간상은 '자기결정권을 지니고 창의적이고 성숙한 인격으로서의 국민', 또는 '자기 스스로 결정하고 선택한 인생관, 사회관을 바탕으로 사회공동체 안에서 각자의 생활을 자신의 책임하에 스스로 결정하고 형성하는 성숙한 민주시민'을 의미한다.

이는 사회에서 고립된 개인이 아니며, 공동체에 속하지만 공동체와 관련 없는 단순한 구성원이 아니다. 공동체에 소속되어 있고 공동체의 질서 속에 있으나 자신의 권리를 훼손당하지 않으면서 개인과 공동체와 상호연관 속에서 서로 균형과 조화를 이루는 인격체를 전제한다.

헌법재판소는 2003년 10월 20일 헌법 제 37조 2항에 근거하여 질서유지와 공공복리를 위해서 불가피한 경우에는 인간의 기본권이 제한 받을 수 있다고 간통죄를 명시한 형법 제241조가 합헌이라고 결정하였다. 이는 '성적 자기결정권'이 인간이라면 누구나 갖는 기본권이 아니라 사회에 부응하는 경우에 한하여 인정되는 권리로서 설명되어진다.

이러한 맥락에서 보면 자신의 충분한 판단이나 결정에 책임을 질 수 없는 장애인, 노약자, 미성년자 등은 인간의 기본권인 자기결정권에서 제외될 수 있다. 그러나 이러한 주장들의 한계는 첫째, '합리적 주체'라는 헌법상의 인간상에 기초한 성적 자기결정권에 의하면 보호자를 요하는 자들은 후견적, 보호적 대상일 뿐이며 애초에 합리적 주체와 같은 입장이 아니기 때문에 성적 주체에서 원칙적으로 제외될 수밖에 없는 모순이 있다.

그러나 헌법 제10조는 국민이 인간이라는 이유만으로 누구나 기본적인 인격권이 보장되므로 성적 자기결정권의 주체를 충분한 판단능력을 갖춘 자에게만 한정지을 수 없게 된다. 장애인, 동성애자, 성전환자, 성적 자유를 박탈당한 사회에서 소외당한 모든 이에게 성적 자기결정권이 주어져야 한다는 입장에 서있다. 그러므로 헌법상의 인간상에 기초한 객관적, 보편적 기준이 없는 성적 자기결정권은 헌법 내에 배치되는 내용을 함축하고 있는 한계를 지니고 있다.

둘째, 성적 자기결정권에 의한 성 문제와 관련하여 남성적 가부장제의 전통적 시각, 페미니스트 시각, 현대 자유주의적 시각이 혼재되어 극명하게 대립하고 있다. 이런 혼란 속에서 입법자가 수법자의 일반적 의식에 합치되는 입법을 하거나 사법부가 이를 존중하는 사법적 판단을 하기란 매우 어려운 한계를 가지고 있다.

셋째, 과거에는 강제나 강요에 의한 성폭력만이 문제되는 협소한 분야이었으나 현재에는 동성애. 스와핑, 성전환자 등도 포함하는 거대한 사회적 이슈로서 성적 자기결정권의 사법적 문제가 대두되고 있다. 그러므로 재판부가 모든 시각에 맞는 판결을 내리기 어려운 처지에서 누구의 주장에 손을 들어줄지 매우 난감한 판결이 무수하다. 이에 객관적, 보편적 기준이 없는 성적 자기결정권의 한계가 드러나고 있다.

넷째, 일반적으로 성적 사항은 사적으로 내밀한 사안이므로 법이 개입하는 것은 한계가 있으며, 법과 도덕은 그 역할과 목적에 따라서 엄연히 구분되는 것이다. 도덕적 가치는 도덕적으로, 법적 문제는 법적으로, 각기 실현하는 것이 타당하다.

헌법의 인간상에 기초한 성적 자기결정권의 극복을 위해 우주만상이 따르고 존재, 발전, 번식하는 '존재의 보편적 법칙의 기준에 따른 '성적 자기결정권'의 재해석의 법적도입을 한다면 여성에 대한 성적 침해 문제뿐만 아니라 남성에 관련된 문제를 비롯 다양한 성 문제를 판결할 수 있어, 법이 성적 침해 문제를 적극적으로 보호할 수 있을 것으로 본다.

여성단체의 반성폭력운동에서 본 성적 자기결정권의 한계와 대안

매년 한국여성단체연합은 '내 몸의 주인은 나이므로 내가 주체자로서 성적 자기결정권을 갖는다.'는 반성폭력운동의 캠페인을 전개하고 있다. 한국여성단체연합은 1987년 이우정 회장(14대 국회의원)이 초대 회장으로 출발하여 한명숙 회장(37대 국무총리), 이미경 회장(15, 16, 17, 18대 국회의원 역임), 지은희 회장(제2대 여성부장관, 덕성여대 총장), 신혜수 회장(유엔인권정책센터 상임대표)에 이어 김금옥, 정문자 회장이 공동대표로서 제11대 회장을 역임한 단체이다.

한국여성단체연합에서 그동안 사회적 운동을 해온 내용 가운데 사회에 큰 파장을 일으킨 내용들은 호주제 폐지 민법 개정에 주도적 역할을 해온 것과 유엔여성차별철폐협약을 이끌어낸 점이다. 여성권익과 사회평화를 위한 다양한 활동들이 전개되었음에도 불구하고 우주의 보편적 법칙의 관점에서 볼 때 오히려 보편적 법칙을 역행하며,

평화를 깨트리는 운동을 전개해왔다는 것이 현실문제로 제기된다.

한국여성단체연합이 전개하고 교육하는 내용은 '내 몸의 주인은 나'이므로 내가 주체자로서 누구와, 언제, 어떻게 성행동을 하겠다는 결정은 전적으로 자신이 결정할 문제라는 것이다. 이러한 내용은 현재 중, 고등학교 성교육지침서에서 교육하고 있으며, 사회적 시민운동으로 전개되고 있다.

성적 자기결정권은 재생산(자녀출산)과 쾌락의 도구(남성의 성적 노리개)로 객체화된 여성의 몸을 주체화시키는 의미를 부여하였다. 이것은 가부장제의 이중적 성규범의 의미를 해체하려는 노력에서 출발하였다. 그러나 이러한 노력은 가부장제도의 문제들을 근본적으로 극복할 수 있는 접근을 하지 못하였다.

가부장제의 이중적 성규범 적용은 남성들이 여성에게만, 특히 자신의 아내와 딸들에게만 적용시키고 남성 자신의 성적 노리개로서의 여성들에게는 무관하게 여긴 정절 이데올로기에서 비롯된 것이다. 여성은 그 집안의 혈연을 이어 가풍의 계대를 이어갈 존재로서 좋은 자녀를 낳기 위해서는 아내가 정절을 지켜야 하며, 딸은 시집의 계대를 이어야 할 재생산적 기능을 수행해야 한다고 생각한 것이다.

반면에 남성 자신은 성 욕구 충족을 위해서 자신을 풍류객으로 미화하며 기방의 여성들을 자신의 쾌락의 도구로 즐기었다. 가부장제의 이중적 성규범의 적용은 가부장제의 제도를 이용하여 여성들을 재생산의 도구와 쾌락의 수단으로 여기는 남성들의 잘못된 성의식이 문제였다.

가부장적 이중 성규범 적용의 근본적 해결안은 남성들의 의식전환이 필요한 것이다. 남성들이 여성과 마찬가지로 정절을 지키며 가정에 충실한 남편과 아버지 역할을 다하는 성의식, 성 태도로 전환해야하는 것이다.

첫째, 성적 자기결정권 운동의 첫 번째 한계는 그들이 주장하는 순결용어 자체가 잘못이라는 지적이 문제를 잘못 지적했다는 것이다. 정절의식과 정절 태도 자체가 잘못된 것이 아니라 정절을 여성에게만 강요하는 남녀불평등한 성규범 적용이 문제인 것이다. 남성들도 정절의 성규범의 계율 안에서 가정을 지킬 때, 남녀 평등한 정절의식과 태도에 의해 가정의 성적 안정과 질서가 수립될 수 있다. 남녀 모두가 평등하게 존재의 보편적 법칙을 따르면 가정과 사회에서 가부장제의 이중적 성윤리 적용은 사라지게 될 것이다.

둘째, 반성폭력운동이 성폭력의 의미를 확대하여 '자신의 의사에 반하는 모든 성적 행위'에 대해 성폭력의 기준을 정한 것은 고무적이었다. 그러나 성폭력의 범위를 확대 적용하여 가해자의 범주를 넓힌 것만으로 여성의 몸을 지키려는 것은 소극적인 대처방안이다. 넓은 범주의 가해자의 수가 늘어나서 법적 처벌을 강화한다 해도 근본적인 대처 방안이 될 수 없다. 법적 처벌은 행위의 결과를 놓고 벌을 가하는 것이지 행위의 동기나 이유에 접근하는 대처가 아니기 때문이다. 성폭력의 적극적 대처방안은 가해자의 의식이 성적 자기결정권의 긍정적 행사로서 그 어느 누구에게도 성적 피해를 주지 않겠다는 강한 의지를 갖는 동기부여의 가치관 교육과 가치관 쇄신 운동으로 가능한 것이다. 근본적으로 여성의 몸을 지킬 수 있는 적극적 대처방안은 남성의 성의식과 성 태도를 변화시킬 수 있는 성 가치관 전환 운동이다. 가치관 수립을 위한 시민운동과 교육이 유아부터 발달단계별로 눈높이에 맞게 이루어지면 성폭력 예방운동이 가능하게 될 것이다.

셋째, 반성폭력운동의 한계는 여성들이 성폭력 방지의 지평을 넘어서 여성들의 다양한 성 욕구, 성적 자유의지로 자율적인 주체 위치에서 자유로이 성행동을 하겠다는 것이다. 이 의미는 남성들이 자율적으로 성적 자기결정권을 행사하여 자유 성행동을 한다면, 여성도 성적 주체자로서 그렇게 행사하겠다는 것이다. 1960년대 미국에서 출발하여 여성운동가 배티 후라이든이 앞장선 성 해방운동이 핵심 주제 내용으로서 가정에서의 해방을 주장한 것과 똑같은 잘못된 실수를 반복하고 있다. 그 운동의 30년 후에 그녀는 미국의 가정 파탄과 청소년들의 일탈된 성행동을 보면서 "여성들이여 당신의 파트너는 남편이다."면서 "가정으로 돌아와야 한다."는 180도 전환된 사회운동을 다시 전개하였다.

객관적이고 보편적인 기준이 없는 성적 자기결정권에 의해 자기 스스로 선택한 상대와의 성관계는 다양한 성적 사회문제를 파생시키고 있다. 그 예로 스와핑, 혼전동거, 그룹 프리섹스, 혼외성관계, 포르노물의 확산 등의 문제들은 가정과 사회를 붕괴시키는 성관련 문제들이다.

남성들처럼 여성도 똑같이 성 욕구를 지니고 있으니 여성들의 성적 자기결정권으로 다양한 성행위, 성관계를 객관적 기준 없이 행한다면 우리 가정과 사회의 붕괴를 누가 막을 것인가? 남성과 여성이 함께 건강한 가정을 안착시키기 위해서 윤리 기준에 적합한 부부 중심의 성행동을 하도록 절대 성 가치관 운동이 전개되어야 할 것이다.

넷째, 성적 자기결정권의 영향력에 의한 청소년들의 다양한 성 관련 문제들이 야기되고 있다. 청소년의 성적 자기결정권을 지지하는 연구들은 사고, 이해, 판단능력에 있어 일정 이상의 성숙도를 지닌 청소년들에게 자신의 문제에 대한 결정을 스스로 할 수 있는 권리, 즉 자율성을 부여하여 청소년의 성 주체성을 부여해야 한다는 목소리를 높이고 있다.

1996년에 개최된 세계여성대회 실무위원회에서 청소년들을 성적 주체자로 인정하였다. 미국심리학회와 미국과학재단에서도 낙태 결정에서 청소년들이 성인에 준하는 자기결정 능력이 있다고 하는 공식적인 견해를 제시하고 학부모에 대해서도 교육이 이루어져야 한다고 밝혔다. 우리나라의 경우도 성적 자기결정권에 대한 교육이 청소년 성교육의 핵심으로 자리잡아가고 있다.

이러한 세계적 추세의 교육과 운동에 의한 객관적, 보편적 기준이 없는 성적 자기결정권에 의해 올바른 가치관 수립이 되어있지 않은 청소년들의 무분별한 성행위가 자행되고 있다. 그 결과, 학업부진, 원치 않는 임신, 낙태, 미혼모, 미혼부 증가 그리고 다양한 성병 확산, 청소년 성 매매 등으로 신성한 결혼의 의미를 잃게 되어 청소년들의 미래가정 붕괴 현상을 초래하게 될 것이 크게 염려된다. 문제의 진단이 정확해야 그 처방이 올바르게 나올 수 있다.

한국여성단체연합은 반성폭력운동을 위한 문제의 진단을 올바르게 하고, 그 대안으로 근본적 문제해결 방안인 성적 자기결정권의 객관적, 보편적 기준을 제시하는 성 가치관, 절대 성 가치관을 수립하는 교육과 시민운동을 전개해야 할 것이다.

소통과 감사의
함수관계

일반적으로 소통이란 너와 나와의 관계에서의 소통을 먼저 연상하게 된다. 그러나 진정한 소통은 자신의 마음과 몸의 관계에서부터 출발한다. 자신의 마음과 몸에서 갈등이 없어야 진정한 너와 나의 소통의 자유로움이 가능하다.

자신의 마음과 몸의 갈등은 무엇이, 어떻게 일어나게 하는 것인가? 그것은 마음이 안내하는 대로 생각하고 실행하지 않기 때문이다. 인간의 마음에는 '거대한 나'가 존재한다. 청사진대로 살아갈 수 있도록 심어져 삶의 나침반, 프로펠러, 잣대, 저울, 재판관, 거울로서 다양한 작용을 하면서 인간 삶의 표상대로 살도록 돕고 있는 '거대한 나'가 존재한다. 삶의 표상이란 인간의 마음과 몸의 설계도를 의미한다.

인체 세포의 설계도를 보면 세포는 매우 섬세하고, 치밀하며, 합리적이고, 조화로우며, 발전적이고, 통합된 작용을 하도록 디자인되어 그 디자인에 맞도록 만들어졌으며, 그 구조에 의해 기능하고 있다. 육안으로 볼 수 없는 작은 세포 내에서 유기물질을 생성하고 폐기물의 연소와 제거가 균형 있게 조절되고 있다. 이때 작용하는 리소좀이라는 아주 작은 구성 성분은 세균 또는 노쇠한 세포 등을 삼키고 용해시킨다.

실제로 이 과정은 산에 의해 일어나는 것이지만 건강한 세포는 자신의 세포막으로 스스로를 산으로부터 보호하므로 전혀 해를 입지 않는다. 세포막이 이온화나 방사선 등으로 손상되면 리소좀은 세포의 자살 도구로 이용되어 세포가 죽는다.

세포의 설계는 자가 능력으로 조절하고 보호하며, 기능하도록 되어 있다. 이것이 자연법칙에 따라 질서 있게 세포 자체가 소통하는 방법이며, 이웃 세포들과 연계하여 인체가 건강을 유지하는 방법이다. 세포의 이런 작용이 설계도대로 작용하는 모습이다.

마음의 안내대로 생각하고 실행해야

인체가 건강하려면 마음 작용의 건강한 영향을 받아야 한다. 자연의 보편적 법칙에 의해 인간 신체의 세포가 스스로 자정능력이 있지만 그것이 잘 유지되도록 관리하는 것은 마음 작용이 크게 영향을 준다. 육체는 계속 편안하기를 요구한다. 그러나 마음 안에는 '거대한 나'가 미덕들을 일깨우게 하면서 자기 스스로 절제하고 부지런하고 몸에 득이 되는 행동을 선택하라고 요청한다. '거대한 나'의 마음은 육체가 건강하기 위해 스스로를 주관하면서 음식을 욕심내지 않고 골고루 섭취하며, 적당량의 식습관을 갖는 것과 적당한 수면, 그리고 적절한 운동을 하려는 방향으로 안내한다. 인간의 마음작용에도 청사진이 있기 때문이다.

'거대한 나'의 마음은 형체는 없으나 기능의 법칙이 있다. 그 법칙이 마음의 설계도다. 마음의 설계도는 생심의 기능(지·정·의, 사랑)이 있고, 육심의 기능(의·식·주·성)이 있다. 지·정·의, 사랑의 기능은 사랑을 실현하기 위해 진·미·선의 가치를 추구하며, 실현한다. 이 생심의 기능이 주체가 되고 육심은 수단과 방편으로서 작용할 때 질서 안에서 소통이 자유롭다.

그러나 안타깝게도 많은 사람들의 생심과 육심의 기능이 전도되었다. 그래서 자신의 삶의 질서가 엉클어져 마음과 몸의 갈등에서 벗어나지 못하게 되었다. 다행히도 우리 마음 안에 원래 청사진대로 인격을 성장시킬 수 있는 기재가 심어져 있다. 그 기재가 생심과 육심의 기능의 균형을 이루도록 그 방향을 바르게 잡아주는 충동을 하고 있다. 그것이 바로 심정의 기능이다.

심정은 생득적으로 누구나 가지고 있으며, 그 작용은 사랑을 통하여 기쁘고자 하는 원천적인 충동이다. 그 충동은 사랑하고 사랑받고 싶은 마음으로 작동하게 된다. 인간은 서로 사랑하고 싶고 사랑받고 싶어서 그것이 가능하도록 노력하게 된다. 그 심정의 충동이 자신의 몸을 건강하게 유지하려고 노력하고 마음이 평화롭고 기쁘기 위해 작용한다. '그 아이만의 단 한 사람'과 친밀관계를 형성하였다면 심정의 에너지가 활발하게 작동할 것이다.

심정에 상처를 입은 사람은 마음은 있어도 행동으로 옮기기 어렵다. 성장과정에서 가족이나 가까운 사람들에 의해 심정에 상처를 입었을 경우, 사랑의 치료가 필요하다. 사랑의 치료는 상처 입힌 그 가족의 사랑을 통하여 가능하다. 맺힌 곳에서 풀어야 하기 때문이다.

현대 사회의 진정한 리더가 되려면 마음과 몸의 질서 안에서 자유로움을 느끼며 소통할 수 있을 때 가장 강력한 리더십을 발휘할 수 있다. 심정의 기능이 제대로 발휘될 때 모든 소통, 곧 몸, 마음, 관계의 소통이 원활하게 가능하다. 육체와 정신의 소통이 자유로울 때 가장 건강하고 안정된 삶을 영위하게 되므로 다양한 사람과 소통이 물 흐르듯이 자연스러워진다.

감사와 만족하는 미덕의 마음은 타락성을 벗는 지름길

인간 시조가 타락할 때 사탄으로부터 이어받은 속성은 주어진 조건과 환경에 불만족하여 질투하고 시기하는 마음이다. 그리고 자신의 언행에 대하여 자기 합리화함으로써 자신이 옳다는 주장을 강하게 하는 고집을 이어받았다. 그러니 상대를 무시하게 되고 자신이 가장 잘났다는 교만심이 발로하게 되었다. 자기주장이 강하고 교만하니 상대가 자신에게 합당하지 않으면 혈기를 부리게 된다.

타락성의 마음인 시기, 질투, 고집, 교만, 혈기는 하나로 연결되어 있다. 자신에게 주어진 조건과 환경에 대하여 불만족으로부터 시작되는 마음은 섭섭한 마음과 더불어 자신보다 다른 사람이 더 좋은 대우를 받게 될 때, 시기와 질투하는 마음이 작용하게 된다. 그리고 자신의 생각을 정당화하기 시작하면서 그 생각이 옳다는 고집이 생겨난다.

그러한 고집은 상대가 누구라도 자신의 생각에 공감해주지 않는 대상에 대하여 자신도 모르게 상대를 무시하는 교만한 마음으로 연결된다. 교만심이 들어가게 되면 상대가 자신에 대해 반기를 들거나 동의하지 않으면 화를 내면서 혈기를 내뿜게 된다.

　인간은 누구나 삶을 통하여 이러한 과정을 경험하고 살아간다. 신앙은 이러한 마음을 없애고 창조 본연의 평화롭고 안정되고 기쁜 마음을 갖기 위해 자신의 마음을 수행하면서 타락성을 뿌리 뽑고자 몸부림치는 것이다.

　타락성을 뿌리 뽑는 가장 중요하고 좋은 요건은 감사하는 마음이다. 타락성은 사탄과 수수작용을 하는 마음이므로 사탄을 방어하는 마음을 갖게 되면 타락성과는 아무 상관이 없게 된다. 아무리 안 좋은 조건, 환경, 만남일지라도 그 조건, 환경, 만남에서 감사함을 캐어내어 만족할 수 있다면 사탄을 방어하는 가장 좋은 무기가 만들어진다.

　그 역사적인 승리의 실례가 예수님의 입장이다. 예수님에게 주어진 조건, 환경, 만남들은 불행 중에 가장 불행한 것이었다. 예수님은 가장 영광 가운데에서 태어나야 할 메시아로서 태어날 때부터 따뜻한 방이 아니라 추운 마구간에서 태어났으며, 헤롯 왕이 예수가 태어난 그 당시 어린아이들을 모두 죽이라는 명을 내려서 집 없는 신세로 유리고객하면서 애급으로 쫓겨 다니는 신세였으며, 부모가 있으나 고아로서 스스로 삶을 개척해야 하는 고달픈 삶이었다.

　예수님이 만났던 무리들은 모두가 그 시대 상황에서 천대받고 무시당하는 어부, 세리, 매춘녀, 이방인들이었다. 하나님이 준비해 놓은 유대 서기관, 제사장들은 모두 등을 돌리고, 세례 요한마저 배신하고 12제자들조차 모두 배반하였다. 예수님이 만난 조건, 환경, 사람들에 대하여 불만을 품으려면 누구보다 불평할 수 있는 자리였고, 누구보다 슬프고 외로운 자리였으며, 고통스러운 입장이었다.

그럼에도 불구하고 예수님은 하나님께 감사하며 주어진 조건들에 만족하시면서 섭리를 경륜하셨다. 예수님은 하나님에 대한 감사와 만족감으로 사탄을 물리치고 인류의 메시아로서 하나님께 사랑의 주인으로 합격하시어 부활의 권한을 갖게 되셨으며, 새로운 역사를 창건하는 새 아침을 맞이할 수 있었다.

우리 몸의 세포 속에 이미 하나님의 사랑과 생명이 우주의식으로서 생명운동을 일으키고 있으며 우주와 더불어 연속성과 지속성을 가진 사랑과 생명운동이 전 우주와 더불어 일체성, 통일성으로 운행하고 있다. 이것을 깨닫게 된다면 항상 매 순간, 어떠한 상황에서도 가능성과 희망과 소망으로 감사함과 만족감의 마음이 증폭될 수 있다.

하나님이 우리 안에 들어와 계심으로써 우리의 생명은 영원히 하나님의 사랑과 연결되어 있으므로 소망이 멈추어지지 않으니 안정과 발전이 보장되어 있는 삶에서 불만이 있을 수 없으며, 감사와 만족감이 지속될 수 있다.

감사와 만족감의 미덕을 가진 삶은 하나님의 사랑 안에 머무는 마음의 발로이므로 사탄의 타락성이 근접할 수 없다. 어둠을 물리치는 방법은 간단하다. 빛을 비추면 어둠은 저절로 사라진다. 타락성을 뽑는 것은 의외로 간단하고 쉽다. 하나님의 사랑과 생명운동을 체휼하고 감사와 만족감으로 살아가면 빛 속에서 살아가게 된다. 하나님의 사랑과 생명운동은 이미 우리 몸속에서 진행되고 있으니 그것을 인식하면 저절로 감사와 만족감이 우러나게 되어 있다.

감사는 주어진 조건이 아니라 해석

우리 모두는 태어나면서부터 대상의 위치에서 출발한다. 하나님의 자녀로서 대상이며, 부모의 자녀로서 대상으로 태어난다. 대상은 대상의식이 있다. 대상의식은 감사하는 마음, 겸손한 마음, 시봉하는 마음이다. 이러한 마음은 창조 본성의 대상의식이다. 그런데 우리는 이러한 마음을 종종 잊을 때가 많다.

예를 들면 꿈을 이루려는 욕망으로 그 꿈을 이루려는데 여러 환경 조건이 맞추어 주질 않는다거나 그럼에도 불구하고 애써 보았는데 자신의 성취 욕구만큼 이루어지지 않거나 목표 달성이 까마득할 때 불평불만이 나올 수 있다. 가정에서나 직장에서 열심히 최선을 다하는데 인정을 못 받는다거나 오히려 꾸지람을 들었을 때, 가족이나 상사와 좋은 관계를 맺으려고 상대를 위해주려 하는데 오히려 상대가 화를 낼 때는 황당한 마음과 섭섭한 마음이 들 수 있다. 또한 열심히 공부하였는데 그 결과가 노력한 만큼 기대치에 못 미칠 때 실망과 좌절감이 들게 된다. 남들은 나보다 별로 노력하지 않은 것 같은데 나보다 먼저 진급을 하거나 칭찬을 받을 때 불공평한 것 같아서 화가 나고 짜증이 날 수 있다.

부모나 상사에게서 선물을 받았을 때도 내가 기대한 만큼의 선물이 아닐 때 상대가 나를 이 정도밖에 생각 안 한다는 생각에 자존감이 상하거나 기분이 언짢아질 수 있다. 또는 선의의 경쟁이지만 경쟁에서 졌을 때, 선택받지 못했을 때 의욕이 떨어지고 실망감에서 헤어나기 어렵게 될 수 있다. 동료나 윗사람에게 인기가 없거나 무시한다는 느낌을 받았을 때, 열심히 일하는데 상사가 자신을 이용한다는 느낌을 받았을 때, 무력감이 들고 일에 대한 열정이 식을 수 있다.

그리고 평생을 바쳐서 뜻을 이루기 위해 몸부림을 치며 일구어 왔는데 그 밭이 누군가에 의해 다 망쳐지게 될 때 실망감과 좌절감으로 그 밭을 버리고 떠나게 될 수 있다. 이러한 경우 외에도 우리가 삶을 살아가면서 불평불만, 좌절감, 실망감, 짜증남, 화남의 경우가 다양한 상황과 조건들 속에서 일어날 수 있다.

이렇게 좌절감과 실망감, 그리고 불평불만이 나올 수 있는 상황과 조건 속에서 우리는 어떻게 감사한 마음을 가질 수 있을까? 이것이 우리의 삶 속에서 스스로 삶을 기쁨과 행복감으로 주도해 나갈 수 있는 마음가짐의 과제이다.

언제나 어디에서나 감사를 캐어내면 감사가 되고 불평불만을 캐어내면 불평불만이 될 수 있다. 감사는 주어진 조건이 아니라 자신이 만들어내는 해석이다. 부족하여도 감사를 마음에 품으면 감사를 낳고 풍족해도 불평을 품으면 불평을 낳는다. 감사는 소유와 어떤 조건의 크기가 아니라 자신의 생각의 크기이고 마음과 믿음의 크기이다. 소유와 자신이 갖추어진 조건과 만남에 비례하는 감사는 소유와 만남에 비례하는 만큼 불평을 낳게 된다. 마음의 해석에 따른 감사는 조건에 매이지 않는다.

　감사의 마음은 하나님과 영적 만남을 가능하게 만든다. 감사하는 마음은 내 안에서 하나님이 살아서 숨 쉬는 것을 알게 한다. 감사하는 마음은 세상과 만남을 행복하게 하고, 자신을 풍요롭게 한다.

　범사에 감사하는 마음은 하나님과 부모의 은혜를 아는 자의 마음의 열매이며, 하나님의 섭리를 수용하는 자의 사유의 방식이다. 감사한 만큼 하나님과 만남의 기쁨이 있고 삶에 감동이 있으며, 따뜻해진다. 하나님은 인간이 올바른 해석과 선택을 하도록 모든 준비를 다 해주셨다. 하나님은 끝까지 기다리신다. 하나님의 길에 도달하는 것은 시간의 길고 짧음의 차이이며, 시간의 단축은 자신의 마음의 해석과 선택의 과제이다.

창조 이해는
성 문제 해결의 실마리

생물의 성장은 생물체에 잠재하고 있는 의식과 에너지의 통합작용으로 가능하다. 의식과 에너지의 통합작용은 사랑의 힘으로 가능하다. 이 의식성 에너지 운동이 생명운동이라면 생명운동은 하나님의 사랑에 의해 이루어진다. 생명은 물질이 아닌 의식으로서 사랑의 작용에 의해 생명운동이 가능하다.

하나님이 우주를 창조하실 때 심정의 충동으로 사랑의 대상을 찾기 위해 로고스를 통해서 각각의 생명체 세포 안에 특수한 정보를 물질적 코드의 형태로 새겨 넣었다. 하나님의 창조과정은 '창조의 2단 구조'로 이루어졌다. 첫 단계는 구상으로서 인간이 가장 먼저 설계되었다.

하나님은 인간의 표상을 표본으로 하여 그것을 사상·변형하면서 점점 저급한 동물, 식물, 세포의 표상을 구상하셨던 것이다. 세포는 생물을 구성하는 최소 단위로서 생각하셨던 것이다. 표상이란 로고스(디자인, 설계도)를 의미한다. 창조의 다음 단계로서 현상세계의 창조 과정은 그 표상의 형성 과정과 반대 방향으로 이루어졌다. 빅뱅과 같은 에너지의 대폭발에서 소립자, 원자, 분자 등이 생기고 이 원자, 분자가 결합하여 광물로 구성된 천체가 형성되었다.

하나님은 창조 과정에서 인간을 가장 먼저 설계

천체 중에서 특별한 혹성인 지구가 형성되었으며, 지구상에 먼저 식물(난조류)이 나타난 후 동물 그리고 최후에 인간이 출현하였다. 이것은 진화가 아니라 하나님의 합목적적合目的的인 계획, 즉 로고스에 따라 이루어진 창조였다.

심정이란 우주에 편만한 사랑의 바다를 의미하고, 로고스란 우주에 편만한 '정보의 바다'라 할 수 있다. 세포 속의 유전자나 생명체도 로고스, 즉 '정보'의 총화체이며, 사랑의 힘으로 우주의식이 세포 차원에 주입되어 세포의 생명을 이룬다. 마치 전파가 라디오에 들어가 음성을 내고 있는 것처럼, 우주의식이 세포나 조직 속에 들어가서 그 세포의 모든 정보를 각지하고 세포의 생존을 관장한다. 생명을 관장하는 목적은 인간과 사랑을 통하여 기쁨을 나누는 것이다.

하나님의 우주의식이 세포에 주입될 때, 그 주입된 우주의식은 세포의 DNA의 유전정보를 파악하게 된다. DNA의 유전정보는 아데닌, 티민, 사이토신, 구아닌 등 4종류의 염기의 배열형태에 따라 유전자의 특성을 달리한다.

생명체의 잠재의식은 그 유전정보들을 각지하는 기능을 지니고 있으며, 단백질이 DNA의 작업용 복사본인 mRNA의 유전정보를 읽을 수 있는 것도 생명의 의식작용인 각지력 때문이다. DNA는 생명 자체가 아니며 유전정보를 담고 있는 담하체에 불과하다. 그리고 DNA의 정보를 읽는 단백질 또한 생명의 담하체이다.

그러므로 DNA와 단백질을 포함한 세포 전체에 침투해 있던 생명은 DNA의 유전정보는 물론, 세포의 조직과 구조 등 유기체 전체의 모든 정보를 각지할 수 있는 기능을 선재적으로 갖추고 있다. 이처럼 생명은 DNA에 앞서고, 사랑은 생명에 앞선다. 사랑이 생명의 출발점이며, 모든 작용에 투입되며, 목적점이기 때문이다.

사랑과 생명은 유기체 전체의 일체성 또는 통일성에서 그 의미를 찾을 수 있다. 죽는다는 것은 사랑과 생명을 떠나 쪼개져서 부분으로 나뉜다는 의미이고, 살아있다는 것은 하나로 연결된 네트워크로 전체적인 유기적 통일성을 이루고 있다는 의미이다.

하나님의 사랑을 중심으로 개별 세포의 생명과 유기체의 생명, 그리고 우주에 편만한 우주 의식은 의식의 연속성 차원에서 작용한다. 그렇기 때문에 본질적 의미에서 사랑과 생명이란 분절하거나 끊을 수 없는 연속이며, 하나의 거대한 단일성Unity이고, 끊임없이 정보가 교류하고 흐르는 순수 지속이다. 사랑과 생명의 연속과 의식의 흐름에서 조각으로 갈라지고 나눠진다는 것은 곧 단절이요, 죽음을 의미한다. 그런 의미에서 사랑과 생명은 나눠지지 않는 것이고 죽지 않는 것이다. 이것이 사랑과 생명이 하나인 이유이다.

사랑과 생명이 하나란 이유는 사랑과 성도 하나로 통할 수 있는 근거가 된다. 우주에 편만한 우주의식은 그 자체가 우주에 편만한 사랑으로 매개되며, 그 사랑의 공간에 펼쳐진 우주의식은 하나의 장엄한 우주의 질서체계를 이루게 된다.

사랑과 생명과 성의 유기적 통일성

우주를 지배하는 질서체계의 원리가 둘이고 그들이 충돌한다면 아름다운 대 우주의 합목적적인 질서와 우주의 신비로움은 파괴로 끝날 것이다. 그러니 생명이 하나라면 사랑도 하나이고 사랑의 질서인 성도 하나일 수밖에 없게 된다.

생명은 의식의 순수지속이며, 비약이다. 생명이란 정체되어 있는 것이 아니라 끊임없이 흐르는 의식의 지속이다. 하나의 전체적 통일성에서 발현한 우주의식은 모든 생명체 세포의 요소에 침투하여 작용하는 의식으로 귀결되는 것이 아니라, 다시 우주의식으로 돌아오는 전체적인 의식의 흐름이요, 지속의 과정이다.

생명성이 정체되지 않고 지속적인 흐름으로 작용하게 하는 힘은 하나님의 사랑의 힘이 원동력이다. 하나님의 사랑과 단절되면 개체의 생명력의 전체성과 통일성이 분절되기 시작하여 질병으로 화하기 시작한다. 하나님과 인간과의 소통이 분절되면 사람과 사람과의 소통도 분절되기 시작한다.

건강한 사람은 긍정적 마인드로 세포 안에 깃든 우주의식과 소통이 잘된다. 우주의식과 소통이 잘되면 인간과 인간과의 횡적 소통과 인간과 만물과의 소통도 잘되게 마련이다. 그래서 하나님·인간·만물이 하나를 이룬다. 공자는 이렇게 말하였다.

"만물과 도의 관계는 양수로 가득 차 있는 어머니 배 속의 아기와 어머니의 관계로 비유할 수 있다. 도는 만물이 향유하고 의존하는 모태이다. 도는 모든 존재에 내재해 있으면서 동시에 모든 존재들을 초월한다. 방외에 노닐면서도 세속생활에 잘 적응하고 모든 것을 자연에 맡겨 저 그대로의 성품으로 편안하게 머무르는 사람이 하늘의 동반자다. 그리고 이런 사람이 군자이다."

장자 사상에선 물은 도를 표현하는 상징으로 흔히 쓰이는 자연물이다. 그는 "물고기는 스스로 물속에 있다는 사실을 인식하지 못하면서 그 혜택을 누린다. 사람은 도리 속에서 살면서 스스로가 도 안에 있다는 사실을 인식 못하면서 그것을 향유한다. 물고기가 물을 삶의 터전으로 여기듯이 사람에게는 도의 세계가 터전이다."라고 말한다.

우주의 순환원리를 터득한 성인들은 "인간과 만물과 도는 하나 되어 작용한다."는 것을 깨닫고 있다. 우리 모두는 이미 하나님의 사랑과 생명의식이 우리 몸 안의 세포 속에서 작용하고 있으며, 이 작용에 의해 숨 쉬고 건강함을 유지한다는 사실을 매 순간 의식하지 못할 뿐, 이미 하나님의 사랑과 생명 안에서 하나 되어 살아가고 있음을 알게 된다.

하나 되어 있다는 것은 의식을 못 하게 되어 있다. 공기와 하나 되어 호흡하니 공기를 의식하지 못하고, 몸과 하나 되어 있으니 눈을 깜박이는 것을 의식하지 못한다. 부부가 사랑하면서 하나 되어 살면, 의식하지 못하고 그냥 하나 되어 산다.

우리는 하나님이 거하시는 성전聖殿으로서 하나님과 하나 되어 살아가고 있으므로 하나님을 의식하지 못하고 살고 있다. 이미 우리는 내 몸과 마음이 내 것이 아니요, 하나님의 신성이 거하는 성전으로서 살고 있다. 따라서 모든 인간은 연체로서 하나님의 우주의식에 의해 전체적으로, 지속적으로 순환 작용함으로써 하나로 묶어진 인류이다. '인류는 하나님 안에 한 가족'임을 알 수 있다. 물고기가 물을 의식 못 하듯이 인간 스스로 하나님의 사랑과 생명운동으로 살아가고 있음을 의식하지 못하고, 깨닫지 못할 뿐이다.

참사랑의 의미 안에 윤리적 실천의 내용이 포함되었으므로 하나님이 임재하는 참사랑을 중심한 인간의 성은 비인간화의 결과를 가지고 오지 않는다. 따라서 '하나님·인간=부자 관계' 등식의 의미로 보는 성 욕구 이해는 절대 성을 벗어날 수 없으며, 이러한 등식 안에서의 인간의 성 욕구는 신성하고 거룩한 것이 된다. 하나님이 축복하는 특권으로서의 부부일체를 만드는 성 욕구이기 때문이다.

마음이 찜찜할 때

많은 사람들이 마음은 비록 괴로워도 몸이 상쾌하면 자신이 기쁜 것이라고 착각한다. 마음이 괴로우면 자신이 불행한 것이고, 마음이 기쁘면 자신이 행복한 것이라는 것을 망각한 채, 몸이 좋아하는 삶을 살아간다. 그래서 진리가 지향하는 것은 뒷전에 두고 몸이 안락하게 지낼 수 있는 좋은 집을 원하고, 좋은 차를 원하고, 좋은 자리를 원한다. 많은 현대인들은 자신의 삶의 지향성이 마음 따로 몸 따로 다르게 움직이므로 갈등한다.

매년 자신을 수행하는 삶을 살겠다는 결심으로 새해를 시작한다. 그러나 때로는 몸이 힘들다고 몸이 하자는 대로 따르자고 한다. 그때 몸이 하자는 대로 따르면 마음이 찜찜하고 편치 않다. 그럼에도 불구하고 몸이 편안하니 따르게 된다.

남을 공격하거나 남에게 피해를 주는 언어적, 행동적 가해를 주는 행동은 자신을 합리화하면서 상대를 쉽게 공격하거나 피해를 입힌다. 순간적으로 마음이 통쾌하거나 좋을지 모르나 종래는 마음이 괴로워진다. 자신의 화를 다스리지 못하거나 이기심을 다스리지 못한 것에 대한 자책감이 들기 때문이다.

몸이 하자는 대로 지속하면 종래는 자신의 삶이 파탄에 이른다. 몸은 계속 자기중심으로 좋은 것을 먹으라 하고 편히 쉬라 하고 자신의 이익을 중심하고 움직이라고 명령한다. 몸은 성 해방을 부르짖고 마음은 참사랑을 하라고 외친다.

원래 몸과 마음의 관계는 사랑을 중심하고 하나 되도록 지음 받았다. 개체 목적과 전체 목적은 사랑을 중심하고 합목적을 지향하도록 설계되었다. 그래서 전체 목적을 떠난 개체 목적이 있을 수 없다. 즉 몸은 마음의 작용을 위해 수단으로서, 방편으로서 작용해야 한다는 것이다.

그런데 타락한 인간은 몸의 작용에 따라 마음이 방편이 된다. 마음이 몸에 끌려 산다. 몸이 원하면 몸이 하자는 대로 흡연하고 음주하고 쾌락을 즐긴다. 작은 물체, 담배 하나 주관하지 못하고 남들이 다 마시는 술 한 번쯤 마시는 것이 뭐 문제 되겠느냐고 생각한다. 그리고 한 번, 두 번, 세 번 마시면서 술과 친해지면 알코올에 몸에 좋은 열매가 들어 있으니 건강에 좋은 것이라고 자신을 합리화하기도 한다. 공금을 유용하여 자녀들의 유학비를 보내면서 지금은 내가 이 돈을 빌려 쓰는 것이지만 다른 대가로 내가 갚을 것이라는 등 자신을 합리화하는 것이다. 이렇듯 몸이 원하는 대로 지속적으로 살다보면 마음이 괴로워서 아파한다. 마음이 아프면 결국 자신이 불행하여 고통 받게 된다.

인간은 참으로 어리석기 그지없다. 자신의 몸의 안락함을 행복이라고 쫓다보면 결국 자신이 행복이 아니라 불행을 자초했다는 것을 뒤늦게 깨닫게 된다. 당장 눈앞에서 느끼는 몸의 편안함으로 자신의 고통이 쌓여간다는 것을 모르고, 마음의 괴로움이 축적되어야만 자신의 불행한 모습을 볼 수 있는 어리석음 때문이다.

마음이 찜찜해하거나 괴로워하고 아파하는 행동과 일은 당장 멈추어야 한다. 자신이 바른 길을 가지 않을 때나, 상대나 공동체를 해칠 때 마음이 괴롭거나 아프기 때문이다. 그 결과는 결국 악의 열매를 맺기 때문이다. 그 행동을 멈추지 않으면 종래는 자신과 상대와 공동체 전체를 함께 망치고 불행으로 빠뜨리는 결과를 초래한다. 매 순간 몸은 비록 힘들지라도 마음이 기뻐하는 일을 해야 자신과 타인을 행복의 길로 인도하는 것임을 자각하는 삶을 살아야 한다.

매일 매 순간 마음에게 물어보는 삶을 살아야 한다. 마음아, 잘 살고 있느냐? 마음아, 괜찮니? 마음이 자신에게서 가장 가까운 존재이기 때문이다. 하나님보다 부모보다 친구보다 가장 가까운 친구가 마음이기 때문에 몸이 아니라 마음이 하자는 대로 삶을 살게 되면 나에게도 상대에게도 전체에게도 득이 되는 삶이 된다. 그리고 그런 삶은 하나님과 한 몸을 이룰 수 있는 공명권에 들어가게 된다.

마음은 참사랑을 지향하도록 설계되었으므로 참사랑하면 기쁘고 그 행복은 자신의 삶에 빛을 비춘다. 본심이 바라는 삶은 자신의 빛과 하나님의 빛이 만나므로 공명권을 이루게 된다. 사랑은 받을 때보다 줄 때 강력한 빛을 비춘다. 참사랑의 빛은 모든 사람의 마음의 아픔을 치유하는 특효약이기 때문이다.

글로벌 이슈의 해답을
가족 관계에서 찾는다

　'가정이 문명의 이정표'라는 의미는 건강한 가정이 사회공동체의 기본 단위로서 건강한 사회를 형성하지만 가정이 무너지면 사회공동체가 무너진다는 뜻이다. 인체에서 세포가 건강하면 인체가 건강한 것과 같은 맥락이다. 오늘날 글로벌 이슈들 즉 빈곤, 실업, 기아, 전쟁, 테러리즘, 약물남용, 인플레이션, 이혼, 성 문제, 프리섹스, 질병 등의 문제들이 가족 영역에서 발생했고 앞으로도 계속 발생할 것이다. 따라서 사회적 이슈들은 가정이 건강하면 자연적으로 그 문제들이 해결된다.

　건강한 모델적 가족 관계 구조는 3대가 한 가족 관계를 이루어 사는 한국의 전통적 대가족 형태이다. 이러한 가정은 조부모, 부모, 자녀의 3대권이 한 가정에 모여 4대 심정권을 형성하여 자녀들과 형제자매, 부부 그리고 조부모가 사랑으로 서로 소통하는 관계를 유지하는 가정이다.

대가족 제도는 하나님을 닮은 구조

3대권의 대가족 구조가 건강한 가족의 모델이라는 근거는 설계자, 하나님을 닮은 구조이기 때문이다. 하나님은 심정을 중심하고 본성상과 본형상이 상대적 관계를 맺으면 수수작용이 일어나서 결과를 이룬다. 이때 반드시 '중심·성상·형상·결과'의 4요소가 관련되며 이 4가지 요소의 상호관계는 사위기대(공간개념)를 이룬다. 우주만상의 모든 존재는 예외 없이 사위기대를 이루며 존재한다. 이 사위기대는 정·분·합작용에 의한 3단계 원칙(시간개념: 정, 과거-조부모, 분, 현재-부모, 합, 미래-자녀)의 근본이 된다.

수수작용의 특징은 원만성, 조화성, 원활성이기 때문에 수수작용이 일어나는 정·분·합작용과 사위기대, 곧 3대권(시간개념)과 4대심정권(공간개념)을 이룬 가족 구조 안에서는 모순이나 대립, 상충과 같은 현상이 일어날 수 없다.

가족관계에서 3대권과 4대심정권을 형성하여 서로 사랑하는 관계를 형성하는 것은 하나님의 모형을 닮아 하나님과 주파수를 맞추기 위한 것이다. 주파수를 맞추게 되면 하나님의 우주의식의 영성이 형성되며, 공명권을 이루게 된다. 공명권의 세계는 아름다운 질서 속에서 사랑의 평화세계가 펼쳐지게 된다.

공명권을 이루는 건강한 가족 관계를 유지하려면 참사랑 요소들이 작용해야 한다. 참사랑은 첫째는 대상 지향적이고 전체 지향적으로 상대나 전체의 삶을 보존하고 성장과 발달을 촉진하며 상대의 가치를 실현하도록 목표를 가지는 것, 둘째, 행동 지향적인 것으로 인식보다는 실천에 옮기며 봉사에 우선적 강조를 하는 것, 셋째, 무조건적으로 상대가 사랑을 받을 가치가 있건 없건 사랑하는 것, 넷째는 일시적 사랑이 아니라 지속적으로 사랑하는 것이다.

내가 누군가를 사랑하려면 내 자신이 사랑할 수 있는 에너지가 충만해야 가능하다. 그 끊임없는 사랑의 에너지 충전은 바로 하나님의 사랑과 연결이 되어야 가능하다. 그렇지 않으면 내 자신이 사랑이 고갈되어 지치게 된다. 한편 사랑을 주면 사랑을 받는 대상이 사랑이 에너지를 발산하게 되며 그 대상의 변화를 통하여 에너지가 보충됨으로써 사랑의 에너지가 충족될 수 있다.

건강한 가정의 질서와 안정, 발전을 위해 참사랑과 함께 병존하여 없어서는 안 될 규범이 있다. '반드시 해야 하는 행위'와 '반드시 하지 말아야 하는 행위'의 미덕들을 일깨우는 것이다. 미덕의 연쇄는 건강하고 기능적이다. 가족성원들이 서로 애정표시를 하면서 서로의 미덕을 일깨우는 가족엔 조부모, 부모와 자녀가 화목해지며, 서로 귀를 기울이고, 서로를 위해 애쓰는 미덕의 순환이 있다. 가정에서 많은 미덕을 일깨우기 위해 노력이 과다하면 오히려 기능이 마비될 수 있으며, 암묵적으로 감정이 편안할 때 미덕이 잘 작동된다.

현대의 글로벌 이슈들은 가족 관계 문제에서 시작되며, 가족이 무너지게 되는 것은 가족 기능 상실에 있다. 가족의 기능은 크게 가족 대내 기능과 가족 대외 기능이 있다. 가족 대내 기능은 가족이 구성원 개개인에게 미치는 작용으로서 가치관 수립, 사랑, 자녀 번식, 양육, 재화의 생산과 소비, 교육, 보호, 휴식, 오락의 측면에서 수행하는 기능이다. 가족 대외 기능은 가족이 사회 전체에 대해 수행하는 기능, 즉 성적 통제, 종족 보존과 사회구성원 보충, 노동력 제공, 생활보장, 경제적 질서 유지, 문화 향유, 사회 안정을 유지시키는 기능 등이다.

가정에서 가장 중심이 되는 가족 관계는 부부 관계이다. 부부 관계는 현재를 대표하면서 과거와 미래가 함께 연결되어 있다. 부부가 조부모를 잘 공경하는 효의 본을 보이며 존중과 배려, 돌봄과 사랑의 미덕을 보이면 자녀들 역시 자신의 부모를 공경하면서 자신들의 미덕을 일깨우기 위해 노력하게 된다. 부모의 삶은 자녀에게 써주는 각본이기 때문이다. 건강한 가족 관계의 핵심은 부부 관계가 건강한 관계를 형성해야 고부 관계, 부모·자녀 관계에서 원만한 소통관계가 가능하다는 것이다.

가장 중심이 되는 가족 관계는 부부 관계

성공적인 부부 관계를 위한 결혼의 구체적 요인으로는 선남선녀가 성장해온 가족의 배경이 매우 중요하다. 어린 시절에 긍정적인 경험을 많이 한 사람은 성공적인 결혼생활을 영위하는 경향이 있다. 부모는 자신의 조부모의 삶을 모델로 해서 모방하게 되고 자녀들은 자신의 부모의 삶을 모방하게 된다.

둘째, 성공하는 요인으로 결혼준비가 중요하다. 성장과정에서 미덕들을 일깨우는 자연스러운 인격성장의 삶, 혼전 순결 여부와 결혼 연령 그리고 결혼 동기는 매우 중요한 변인變因으로 작용한다. 셋째, 결혼하는 당사자의 연령과 성숙도는 부부 관계의 안정성에 영향을 준다. 조혼은 교육수준의 저하와 원하는 직업을 갖지 못하거나 낮은 수입, 부모 됨의 준비 부족, 정서적 미숙, 자아인식의 결핍, 개인적 발달과업의 성취부족 등이 문제가 된다. 반면 내가 행복하겠다는 동기보다 상대를 행복하게 해주겠다는 준비가 결혼동기로 작용했을 때 결혼에 성공할 수 있다. 중매결혼이 객관적 시각에서 상대를 선택할 수 있어 결혼 성공률이 높다.

부모사랑은 하나님의 사랑을 가장 많이 닮은 아가페적 사랑이다. 부모의 양육태도에 따라 자녀의 부모를 향한 태도가 다르다. 부모가 자녀에게 '그 아이만의 단 한 사람'의 사랑을 주고받으면서 가족구성원들이 서로 의사소통이 많은 경우, 자녀는 가족 간에 갈등을 적게 느끼고 부모에 대한 애착과 친밀감이 높다.

자녀 사랑으로 효는 모든 사랑의 출발점이며, 자녀가 성장한 후 결혼하여 가족 관계의 성공여부를 좌우한다. 효는 세대보존으로부터 전통적으로 이어지는 것이므로 부모가 먼저 효의 길을 걸어가야 자녀들이 부모와 함께 효의 길을 갈 수 있다. 그래서 세대 보존을 통한 미덕 연쇄가 매우 중요하다.

가정에서 노인의 만족과 사기에 긍정적 영향을 미치는 경우는 자녀와 관계의 질이나 며느리와의 관계가 만족도에 중요한 변인이다. 노인의 경제상태가 만족하거나 부모 대접을 받는다는 심리적 만족도가 증가하거나 건강상태가 양호할수록 심리적 만족과 사기가 증가하며 고독감이 낮아진다. 신앙적 활동이 높은 경우에 만족도가 높고 죽음에 대한 두려움이 적다.

건강한 가족의 세대 보존은 하나님의 전통, 가치관, 천법天法, 생활양식 등을 후손들에게 전수하는 것이다. 첫째 하나님의 순수한 혈통 전수, 둘째 개인의 미덕을 일깨워서 인격 완성은 물론 세계인들의 가치관 통일과 평준화를 목적으로 훈독모임 실시, 셋째 미덕을 일깨우는 참사랑을 매일 실천에 옮기는 것이다.

건강한 가족들은 세대보존을 통하여 서로 신뢰하고, 사랑하고, 봉사하며, 지지하고, 의사소통을 하는 방식을 잘 알고, 천법에 따라 생활하는 방식을 학습한다. 순결과 정절을 바탕으로 부부가 결속해서 어린이와 노인을 돌보는 것이 가족의 삶의 목표이자 기쁨임을 학습한다. 친족이 통합되는 전통, 일상관습의 미덕 일깨우기를 바람직한 방식으로 세대에 전달할 때 세대 간에 건강하고 바람직한 보존이 가능하다.

건강한 가정이 사회공동체를 구성한다면 현대사회에서 일어나고 있는 공적 영역의 정치, 경제, 문화, 군사, 외교, 교육, 전반에 걸쳐서 활동하는 사람들 역시 자신의 가족 관계로부터 긍정적 태도를 이어받게 될 것이다. 따라서 공적 영역의 사람들이 긍정적 방향으로 발전하여 글로벌 이슈들의 문제들이 자연스럽게 해소될 것을 기대할 수 있다.

개인과 조직은 취약점보다 강점을 개발해야

인간은 누구나 강점과 취약점을 가지고 있다. 일반적으로 많은 사람들은 남들이 잘하는 면을 보고 자신은 그것에 비해 부족하다고 생각하여 자신의 부족한 점을 채우기 위해 열심히 노력하며 살아가게 된다. 자신의 취약점에 집중하여 그것을 남처럼 잘하려고 노력하면 기껏해야 뒤쳐지지 않는 평균적인 삶을 살 수밖에 없다.

외모지상주의 사회에서 남처럼 예쁘기 위해 성형에 몰입하는 문화풍토가 자리 잡고 있다. 코가 남들처럼 오뚝해지고 싶어 코를 높이고, 눈도 쌍꺼풀이 없으니 쌍꺼풀을 만들고 몸매가 S라인이 되고 싶어 다이어트에 집중하다 보니 오히려 건강을 해치는 사례가 빈번히 발생한다.

남들처럼 성형을 하고 나면 남들과 같은 평균의 외모가 만들어진다. 취약점을 없애려고 집중하다보니 자신만이 가지고 있는 고유한 개성과 강점이 가려지고 있다는 것을 인식하지 못하고 있다. 성공적으로 만족하는 삶을 살려면 자신만이 가지고 있는 강점을 개발하는 것이 가장 바람직한 방법이다. 어둠을 없애려면 어둠을 없애려고 노력하는 것보다 빛을 밝히면 어둠은 자연히 사라지는 원리와 같다. 자신에게 잠재된 능력을 찾아 노력함으로써 성공하여 빛을 밝힌 삶들이 있다.

덴마크가 낳은 안데르센은 '미운 오리새끼', '성냥팔이 소녀', '인어공주', '눈의 여왕', '나이팅게일' 등의 아름다운 동화를 지은 동화작가이다. 그는 외모가 못생긴 것으로 유명하였으며, 집안이 가난하고 아버지는 알코올 중독자였으며 학교에도 다니지 못하고 주위 아이들의 놀림감으로 성장하였다. 그럼에도 그는 열정과 집념으로 자신이 가장 잘하는 동화 짓기에 몰두하여 남들과 달리 아름다운 동화책을 펴내어 자라나는 새싹들에게 자신감과 희망을 안겨다 주었다.

미국 펜실베이니아 태생 에이미 멀린스는 태어날 때 무릎 뼈가 없이 태어나 무릎 아래를 절단하고 장애인으로 살아야 했다. 그러나 그녀는 무한한 잠재력을 찾아내어 달리기에서 장애인 올림픽 세계 신기록을 내었으며, 패션쇼 모델로, 영화배우로 활약하여 '피플'지에서 선정한 세계에서 가장 아름다운 여성 50인에 들어갔다. 그녀는 모든 장애자들에게 꿈과 희망을 심어준 주인공이 되었다.

영국 출신의 조엔 롤링은 이혼녀로서 어린 아이와 국가보조금으로 가난하게 살면서 자신이 꿈꾸었던 소설가로서 글을 틈틈이 구상하고 그녀의 잠재력을 키워내어 '해리포터 시리즈'라는 세계적 베스트셀러 작가가 되었다. 그녀는 게임에 몰두하던 어린 아이들로 하여금 책을 읽게 만들었으며, 그 책으로 인해 억만 장자가 되었고, 사회복지 기관에 많은 자선을 하며 어려운 사람을 돕는 성공적인 삶을 살고 있다.

이들의 삶의 공통적 특징은 자신의 취약점과 장애들을 그대로 받아들이고, 자신의 잠재력의 강점을 끌어내어 빛을 발하였다는 점이다. 또한 크고 작은 어려움을 인정하고, 오히려 도약의 발판으로 삼아 체계적인 훈련과 노력으로 발전하였다는 것이다. 이들은 그 장애물들을 피하거나 극복하는 대상으로 여긴 것이 아니라 그 취약점을 통하여 자신을 일깨우고, 능력을 북돋아 주는 하나님의 선물로 여겼던 것이다.

지속적으로 잘나가는 개인이나 조직은 존재하지 않는다. 비 온 뒤에 땅이 굳어지며, 한번 넘어져 보아야 새롭게 일어날 줄 알게 되며, 땅에 떨어져 보아야 새롭게 방향성을 잡고 나아갈 수 있다. 부족한

점을 인정해야 강점을 찾게 된다. 아파 보아야 건강함의 고마움을 알게 되고, 고통을 겪어 보아야 편안함에 감사할 줄 알게 된다.

우리 삶에서 어려움과 취약점은 모두 도약을 위한 발판이다. 존재 세계에 모든 존재는 그 자체 내에 우주의식이 생명운동으로 지속적이며, 연속적으로 작용하고 있으며, 그 생명운동의 뿌리는 하나님의 심정과 연결이 되어 있으므로 모든 존재의 창조설계 안에 회복 가능한 에너지작용이 있다.

인간은 소우주이므로 어떤 존재보다 회복 가능한 에너지 기능이 강하게 작용하고 있다. 인간은 하나님과 부자의 혈연적 관계이므로 하나님의 심정과 직접적으로 연결되어 있다. 인간 스스로 그 심정에 접속만 하면 영적 파워가 발생하게 되어 있어 어떤 어려운 난관도 도약의 발판이 될 수 있다.

인간은 하나님의 심정과 연결

대상으로서 감사의 마음과 겸손의 마음을 갖게 되면 긍정마인드가 발생하고 긍정마인드가 작용하면 영적 파워가 발생하기 시작한다. 영적 파워는 자존감을 높여주며 희망에 벅차오르고 열정이 솟아나게 한다. 영적 파워를 일으키는 긍정적 마인드는 어떤 어려움도 힘들다고 생각하지 않으며, 오히려 그 어려움을 발전을 위한 도약의 발판으로 만들게 한다.

하나님의 책망과 심판이 두려워서 무엇인가를 하는 마음보다 하나님을 기쁘게 해드리기 위해 무엇인가를 할 때, 긍정적 에너지가 발동하게 되며 하나님과 심정적으로 통합된 관계가 이루어져 하나님으로부터 영적 파워를 받아 무한한 잠재력을 개발할 수 있게 된다.

　오늘날 우리는 우리 사회에 만연하고 있는 프리섹스 문제와 가정 파괴 문제, 성 관련한 제반 문제들을 해결할 수 있는 대안을 제시하고 절대 성을 완성하는 운동에 앞장서야 한다. 그렇게 될 경우 한국은 우리 사회의 청소년 일탈 문제와 가정 문제들을 예방하고 치유하면서 하나님의 조국으로서 우뚝 설 수 있게 될 것이다.

건강한 가정 문화 정착을 위한 제언

망하는 나라의 말기 증상으로 빠지지 않는 것이 있다. 성문란性紊亂이다.

요즘 동성애가 화두이다. 그것을 법으로 자유화하자고 국회에서도, 여성계 운동가들도, 정치계에서도, 법조계에서도, 학교 성교육에서도 찬성하고 있다. 각 영역의 지도자들은 마치 불가피한 문화현상으로 수용해야만 한다는 사고를 가지고 있다. 실제로 동성애 세계의 삶이 어떠한지 모르면서 다원화된 포스트모던 시대의 통 큰 관용이자 열린 사고로 이해하고 있다.

만일 우리나라에서 동성애가 합헌이 되면, 참가정 이상을 최고의 신조로 삼는 보편적 가정들에게 크나큰 낭패이자 치명적인 비보가 된다. 동성애가 일반적인 문화현상으로 사회적 승인을 얻는다면 보편적 가정 문화의 설 자리가 점점 없어지게 될 것이다.

동성애는 프리섹스와는 비교될 수 없는 강력한 죄성의 파괴력을 가지고 있다. 동성애 문제는 곧바로 보편적 가정의 삶, 특히 자녀들의 삶에 직간접적인 영향의 파장을 불러일으키게 될 것이다. 현재에도 학교에서 동성애는 당연한 것으로 교육받고 있기 때문에 청소년들 60% 이상에게 동성애는 하나의 자연스러운 문화현상으로 받아들여지고 있다.

보편적 가정 문화 위협하는 성문란

자녀들이 집 밖을 나서면 사방에서 직면하게 되는 사회문화적 왜곡 현상들을 있는 그대로 수용하고 있는 실정이다. 특히 스마트폰, TV, 인터넷을 도구로 대중문화의 물질지상주의, 외모지상주의, 성의 상품화에 그대로 길들여지고 있다. 그 실례가 과거에는 있을 수 없었던 문화적 흐름의 변화로서 중1 여학생이 되면 짙은 화장을 시작하며, 학교에서 이를 전혀 간섭할 수 없다. 학생인권조례 때문이다.

서울시 등의 지방자치단체 학생인권조례에 성적 지향과 성별 정체성이 차별금지 사유로 들어가 있다. 이 조항은 삭제하는 개정이 이루어져야 한다. 이러한 조례는 동성애와 트랜스젠더를 비윤리적이라고 인식하고 표현하는 행위를 차별이라고 학교 내에서 금지하고 있다. 오히려 동성애자와 트랜스젠더의 권리만을 옹호하고 동성애와 트랜스젠더를 비윤리적이며 비정상적이라고 인식하는 학교 구성원의 권리는 제한 또는 금지하고 있다. 이 조항은 외국처럼 성교육시간에 동성애 동영상을 보여 주며 동성애 방법까지 가르칠 수 있는 법적 근거를 제공한다.

보편적 법칙에 따라 살아가는 사람들의 삶은 이러한 잘못된 법과 왜곡된 사회 환경으로부터 자유롭지도 않거니와 분리될 수 없게 된다. 우리는 왜곡된 성 문화 환경을 바로 세우는 주도적인 영향을 줄 수 있는 용기가 필요하다. 사회의 부정적인 영향을 보편적 법칙에 따라 정화할 수 있도록 사회적 이슈들에 대해 우주의 보편적 법칙의 해석을 정확하게 담아낼 수 있어야 한다. 성장해가는 자녀들이 미래를 바르게 이끌어 갈 수 있도록, 왜곡된 문화전쟁에서 보편적 가정 문화가 정착할 수 있도록 함께 노력해야 한다.

순결한 성 문화, 심정 문화를 정착시킬 수 있도록, 가정에서 부모가 먼저 모델적 삶을 살아야 한다. 가정에서 부모가 화목하고 행복하게 사는 모습을 보고 성장하는 자녀들은 아무리 사회의 포르노 모방문화 현상이 유혹의 손길을 뻗쳐 와도 자신의 정체성을 지킬 에너지가 있다. 그러나 부부가 자주 갈등하는 것을 경험하면서 성장하는 자녀들은 결혼을 거부하거나 독신을 선호하게 된다. 우려되는 것은 동성애를 선호하는 청소년들이 늘어나고 있다는 사실이다.

가정에서 부모들이 모델적 삶을 살면서 가치관 교육으로 자녀들의 일탈된 성행동의 동기와 원인을 차단시킬 수 있어야 한다. 물이 위에서 아래로 흐르는 자연의 보편적 법칙처럼, 부모들이 우주의 보편적 법칙을 먼저 이해하고 그 법칙대로 살아가는 솔선수범의 실천적 모델의 삶을 살아야 한다. 자녀의 건강한 삶의 성공 여부는 부모들의 모범적인 삶에 달려 있음은 아무리 강조해도 부족하다. 부모들의 삶은 자녀들에게 너희들도 이렇게 살아라 하며 묵시적으로 써주는 각본이기 때문이다.

부모가 먼저 최선을 다해 보편적 법칙, 곧 '반드시 해야 하는 것'은 실천하고, '반드시 하지 말아야 할 것'은 범하지 않으며 살아가야 한다. 부모가 '할 것'과 '말 것'을 잘 식별, 분별할 수 있는 능력을 발휘하는 삶을 살아감으로써 자녀들이 보고 배운 그대로 무의식적으로 분별력을 터득할 수 있다. 보편적 법칙에 따라 삶을 영위하는 가족 관계의 삶은 보편적 질서의 사회공동체의 삶으로 인도됨으로써 사회 안정과 질서로 이어진다.

성적 유혹에 맞서려면 올리사랑(효도) 필요

성적 유혹은 에덴동산에서 시작되었다. 하나님은 말씀·원리·천도·천륜·천법·규범의 힘보다 사랑의 힘을 더욱 강하게 창조하셨다. 하나님은 심정의 본체이시기 때문이다. 하나님은 부모로서 사랑하고 싶어서 견딜 수 없는 충동에 의해 사랑할 수 있는 대상, 자녀가 필요해서 하나님의 신상과 신성을 그대로 닮은 자녀를 창조하셨다. 인간조상 아담과 해와는 절대 주체자 부모이신 하나님 앞에 절대 대상자로서 올리사랑하는 자녀가 되지 못하였다.

하나님이 인간에게 향한 내리사랑(아가페적 사랑)은 절대적이었고 또한 무엇과도 비교할 수 없이 크고, 넓고, 높고, 깊은 강력한 사랑을 천사장이 부러워서 시샘할 만큼 부어주셨다. 하나님의 강력한 사랑의 품안에서 있음에도 인간은 성장 과정, 즉 사랑이 커나가는 과정에 있었으므로 그 사랑을 감지하지 못하고 항상 옆에 있는 사탄, 루시퍼의 자기 중심한 달콤한 횡적 사랑에 유혹되어 성적 타락을 한 것이다.

사탄이 자신의 욕구 충족을 위해 해와를 그 도구로 이용하려는 강력한 유혹에 이끌리어 해와의 자기 중심한 육심의 성적 욕구와 상대기준이 조성됨으로써 불륜의 사랑의 힘이 하나님과 올리사랑으로 주고받는 힘보다 강렬하여 타락하고 말았다.

　해와가 하나님을 중심한 참사랑의 올리사랑을 하게 되면 육심(성적욕망)은 생심(정·지·의·사랑)을 자연스럽게 따르게 되어 있다. 또한 참사랑을 중심한 육심의 성적 욕망은 성스러운 것이 된다. 때가 되어 하나님의 축복 아래 부부를 이룬 성적 욕망은 하나님이 거할 수 있는 성스러운 자리이다.

　그렇다면 해와가 올리사랑을 하지 못하여 육심이 생심보다 더욱 강력하여 타락하게 된 이유가 무엇일까? 하나님의 창조원리는 상대에게 정성을 들이는 것만큼 주체·대상관계의 수수작용이 일어나서 힘이 창출된다. 하나님은 해와에게 지극히 정성을 들였으나 해와가 하나님과 올리사랑으로 수수작용을 하는 것보다 육심의 욕망을 자극하는 천사장과 횡적 상호작용을 더욱 강하게 하여 천사장·해와의 관계가 더욱 친밀해졌기 때문이다.

　자주 만나고 대화하고 정을 나누게 되면, 자기중심적인 불륜이더라도 불륜에서 사랑의 힘이 나오게 된다. 그러므로 결국은 깨어질 관계이지만 만날수록 정이 들고 더욱 친밀한 관계로 무르익게 되었다.

　만일 해와가 하나님께 감사하고 천사장보다 하나님과 더욱 자주 만나고, 대화하고, 질문하고, 의논하고, 보고하고, 접촉함으로써 올리사랑을 하였다면 하나님과 주고받는 생심적 사랑의 힘이 강력하여 더욱 빠르게 사랑을 완성하였을 것이다. 해와는 성장과정에 있었으므로 하나님이 귀찮을 정도로 하나님을 졸졸 따라다니기만 했어도 그것이 올리사랑이다.

하나님은 해와가 그렇게 하기를 간절히 고대하셨다. 그러나 강요할 수는 없었다. 인간이 스스로 그렇게 하길 기다리셨다. 해와가 올리사랑을 했다면 하나님·해와 관계의 친밀한 사랑의 힘에 의해 천사장의 성적 유혹을 의식적으로 자기 통제할 수 있었으며, 천사장이 자신의 욕구를 채우기 위해 해와를 유혹의 도구로 이용하는 것에 맞서는 힘이 있었을 것이다.

해와는 천사장과 자주 보고, 마주 대하고, 눈길을 주고받고, 손을 맞잡고, 함께 어떤 일을 시도하고, 스킨십을 함으로써 천사장과의 횡적 사랑이 더욱 빠르게 성숙하게 되었다. 그 친밀함이 해와의 생심보다 육심의 욕구, 성적 욕구를 촉발하게 되었으며, 결국 천사장과 성적 관계를 맺게 된 것이다.

청소년들이 남녀의 친구를 사귀는 것은 만나서 함께 식사하고, 음악 듣고, 영화 보고, 노래방 가서 노래하고, 함께 거닐면서 차츰 정이 든다. 이성의 싹이 트고 서로 문자로 채팅하면서 문자가 오지 않으면 기다리게 되고 일과를 그렇게 서로 함께 지내면서 두 사람 관계에 정이 자라게 된다. 우리는 '밥 한 번 같이 먹는 것이 어때서? 영화 한 번 같이 본 것이 문제인가?'라고 쉽게 생각하게 되지만 그렇게 단 둘이서 함께하였다는 사실이 정의 실적으로 쌓이게 됨으로써 이성 간에 친밀함이 성장하는 것이다. 그렇다고 친구 사이에 식사도

하지 말라는 것이 아니다.

아무리 식사를 같이 해도 정서적으로 통하지 않는 대상이 있는가 하면, 두 사람 사이에 제삼자가 개입하는 것이 싫고, 단 둘이만 있고 싶고, 둘만 밥 먹고 싶고, 둘만 데이트하고 싶은 대상이 있다. 이 경우가 이성 간에 정서적으로 통하고 사랑이 싹트는 관계이다. 이 관계는 손도 잡고 싶고, 포옹도 하고 싶고, 스킨십의 충동도 일어나는 관계이므로 성행동으로 쉽게 옮겨갈 수 있다.

인간의 뇌신경은 어떤 대상을 접하면 접할수록 각인이 되어 그것에 익숙해지고 익숙해지면 좋아지게 된다. 우리가 아는 음악이 흘러나오면 좋아서 절로 따라서 흥얼거리게 되고, 운동이나 게임도 그 규칙을 모르고 관람할 때보다 알고 관람하면 훨씬 재미있고 즐거운 이유이다.

올리사랑이 왜 중요한가? 우주의 근본원리에 의해 하나님·인간 관계가 부자 관계이기 때문이다. 부자 관계 의미는 부모는 주체의식(내리사랑-자애)을 갖고 자녀는 대상의식(올리사랑-효도)으로 서로 수수작용 할 때 사랑의 힘이 발생하여 부자 관계가 친밀해진다. 부자 관계의 친밀함의 터전 위에서 횡적 사랑의 친밀함이 정착하면 건강한 사랑 이상이 이루어진다.

부모의 실천은 75%의 교육효과

올리사랑(효도)이란 대상의식으로서 주체 앞에 감사하며, 겸손하고, 순응하는 미덕을 실천하는 것이다. 자녀가 대상의식을 갖도록 교육하기 위해서 첫째로 부모가 먼저 하나님과 할머니, 할아버지에게 대상의식을 가지고 항상 감사한 마음의 미덕으로 살아가는 모습을 솔선수범하는 것이다. 감사한 미덕을 습관화하기 위해서는 부모·자녀가 함께 감사한 내용을 10가지씩 기록한다. 생각이 잘 안 나는 것을 생각하다보면 "아! 그것도 감사한 일이구나!"라고 깨닫게 되며, 그렇게 하다보면 마음속에서 진심으로 우러나는 감사함이 몸에 배게 된다.

둘째는 겸손의 미덕의 마음을 가질 수 있도록 교육한다. 자신이 알고 있는 것은 우주의 삼라만상을 보면 지극히 작은 것이고, 자신이 잘하는 것도 지극히 작은 부분이므로 조금 안다고, 조금 잘한다고 우쭐대는 것은 타락성의 교만심의 발로이다. 자녀들이 무엇인가 잘하면 잘할수록 격려해주되 우쭐대지 않도록 주의를 주어야 한다.

셋째는 주체 앞에 겸손한 미덕의 태도를 키워야 한다. 인간에게 주체는 하나님이요, 부모요, 말씀이요, 천륜이다. 이 주체 앞에 절대신앙·절대사랑·절대복종하는 삶을 훈련해야 한다. 이것은 양심교육이요, 사랑교육이다. 당연히 부모가 먼저 솔선수범하여 하나님과 말씀, 천륜 앞에 절대 신앙·절대 사랑·절대 복종하는 모습으로 살아가야 한다.

교육학에서 보고된 바에 의하면 가정에서 부모가 실천하는 모델적 삶을 보고 자녀가 무의식적으로 배운다. 이 무의식교육이 75%의 교육효과가 있으며, 말로 교육하고 훈육하는 것은 25%정도 교육효과가 있다고 연구결과가 보고되었다. 그러므로 자녀들이 올리사랑을 하기를 바란다면 부모가 먼저 하나님을 섬기고 할머니, 할아버지를 섬기는 올리사랑을 실천하는 길이 가장 빠른 생명력 있는 교육이다.

자녀와 친밀한 관계를 유지하려면 가장 중요한 것들 중에 대화를 빼놓을 수 없다. 자녀와 대화를 자주 나누는 것이다. 대화를 자주 해야 하는 것을 알지만 실제로 잘 안 되는 경우가 많다. 먼저 하나님께 매 순간 기도로 질문하고 보고하고 상의하는 습관을 생활화하는 것이다. 다음은 부모·자녀가 대화를 나눈다. 부모·자녀가 대화 나누기가 멋쩍으면 할 말을 종이에 기록을 하여 지정된 바구니에 담아 놓도록 서로 약속한다.

또는 지정된 장소에 의자를 놓아두고 그곳에 부모나 자녀가 앉으면 서로가 할 말이 있다는 것을 알아채고 부모나 자녀가 다가가서 이야기를 건넨다. 자연스럽게 부모·자녀가 대화를 자주하는 분위기를 조성하여 자녀의 욕구가 무엇인지, 감정이 어떠한지 민감하게 대응해야 할 것이다. 부모가 자녀의 마음의 욕구를 터치해줄 때 자녀의 마음이 열리기 때문이다. 그러나 도저히 들어줄 수 없는 잘못된 자녀의 욕구는 서로 대화를 통해서 풀어가야 할 것이다.

부모는 대화를 통해서 '그 아이만의 단 한 사람'이 되어 그 아이 안에 잠자고 있는 수많은 미덕들을 깨우는 일이 중요하다. 부모는 단지 아이에게 미덕을 일깨울 수 있는 지지자로서, 촉진자로서 도움을 주는 자로서 역할을 해야 할 것이다.

아이의 성장은 때가 있기 때문에 부모가 서두른다고 되지 않는다. 기다리는 것도 사랑이다. 그 아이의 눈높이에 맞도록 기다려주는 것이 아이를 위하는 것일 때가 있다. 하나님이 지금까지 우리의 성장을 위해 그토록 긴 세월을 기다려주시고 계신다. 자녀가 사춘기가 되어 '그 아이가 자신만의 단 한 사람의 사랑'을 찾게 되기까지 울타리가 되어 자녀를 지켜보면서 지지해주며 격려하는 것이 자녀에 대한 부모의 사랑이다.

청소년들이 순결할 수 있는 힘은 부모·자녀의 친밀감에서 나온다는 것을 아무리 강조해도 부족하다. 부모·자녀의 친밀한 관계에서 자녀의 올리사랑이 가능하며 올리사랑(종적 사랑의 실천)을 하는 자녀는 순결한 삶(천륜의 실천)을 살 수 있다.

에덴동산에서 짧은 기간이었으나 타락하기 전에 인간이 생심과 육심의 균형을 이루었던 본심이 작용하는 기간이 있었다. 그때로 우리가 돌아가면 된다. 우리는 해와가 타락한 이유와 그것을 회복하는 방안을 알기 때문에 본연의 하나님·인간관계의 친밀한 관계로 회복할 수 있다.

부모·자녀의 친밀감이 밀착되어 있는 자녀들은 자신의 성적 욕구를 의식적으로 유보할 수 있는 힘이 있다. 그리고 정적 유대 관계가 있으므로 정이 고프지 않아서 대중매체를 통하여 성적 충동을 느끼는 유혹을 이길 수 있는 용기가 있다. 또한 자신의 성적 욕구를 충족하기 위해 남을 이용하려는 유혹에 맞설 수 있는 에너지가 축적되어 있다. 그래서 인류가 모두 올리사랑을 할 수 있으면 절대 성을 완성할 수 있다.

가족 문화를 바로 세워야
나라가 산다

2010년 이후 대한민국 사회의 가족 해체 현상이 급속도로 진행되고 있다. 통계청 조사 결과 2012년 기준으로 우리나라는 1인 가구와 2인 가구 비중이 55%가 넘는다. 4인 가구 이하가 전체의 95%를 차지하고 5인 가구 이상은 5%에 불과하다. 1인 가구가 2005년도보다 2배 늘어났다. 그동안 가족 해체가 급속도로 진행됐다는 수치의 증거다. 사회적 역기능 현상의 예로 부산의 인구는 줄었는데 집은 부족 현상이 나타난다.

우리나라 이혼율이 세계 1위, 낙태도 세계 1위, 성폭력까지 세계 1위(인구비례) 그리고 1인 가구가 폭발적으로 증가하는 이유는 다양하지만 그중에서도 정부의 성 산업 지원과 대중매체의 성 상품화 영향이 가장 크다고 볼 수 있다.

성 산업 지원과 성 상품화가 불러온 가족 해체

동아일보 기사에 의하면 가수 싸이의 강남스타일에 이어 '젠틀맨' 뮤직비디오가 유튜브 조회 수 1억 뷰를 돌파해서 5억 뷰를 넘어선 가운데 싸이와 함께 '젠틀맨' 뮤직비디오에 출연한 가인의 4년 전 히트곡, '아브라카다브라'에서 '시건방춤,' '골반춤'을 선보이며 가장 인기를 끌었던 비디오가 세계 각국에 소개되며 호응을 얻고 있다.

포르노그라피를 그대로 모방한 '아브라카다브라'는 아람어로 abra(אברא) '이루어지라'와 cadabra(כדברא) '내가 말한 대로'에서 나온 것으로 '내가 말한 대로 될지어다'라는 뜻을 담고 있는 마술적 주문이다. '아브라카다브라abra cadabra'라는 주문은 원래 히브리어 '아브렉 아드 하브라abreq ad habra'에서 유래한 말로서 '너의 불꽃을 세상 끝까지 퍼뜨려라'는 뜻을 가지고 있다.

아브라카다브라는 SKT의 광고 테마인 '생각대로'의 긍정 심리 효과를 노리고 소비를 유발시킨 광고 전략과 일맥상통한다. '생각하기만 하면 다 이루어지며 세상 끝까지 퍼트리다'라는 황당한 마법의 문구는 대한민국 전역에 살포된 긍정 심리와 조응하여 성적 쾌락의 당연한 테마가 되었다.

수년 전 SKT는 한 청소년이 담벼락에 뛰어오른 순간의 정지된 모습과 함께 '오직 이 순간만 생각해'라는 문구를 신문 전면광고에 내어 오직 이 순간의 쾌락이 있을 뿐 내일은 생각할 필요 없다는 황금만능주의의 막장 소비 광고의 극한을 보여주었다. 소비 유발 효과를 노린 전략이라는 점에서 '아브라카다브라'와 '생각대로'는 같은 맥락이다.

그러나 '아브라카다브라'는 황금만능주의의 소비를 부추기기 위하여 성을 도구로 상품화한 포르노를 그대로 모방한 왜곡된 성의 상품화이다. 인기 가수 가인의 가무로 무의식적인 성적 쾌락의 욕망을 고취시키면서 소녀 성에 대한 탐닉 욕구를 불러일으키고 대중문화와 포르노의 경계를 무너트리고 있다.

정부의 성 산업 정책에 힘입어 기획사들이 성을 도구로 만든 문화 상품들인 걸그룹의 섹스 경쟁으로 한국은 '소녀 벗기는 사회'가 되었다. 그 수준은 위험 수위에 달하여 문화와 포르노의 경계가 허물어져 대한민국 문화는 포르노 모방 문화로 향하고 있다. 이러한 포르노 모방 문화 상품이 한류로 돈을 벌어들이고 있다고 정부는 창조경제의 모델로 싸이의 젠틀맨을 치켜세우고 있다. 지구의 돈을 다 끌어 모은다 해도 포르노 모방 문화 상품을 팔아서 한류가 되는 것은 대단히 수치스러운 일이다.

우리나라의 성 문화 환경에서 기획사와 방송사들의 포르노 모방 문화 상품이 대중들의 성적 쾌락의식을 고취시킨다면 성 산업 시설들은 대중문화상품이 주는 메시지인 '섹스=오락'이라는 의식이 몸에 배어 있는 청소년을 비롯한 불특정 다수의 대중들의 성적 쾌락의 충동을 풀어주기 위해 그들을 유혹하면서 기다리고 있다. 정부가 막아야 할 성 산업을 오히려 직간접적으로 지원하고 있는 우리나라 성 산업 구조는 우리가 상상하는 것 이상 막대한 소비를 하고 있다.

2003년에 형사정책연구원에서 발표한 바에 의하면, 집창촌으로 흘러들어가는 돈이 약 24조 원에 달하며 성 매매에 종사하는 여인들이 약 33만 명에 이른다 한다. 여기에 거의 100%에 달하는 성 매매업이 이루어지고 있는 유흥주점, 단란주점, 안마시술소, 이발소, 키스방, 노래방, 애인 대행소, 룸살롱, 나이트클럽, 티켓다방, 스포츠 마사지업소, 소주방, 극장식 클럽, 선술집, 호프집, 요정, 찻집, 비어홀 등은 그 규모가 5만 8천여 개 이상 된다. 그 일에 종사하는 여성수는 300만 명이 넘는다고 추산한다.

갈수록 음성화, 점조직화 되는 전화방, 보도방, 인터넷을 통한 성매매에 종사하는 수까지 포함하면 성 산업 소비량은 약 300조 원이라고 추산한다. 이같이 비대해진 성 산업 시장의 구조를 보면 우리는 대한민국이 아닌 '성 매매민국'에서 사는 느낌이다. 영국의 '포커스'지가 대한민국이 세계에서 제1위의 강한 정력의 나라라고 비아냥할 수밖에 없는 우리의 실정이 되었다. 변명의 여지가 없다.

인터넷에서 한 번 클릭하고 전화 한 번 하면 성 매매가 쉽게 이루어질 수 있어 안방에까지 파고 들어와서 일상화되었고, 보편화된 나라는 우리나라밖에 없다. 이러한 상황에 대해 누구도 문제 제기를 하지 않고 있으니 더욱 보편화 일로에 있다. 물질만능의 의식과 쾌락 위주의 삶을 부추기는 대한민국의 포르노 모방 문화 상품이 보편화되고 성 산업이 날로 비대해지고 있다는 사실은 대한민국 대중들의 크나큰 비극이다.

정부와 기획사들이 돈벌이에 눈이 어두워 소녀들의 옷을 벗기는 포르노 모방 문화상품을 생산해내는 일은 이제 정지해야 할 때다. 포르노 모방의 정수인 싸이의 '강남스타일'과 '젠틀맨'이 창조경제의 모델이라고 부추기는 정부의 시책을 시정해야 한다. 국민연금이 기획사, SM사에 막대한 자금을 투자하여 SM사의 3대주주가 됨으로써 국민들이 한 푼 두 푼 모은 돈이 청소년 대상으로 섹스 마케팅을 하는 기획사에 유입되었다는 것은 용납하기 어렵다. 성 산업이 경제 발전에 도움을 주고 있다고 생각하는 정부의 잘못된 방향을 바로 세워야 한다.

포르노 모방 문화상품 뮤비들에 출연하는 인기가수, 아이돌들이 첫 번째 희생자들이다. 유럽 언론들은 K-POP의 기획사들에 대해 비난하는 글을 올리고 있다. K-POP은 젊은 아동들의 노동착취이며 아동노예로 희생된 산물이라는 내용들이다. 가수 가인이 공영방송에 나와서 세계 여러 나라의 포르노를 보고서야 느낌이 있어서 제대로 가무를 할 수 있다고 한 이야기는 아이돌 가수들이 첫 번째로 포르노영상물에 심취하게 되는 희생자라는 것이다. 올바른 성이 무엇인지 모른 채, 기획사들의 꼭두각시가 되어 기획사에서 만들어주는 각본대로 노래하고 춤추기 위해 음란물을 마치 가벼운 오락물로 여기며 살 뿐만 아니라 그런 포르노물을 전파하는 장본인이라는 것을 모르는 채 인기몰이에 휩싸여 있는 것이다.

두 번째 희생자들은 포르노 모방 문화상품을 보고 함께 따라 노래하고 춤추는 청소년들이다. 노래와 춤을 추면서 청소년들은 그 노래와 춤이 주는 메시지, '성은 놀이요, 게임'이라는 내용이 무의식 저장고에 저장되면서 몸에 배어 행동으로 나오게 된다. 그래서 청소년들의 첫 성 경험의 최소 연령이 10세로 낮아지고 청소년들의 첫 성 경험이 평균 13.4세로 드러나고 있다. 성적 충동과 호기심에서 저질러진 성 경험 결과 원치 않는 임신이 되어 출산하면, 미혼모, 미혼부가 되고 그렇지 않으면 낙태로 생명을 죽이게 된다. 청소년들은 성적 쾌락의 결과 일생을 후회와 아픔으로 살아가는 희생자들이 된다.

성 산업에 종사하는 약 300만 명 이상의 성 매매 여성들이 어린 나이에 성 경험을 한 경우가 많다. 물질만능과 쾌락주의 사회분위기 속에서 10대에 성 경험을 한 여성들은 자신을 포기하여 쉽게 돈을 버는 길을 선택하게 만드는 유혹의 손길을 뿌리칠 수 없게 된 상황에서 성 산업에 빠져들게 된다. 대중매체의 무의식 교육과 성 경험으로 인해 성을 팔아 돈을 벌기 위해 나서는 악순환이 거듭되고 있다.

가족 해체는 왜곡된 성 문화와 성 산업의 산물

기성세대들 역시 몇 개 기획사들의 포르노 모방 문화상품에 의한 피해자들이다. 포르노 모방 문화상품의 메시지는 어른 아이 가릴 것 없이 암묵적으로 성적 쾌락으로 몰아가고 있기 때문이다. 기성세대들을 혼외정사나 성 매수자로서 가족 파탄으로 몰아가 결국 이혼에 이르는 가족해체가 우연의 결과는 아니다. 우리나라의 왜곡된 성 문화와 성 산업의 산물이다.

대한민국이 거꾸로 가는 가족 해체의 방향을 바로 세우는 첫 번째 방안으로 정부의 성 산업 시책을 바로 세워야 한다. 그리고 기획사들이 왜곡된 포르노 모방의 성 문화 상품을 만들지 말아야 한다. 그 대신 건전한 가족문화 풍토를 장착시킬 수 있는 문화상품을 개발해야 할 것이다. 포르노 모방 문화상품은 대중들의 정신세계를 황폐화의 지옥으로 몰아가는 길이기 때문이다. 대중들은 포르노 모방 문화

상품에 대한 분별력, 식별력을 갖고 성 산업 시설을 이용하지 말아야 한다.

자본주의 사회구조가 정부, 기획사, 자본가, 포주들의 거대한 이익의 시너지 관계 속에서 돈 벌기에 눈이 멀어 있으니 깨어있는 시민들이 분별력을 가지고 왜곡된 성 문화를 바로 세우기 위해 잘못된 것을 지적해야 한다. 용기 있는 자들이 시정의 목소리를 꾸준히 이어간다면 거꾸로 가는 정부의 성 산업 시책과 기획사들이 방향을 선회하게 될 것이다. 문화상품이 인기가 줄어들면 자연적으로 방향을 선회할 수밖에 없을 것이다.

가족 해체를 바로 세우는 두 번째 방안은 남녀가 평등하게 순결한 삶을 사는 데 있다. 과거 가부장제의 갈등하는 대가족 관계로서 남자의 권위만을 앞세워 여자에게만 순결을 강요하고 남자는 풍류를 즐긴다는 미명 아래 마음껏 혼외정사를 하는 것은 결코 용납할 수 없는 일이다. 남자도 여자와 동등하게 순결한 삶을 살아야 하는 것이다. 부부가 가족의 중심에서 서로 존중하는 미덕을 일깨우면서 소통의 가족 관계를 이룰 때 행복을 창출해내는 평화로운 가족 관계가 가능하다.

남녀가 함께 순결한 삶을 사는 것의 또 다른 의미는 여성운동가들이 지속적으로 주장하고 있는 양성 평등한 삶이 실체로 구현되는 삶의 출발이다. 순결한 부부가 가족의 중심에 서서 조부모를 섬기고 자녀를 바람직하게 양육하는 가족 관계가 정착되어 건강한 가족공동체 사회를 이룰 때 왜곡된 성 문화가 불식되면서 대한민국이 바로 세워질 것이다.

　거꾸로 가는 가족 해체의 가족문화를 바로 세우는 세 번째 방안은 건전한 성 문화를 수립한 터 위에서 한국의 전통인 아름다운 대가족 관계를 다시 찾아 세우는 것이다.

　여론조사 전문기관 퓨PEW 리서치센터의 연구 조사에 따르면 미국 가구들은 지금 핵가족 시대를 깨고 대가족화하고 있다고 한다. 한 지붕 아래서 여러 세대가 함께 사는 '다세대 가구'가 2007년, 4천 650만 명에서 최근 5천 100만 명으로 늘었다고 한다. 이미 독신가구, 핵가족 형태를 오랜 기간 지속해본 미국시민들은 핵가족보다는 대가족을 선택하기 시작하였다.

　우리나라는 한 집에 할머니, 할아버지가 함께 사는 대가족은 이제 찾아보기 힘들 정도다. 과거 대가족 울타리 안에서는 부모한테 싫은 소리를 듣고 감정이 상해 있으면 할아버지 할머니가 편들어주고, 삼촌이 다독이고, 형제·사촌들과 고민을 털어놓는 과정에서 감정이 해소되어 정서적 안정을 찾을 수 있었다. 그리고 대가족 울타리 안에서 부모가 조부모에게 예의바르고 효도하는 모습을 자녀들이 그대로 지켜보면서 무의식적으로 몸에 배게 되는 효의 삶을 살아가는 전통의 계승이 쉬웠다. 할아버지, 할머니, 아버지, 어머니, 삼촌, 이모, 형제자매가 어우러져서 상하, 전후, 좌우의 6방향의 소통의 관계가 형성되어 좋은 인간 관계의 학습장이 되어 공동체에 의한 미덕을 일깨움으로 미덕 실천의 사회성이 증가할 수 있다.

가족 해체의 대안은 대가족을 다시 찾아 세우는 것

대가족 안에서는 어떤 불의의 사고로 부모나 가족의 결손이 생기더라도 보충이나 역할대리가 이루어질 수 있어서 정서적 유대 관계가 쉽게 무너지지 않는다. 만일 부부 싸움이나 형제 다툼이 일어날 때 할아버지나 할머니, 그리고 부모가 조정자 역할을 하여 완충지대가 있어 화합하기가 쉬워진다. 자녀교육에 있어 조부모의 경험과 삼촌, 이모 등 사람들의 미덕의 경험을 통하여 배울 수 있어 도움이 될 수 있으며, 가족이 서로 분담하여 가사일이나 역할을 책임지기 때문에 서로 버팀목이 될 수 있다. 이렇게 3대가 모여 살게 되면 노인문제가 해결되면서 사회복지비용이 줄어들 것이며, 청소년 가출 문제가 줄어들면서 미래 사회를 이끌고 나갈 청소년들이 활기찬 미래를 준비할 수 있게 된다.

물론 대가족의 경우 어려운 점들도 있을 수 있다. 문화의 배경이 다른 고부간의 갈등이 있을 수 있으나 서로 조금씩 양보하고 이해하며 다독인다면 큰 문제가 될 수 없다. 한편 가족의 노약자를 돌봐야 할 경우가 생기면 가족구성원들에게 부담이 될 수 있으나 서로 돌봄의 미덕의 삶을 통하여 그 과정에서 오히려 감사함과 격려의 용기, 그리고 봉사하는 삶의 미덕을 배울 수 있게 된다.

대가족으로 구성된 삶은 여러 가족 구성원의 화합이 어려울 수 있다. 그런 경우는 각자 자기 입장에서 조금씩 물러나서 양보하고 포용하고 배려하는 미덕을 발휘한다면 갈등의 상대를 따뜻하게 감싸 안을 수 있을 것이다.

전통적 대가족 관계에서는 부부간의 애정도 소중해서 친밀한 관계를 중요시하지만 가족의 안정과 발전을 더욱 중시하였다. 이것은 모든 가족구성원들이 개인의 목적보다 가족 전체의 발전을 우선시하는 천리를 따르는 아름다운 가족 관계의 모습이다. 부부 화합을 위해서 각 개인이 서로 한 발자국씩 물러나서 양보하고, 이해하고, 배려하여 각자의 잠자고 있는 미덕을 서로서로 일깨워주면서 가족의 평화를 위해서 부부가 봉사하는 미덕은 가족 전체의 평화와 행복을 위하는 바람직한 삶의 태도이다.

봉사와 친밀한 가족 관계를 지속하는 미덕 실천의 가족분위기 안에서 개인 문제, 청소년 일탈 문제, 부부 이혼 문제, 노부모 부양 문제 등이 복합적으로 해결되면서 가족 모두가 함께 행복해질 수 있을 것이다. 가족 모두의 행복이 곧 나의 행복이기 때문이다. 이러한 가족들이 모인 한국 사회는 평화와 안정과 발전을 기약하는 건강한 나라가 될 수 있을 것이다.

인류역사에서 남녀 간의 순결 문제가 논란을 빚지 않은 시대가 없었다. 성경에는 하나님이 태초에 에덴동산에 인류 시조 아담과 해와를 창조해 놓으신 뒤 "선악을 알게 하는 나무의 열매는 먹지 말라."(창 2:17)고 당부하셨지만 인류 시조는 뱀의 유혹에 따라 그것을 따먹은 뒤 "자기들이 벗은 줄을 알고 무화과나무 잎을 엮어 치마로 삼았더라."(창 3:7)는 구절이 나온다. 이는 인류 역사상 최초의 불륜사건으로 기록되고 있다. 물론 하나님께서 음란이 창궐한 소돔과 고모라 성을 유황과 불로 멸망시킨 사례처럼 음란 문제가 늘 논란의 대상이 되자 성경은 아예 십계명에 "간음하지 말라."고 못 박았다.

예수 시대에도 음란 문제가 끊이질 않았다. 그러자 예수님은 "음욕을 품고 여자를 보는 자마다 마음에 이미 간음하였느니라."(마태복음 5:28)고 경고하셨다. 붓다 역시 색욕色慾을 재물욕·식욕·명예욕·수면욕과 더불어 오욕五欲으로 꼽고 이를 경계할 것을 강조하셨다.

현대에 들어와 순결 문제를 가장 중요하게 제기한 분이 문선명 선생이다. 선생께서는 인류 시조가 음란 문제에 걸려 타락한 것을 밝혀내고 순결이 인류 구원의 첫 번째 과제임을 역설하셨다. 선생께서 주재해 오신 축복결혼식도 순결한 가정을 찾아 세움으로써 인류를 구원하고 세계평화를 실현하고자 하는 의지의 표현이다. 그리고 선문대학교에 국내외 최초로 순결대학 단과대학을 세우시고 순결지도자 양성에 나선 것에서 그 누구도 따를 수 없는 선생의 선견지명先見之明을 읽을 수 있다.

어느 날 선생께서 계시는 공관에서 열린 새벽 집회에 순결학과 학생 70여 명이 참석한 적이 있다. 이때 학생들을 바라보시며, "내가 너희들을 만나려고 지금까지 이 고생을 했나보다."라고 말씀하셨다. 참으로 행복해하시는 선생의 모습을 보고 저 역시 감격하지 않을 수 없었다. 그러면서 저에게 "앞으로 80년 후면 이 세상이 어떻게 될까?"라고 질문하셨다. 제가 "아마도 지상천국의 환경이 이루어졌겠지요?"라고 답변을 드리자 "그래, 그렇게 되겠지, 그런데 말이야, 사람의 마음이 문제야!"라고 말씀하셨다.

그 이후 이 세상의 음란문화와 싸우고 순결 교육을 할 때마다 "사람의 마음이 문제야."라는 선생의 말씀을 자주 떠올리게 된다. 예수나 붓다께서 일찍이 인간의 음란한 마음, 즉 음욕 문제를 제기하셨고 문선명 선생께서도 이처럼 인간의 마음에 모든 것이 달려 있다는 것을 강조하셨다.

결국 순결은 마음에서부터 시작되는 것이기 때문에 인간의 타락성을 어떻게 뿌리 뽑느냐 하는 것이 가장 큰 과제이다. 그러나 길은 간단하다. 어둠을 없애려면 빛을 비추면 된다. 그 빛은 이미 우리 마음 안에서 잠자고 있다. 다만 우리는 그 빛의 미덕들을 일깨우기만 하면 된다.

오늘날의 대중문화는 모든 초점을 섹스어필, 즉 성적 매력에 두고 인간의 뿌리 깊은 타락성을 자극하고 있다. 학교 교육조차 청소년에게 순결 교육을 할 수 없도록 제도화하고 있다. 이는 청소년들에게 남녀 교제나 성 경험을 당연한 것으로 부추기는 것과 다름없다. 현대에선 순결 교육은 순교자의 마음이 아니고서는 불가능하다는 것을 실감한다.

문선명 선생께서는 인간의 창조와 타락, 복귀의 관점에서 인류역사에 접근하시고 순결 문제가 해결되지 않는 한 인류 구원은 불가능하다고 보신 것이다. 필자는 선생의 가르침을 토대로 학문적 차원에서 순결 문제를 다루면서 교육현장에서 느낀 과제들을 정리하고 그 대안을 도출하고자 노력했다. 특히 앞으로 인류에게 직면한 세계적 현안을 해결하기 위해서는 순결 문제가 제기될 수밖에 없고, 그런 점에서 순결은 이 인류를 이끌어가는 가장 큰 힘이 될 것임을 강조했다. 필자에게 가르침을 주신 선생께 깊은 감사를 드린다.

신뢰와 사랑, 순결을 통해 만들어진
부부관계로 가정에 행복과 긍정의 에너지가
팡팡팡 샘솟으시기를 기원드립니다!

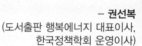

－ 권선복
(도서출판 행복에너지 대표이사,
한국정책학회 운영이사)

급격한 산업화, 양극화가 진행되면서 가정의 붕괴가 사회의 중요한 화두로 떠오르고, 특히 붕괴된 가정에서 아동·청소년이 방치 혹은 학대의 대상이 되는 사건이 연일 뉴스를 타고 있습니다. 이러한 가정에서 성장한 아동·청소년은 가슴속에 지워지지 않는 심정적 상처를 안고 성장하며 또 다른 범죄의 피해자 혹은 가해자가 되어 심각한 사회적 문제의 굴레를 형성합니다. 이렇게 확산되는 아동·청소년 대상 범죄와 또 다른 방향에서 확대되는 노년층 관련 문제를 동시에 해결하기 위해 이 책의 저자는 '건강한 가정을 만드는 것'이 가장 중요한 해결책이자 대안이라고 강조합니다.

저자 문상희 교수는 감리교 신학대학원에서 신학 석사 및 University of Bridgeport에서 교육학 박사 학위를 취득하였으며 현재는 선문학원 이사 및 선문대학교 교수, 가정연합 칼럼니스트, 국제학술저널지 논문심사위원 등으로 활발한 활동을 하고 있습니다. 저자는 '건강한 가정'을 만들기 위한 방안으로 '배우자 간의 순결을 기반으로 한 신뢰와 사랑의 전통적 가정 구축'을 제시합니다. 저자가 제시하는 '순결'은 가부장 시대의 여성만을 억압하던 '순결 이데올로기'와는 다르며, 남녀 배우자 모두가 상대에 대한 존중과 봉사의 의미에서 순결을 지키고 그것을 통해 신뢰와 미덕을 쌓는 가정을 구축할 수 있다는 주장입니다. 또한 건강한 가정이 지키고 계승해야 할 근본적인 가치로서 사랑, 생명, 혈통, 양심을 기반으로 하는 미덕들을 이야기하는 것도 잊지 않습니다.

가정 붕괴에 대한 우려가 날로 커져가는 지금의 시대에 신뢰와 사랑, 순결을 통해서 만들어진 가정 하나하나가 밝은 대한민국 미래의 초석이 되기를 바라오며, 이 책을 읽는 독자들의 삶에 행복과 긍정의 에너지가 팡팡팡 샘솟으시기를 기원드립니다.

청춘들을 사랑한 장군

임관빈 지음 | 값 15,000원

책 『청춘들을 사랑한 장군』은 저자가 군 장교 시절 함께 근무했던 병사와 후배들, 즉 20~30세대들을 향해 언제나 아낌없는 조언을 해주었던 경험을 바탕으로 저술하였다. 저자는 인생을 살면서 행복과 성공을 이루기 위해 청춘들이 지녀야 할 조언 10가지를 우리가 고정관념처럼 가지고 있는 장군의 목소리가 아닌, 아주 따뜻하고 정겨운 메시지로 전달하고 있다.

외교관의 사생활

권찬 지음 | 값 15,000원

책 『외교관의 사생활』은 저자인 권찬 전 쿠웨이트 대사가 젊은 시절 외국 유학 및 외교관 경력 30여 년 동안 겪은 해외 체류를 통해 얻은 경험과 업적을 모아 엮은 자서전으로 과거의 위기를 벗어나게 한 인생 선배의 지혜를 구하여 현재의 위기를 극복하는 '온고지신'의 지혜를 발휘하고 국가 간 외교뿐만 아니라 인생에 있어서도 소중한 덕목이 될 수 있을 것이다.

괴산명품 농업인의 성공 이야기

김갑수 외 19인 지음 | 값 20,000원

책 『괴산명품 농업인의 성공 이야기』는 빠르게 변화하는 사회에 발맞추어 전통적인 농업 형태에 머물지 않고 브랜드 강화, 신개념 농업상품 개발, 안정적인 시장 확보, 친환경 신기술 도입, 타 업종과의 협력 등 다양한 방법으로 '대를 이어 물려줄 농업의 가치'를 만드는 괴산 사람들의 모습과 그들이 현장의 경험을 통해 말하는 농촌의 현실과 개선 방안 등 미래 대한민국 농·축산업의 청사진을 볼 수 있다.

다음을 준비하는 힘 청춘력

손대희 지음 | 값 15,000원

책 『다음을 준비하는 힘 청춘력』은 낙담하고 좌절한 사람들에게 "다시 일어나라"고 말한다. 그리고 저자가 강사라는 새로운 세계에 발을 내딛으며 배운 "청춘력"을 독자들에게 전한다. 저자가 말했듯 다소 고리타분한 이야기일지 모르지만, 사회 구조적 모순과 불평등으로 인해 열정에 찬물을 맞더라도 이 책을 통해 용기를 얻은 독자들이 '나도 할 수 있다'라는 자신감을 가질 수 있기를 기대해 본다

워킹맘을 위한 육아 멘토링

이선정 지음 | 값 15,000원

이 책은 일과 가정을 양립하는 데 어려움을 겪는 워킹맘에게 "당당하고 뻔뻔해지라"는 메시지를 전한다. 30여 년간 워킹맘으로서 직장 생활을 하며 두 아들을 키워온 저자의 경험담과 다양한 사례를 통해 일과 육아의 균형을 유지하는 노하우를 자세히 알려준다. 또한 워킹맘이 당당한 여성, 또 당당한 엄마가 될 수 있도록 응원하고 있다.

무일푼 노숙자 100억 CEO되다

최인규 지음 | 값 15,000원

책 『무일푼 노숙자 100억 CEO 되다』는 "열정이 능력을 이기고 원대한 꿈을 이끈다."는 저자의 한마디로 집약될 만큼 이 시대 '흙수저'로 대표되는 청춘에게 용기를 고하여 성공으로 향하는 길을 제시하고 있다. 100억 매출을 자랑하는 (주)다다오피스의 대표인 저자가 사업을 시작하며 쌓은 노하우와 한때 실수로 겪은 실패담을 비롯해 열정과 도전의 메시지를 모아 한 권의 책으로 엮었다.

정부혁명 4.0 : 따뜻한 공동체, 스마트한 국가

권기헌 지음 | 값 15,000원

이 책은 위기를 맞은 한국 사회를 헤쳐 나가기 위한 청사진을 제안한다. '정치란 무엇인가?' '우리는 무엇이 잘못되었는가?' 로 시작하는 저자의 날카로운 진단과 선진국의 성공사례를 통한 정책분석은 왜 정치라는 수단을 통하여 우리의 문제를 해결해야 하는지를 말한다. 정부3.0을 지나 새롭게 맞이할 정부4.0에 제안하는 정책 아젠다는 우리 사회에 필요한 길잡이가 되어 줄 것이다.

나의 감성 노트

김명수 지음 | 값 15,000원

이 책 『나의 감성 노트』는 30여 년간 의사로서 의술을 펼치며 그중 20여 년을 한자리에서 환자들과 함께한 내과 전문의의 소소한 삶의 기록이다. 삶과 죽음에 대한 겸허한 자세, 인생과 노년에 대한 깊은 성찰, 다양한 인연으로 맺어진 주변 사람들에 대한 따뜻한 시선은 현대 사회를 사는 독자들의 메마른 가슴속에 사람 사는 향기와 따뜻한 감성을 선사할 것이다.

마리아관음을 아시나요

황경식 지음 | 값 15,000원

책 「마리아관음을 아시나요」는 세계의 종교와 문화가 다른 것 같아도 그 안에는 인류를 하나로 묶는 강력한 구심점으로 '모성애'가 있다는 것을 강조한다. 책은 이러한 모성애의 상징으로 서양 기독교의 '성모 마리아', 동양 불교의 '송자 관음보살' 그리고 한국 전통문화 속에 깊이 침잠되어 전해 내려온 '삼신할미 신앙'을 예로 들며 각 종교의 전승과 유래, 모성애적 상징 등 흥미로운 이야기들을 설명한다.

생각의 중심

윤정대 지음 | 값 14,000원

책 「생각의 중심」은 동 시대를 살아가며 보고 듣고 느낄 수 있는 이야기들에 대해 저자의 시각과 생각을 모아 담은 것이다. 2015년 겨울부터 2016년 여름까지 우리 사회에 주요 이슈로 다루어졌던 사건들에 대한 견해들이나 개인적인 경험담 등 다양한 소재들을 활용해 거침없이 글을 풀어내었다. 정치, 법률제도와 같은 사회문제는 물론 존재와 성찰이라는 철학적 사유까지 글쓰기의 깊은 내공으로 독자들에게 즐거움을 선사하고 있다.

일 잘하게 하는 리더는 따로 있다

조미옥 지음 | 값 15,000원

책 「일 잘하게 하는 리더는 따로 있다」는 신뢰를 바탕으로 구성원을 이끌며 일터를 더 좋은 환경으로 만드는 리더십의 모든 것을 담고 있다. 현재 팀문화 컨설팅을 주도하는 'TE PLUS' 대표를 맡고 있는 저자는, 이미 엘테크리더십개발원 연구위원으로 있으면서 기업의 인재 육성에 획을 긋는 '자기 학습' 및 '학습 프로세스' 개념을 독창적으로 만들어 LG전자, 삼성반도체, 삼성인력개발원, 삼성코닝, KT&G, 수자원공사 등 국내 유수 기업에 적용시킨 바 있다.

색향미 - 야생화는 사랑입니다

정연권 지음 | 값 25,000원

책 「색향미 – 야생화는 사랑입니다」는 국내에서 흔히 접할 수 있는 170여 종의 야생화를 사계절로 분류하여 자세히 소개한다. 정형화된 도감의 형식에서 벗어나 꽃의 애칭을 정하고, 이미지가 응축된 글과 함께 꽃의 용도와 이용법, 꽃말풀이 등을 담아내었다. 귀화한 야생화도 다문화 · 다민족으로 진입한 현 시대상을 따라 함께 포함하고, 풀과 나무에서 피는 야생화와 양치류같이 꽃이 없는 야생화도 아우르며 더 폭넓고 풍성하게 책 내용을 꾸미고 있다.

행복을 부르는 마술피리

김필수 지음 | 값 16,000원

책『행복을 부르는 마술피리』에는 성공을 거머쥐고 행복을 품에 안기 위해 우리가 반드시 깨달아야 할 소중한 가치들이 빼곡히 담겨 있다. 작은 생각의 전환을 통해 인생 자체를 송두리째 뒤바꾸고 꿈을 성취한 사람들이, 공통적으로 지향하는 삶의 방향성을 짧은 글에 담아 전한다. 이 책은 1년 동안 매일 한 편씩 읽을 수 있도록, 날짜별 365편으로 구성되어 있다.

와인 한 잔에 담긴 세상

김윤우 지음 | 값 15,000원

책『와인 한 잔에 담긴 세상』은 와인에 대해 절대 연구할 필요도 없고 고민할 필요도 없는 술이라고 강조한다. 그저 편안하게 있는 그대로를 즐기면 되는 음료이자, 하나의 멋진 취미생활이자 직업이 될 수 있는 술이라고 말한다. 저자는 "슬픈 사람을 기쁘게 만드는 신비의 힘, 그것이 바로 와인이다."라고 하며 "와인을 알게 되면서 경험했던, 그래서 풍요로운 인생을 경험했던 와인과 관련된 인생의 경험들을 여행으로, 파티로, 음식으로 풀어낸 일상의 이야기"라고 책에 대해 이야기한다.

아이디어맨이여! 강한 특허로 판을 뒤집어라

정경훈 지음 | 값 15,000원

책은 전문용어를 가능한 한 배제하고 쉬운 용어를 사용하여, 복잡한 특허문제들을 간단하게 풀어나간다. 비전문가들이 좀 더 편안하게 특허에 대해서 이해할 수 있도록 배려했으며, 경영자 또는 특허담당자들도 쉽게 특허를 이해하는 데 도움을 주고 있다. 강한 특허에 주목해야 하는 까닭부터 시작하여, 반드시 알아야 할 특허상식, 그리고 출원 전후의 특허상식과 CEO가 알아야 할 특허상식 등을 다양한 예시와 도표를 통해 제시하여 독자의 이해를 돕는다.

감사합니다

조태임 지음 | 값 15,000원

책『감사합니다』는 한 여성 CEO가 선택한 나눔과 봉사의 인생길을 통해서 '나'가 아닌, '우리'를 위해서 살아가는 삶의 가치를 제시한다. 저자는 한국부인회 총본부 회장의 위치에 있으면서도 월급을 포함한 경제적 이득을 전혀 취하지 않으며 각종 활동을 주도하고 있다. '한국부인회'는 1963년 설립된 이래 애국계몽, 소비자보호 및 교육, 여성교육 및 권익 신장, 사회문제 해결 등 더 나은 대한민국을 위한 활동을 하고 있는 NGO 성격의 사회단체이다. 저자는 이 책을 통해 어떻게 나눔의 가치를 체득하고 발전시키며 실천하고 있는지 생생하게 보여주고 있다.

남불 앵커 힘내라, 얍!!

남불 지음 | 값 15,000원

이 책『남불 앵커 힘내라, 얍!!』은 혼란한 세상 속 행복한 삶을 꿈꾸는 사람들에게 일상 속에서 깨닫는 삶과 행복의 본질을 말하고 있다. 웃음과 눈물이 공존하며 일견 평범해 보이는 일상 속 작은 깨달음과 마주하다 보면 '무탈하게 살아가는 것이 행복'이며 '삶은 누려야 하는 향연'이라며 힘주어 이야기하는 저자의 목소리에 자연스럽게 공감하게 된다.

끌리는 곳은 서비스가 다르다

박정순 지음 | 값 15,000원

책『끌리는 곳은 서비스가 다르다』는 현재 11년 차 소상공인이며 서비스와 이미지 메이킹 전문가인 저자가 사업을 성공으로 이끄는 서비스 노하우를 알려준다. 모든 사업의 핵심 바탕이 되는 '서비스'에 대해 심도 있게 다루면서도 독자들로 하여금 쉽게 이해할 수 있게 실제 사례를 들어 친절하게 설명한다. 모든 사업 성공의 바탕에는 '서비스'가 있다는, 잊기 쉽지만 가장 중요한 핵심을 잘 짚어내고 있다.

영보이 공무원 국어 '핵심' 기출문제집

영보이 지음 | 값 28,000원

국어는 초등학교부터 우리가 공부해 온 과목이다. 하지만 알면 알수록 어려운 것이 국어이며 공무원 국어는 이론이 중요하다. 이론을 생각하며 푸는 것이 정석이지만 그럴 만한 시간적 여유가 없다. 영보이 교재 시리즈는 수험생의 그러한 어려움을 확실히 덜어 드리기 위해 탄생했다. 영보이 교재 시리즈는 이론과 공부법을 동시에 담아 한 번을 공부해도 오래 기억할 수 있다.

나부터 작은 것부터 지금부터

임상국 지음 | 값 15,000원

이 책은 무언가 새롭게 시작하는 사람에게 꿈과 비전을 주기 위함이다. 많은 사람이 '무엇을 할까? 어떻게 할까?'를 고민할 때 '이렇게 하면 됩니다'라고 자신 있게 들려줄 수 있는 이슈 인물들의 감동적인 이야기를 저자의 경험과 함께 담은 책이다. 가난하다고 꿈조차 가난할 수는 없다. 세상 탓, 남 탓, 환경 탓만 하기엔 시간이 너무 짧고 할 일은 너무 많다. '나부터 작은 것부터 지금부터'의 행함이 나와 여러분이 바라는 진정한 꿈을 이루도록 도울 것이고, 새롭게 변화된 삶으로 꿈 너머 꿈까지 실현하는 행복한 삶을 경험하게 만들 것이다.

하루 5분 나를 바꾸는 긍정훈련

행복에너지

'긍정훈련'당신의 삶을
행복으로 인도할
최고의, 최후의'멘토'

'행복에너지
권선복 대표이사'가 전하는
행복과 긍정의 에너지,
그 삶의 이야기!

인터파크
자기계발 분야 주간
베스트 1위

권선복 지음 | 15,000원

권선복

도서출판 행복에너지 대표
지에스데이타(주) 대표이사
대통령직속 지역발전위원회
문화복지 전문위원
새마을문고 서울시 강서구 회장
전) 팔팔컴퓨터 전산학원장
전) 강서구의회(도시건설위원장)
아주대학교 공공정책대학원 졸업
충남 논산 출생

책 『하루 5분, 나를 바꾸는 긍정훈련 - 행복에너지』는 '긍정훈련' 과정을 통해 삶을 업그레이드하고 행복을 찾아 나설 것을 독자에게 독려한다.

긍정훈련 과정은 [예행연습] [워밍업] [실전] [강화] [숨고르기] [마무리] 등 총 6단계로 나뉘어 각 단계별 사례를 바탕으로 독자 스스로가 느끼고 배운 것을 직접 실천할 수 있게 하는 데 그 목적을 두고 있다.

그동안 우리가 숱하게 '긍정하는 방법'에 대해 배워왔으면서도 정작 삶에 적용시키지 못했던 것은, 머리로만 이해하고 실천으로는 옮기지 않았기 때문이다. 이제 삶을 행복하고 아름답게 가꿀 긍정과의 여정, 그 시작을 책과 함께해 보자.

『하루 5분, 나를 바꾸는 긍정훈련 - 행복에너지』